电网企业资产管理系列书

资产管理
常用要素详解

国网浙江省电力有限公司培训中心　组编
国网浙江省电力有限公司温州供电公司

中国电力出版社
CHINA ELECTRIC POWER PRESS

内 容 提 要

为规范资产管理工作，加深对资产管理理论的理解，本书按照"定义—目的与意义—管理方法—实践应用"的框架对资产管理体系各要素进行了细致解读，旨在解决各要素"是什么""为什么""怎么做"三个问题，为深入了解具体要素的含义、理解要素的实际意义提供帮助，同时为指导管理实践提供参考。

本书读者对象为国家电网公司企业内部资产管理人员及从事资产管理的企业员工，在阐述资产管理体系宏观框架的基础上，全面挖掘资产管理体系要素，为各层级资产管理人员在资产管理体系与日常工作深入融合方面奠定良好的理论基础。

图书在版编目（CIP）数据

资产管理常用要素详解 / 国网浙江省电力有限公司组编 . —北京：中国电力出版社，2019.1
（电网企业资产管理系列书）
ISBN 978-7-5198-2599-7

Ⅰ.①资… Ⅱ.①国… Ⅲ.①电力工业—工业企业—资产管理—中国 Ⅳ.① F426.61

中国版本图书馆 CIP 数据核字（2018）第 249302 号

出版发行：中国电力出版社
地　　址：北京市东城区北京站西街 19 号（邮政编码 100005）
网　　址：http://www.cepp.sgcc.com.cn
责任编辑：孙　芳（010-63412381）
责任校对：黄　蓓　常燕昆
装帧设计：赵姗姗　王英磊
责任印制：吴　迪

印　　刷：北京天宇星印刷厂
版　　次：2019 年 1 月第一版
印　　次：2019 年 1 月北京第一次印刷
开　　本：787 毫米 × 1092 毫米　16 开本
印　　张：11.5
字　　数：275 千字
印　　数：0001—1500 册
定　　价：88.00 元

编委会

主 编

薛 彤

副主编

周启东　夏震宇　潘 鹏

编 委

张 森　单海鸥　朱 敏　叶立兆　张 繁　郭子黎
林 鹏　朱金垦　黄佳佳　王 勇　纪宏德　莫加杰
李志强　张 凯　朱日成　于 军

编写单位

国网浙江省电力有限公司培训中心

国网浙江省温州公司

前 言 》》》

随着先进管理理念的不断发展，企业资产管理的重要性日益提升，尤其在"重资产"类型的企业中，资产管理水平已成为决定企业运营绩效的核心因素。我国电网企业在迅速发展的过程中，其资产呈现出以下特点：电网规模和设备数量持续扩大、电网资产净额规模庞大、电网资产年轻化程度较高。作为典型的"重资产"型企业，电网企业同时面临着电网资产运行维护、更新改造任务越来越繁重等挑战。在此背景下，传统的粗放型电力资产管理模式呈现出诸多不足，而覆盖业务全过程和资产全类型的资产管理理念和方法开始得到重视，并逐渐运用到企业日常资产管理中。

国家电网公司从 2008 年起开始探索资产全寿命管理体系，2013 年借鉴 PAS 55 体系在上海、福建等地开展体系建设试点，2014 年进一步融入 ISO 55000 的标准要求，在全公司系统开展推广此项工作，至 2015 年成功完成体系建设任务。在此期间，覆盖业务全过程的资产管理的理念和方法逐步在国家电网各层级单位应用和推广，并取得了显著成效。

为了固化在资产管理方面取得的成果，浙江省电力公司全面总结资产管理研究与实践经验，编制了电网企业资产管理系列书。本系列书作为浙江省电力公司资产管理体系的理论支撑和实践指导，能够为长期开展资产管理体系深化应用提供参考。本系列书一共分为四册，分别为《资产管理常用要素详解》《资产管理常态工作实施导引》《资产管理方法实践案例分析》和《资产管理知识题库》。

本书为《资产管理常用要素详解》，第一章简要介绍了资产管理体系的定义与发展历程，并展示了国内外电网企业运用资产管理体系开展工作的实践情况。第二章介绍资产管理体系的框架构成及总管理要求。第三~十章详细阐述了资产管理中涉及的具体要素，对各管理要素的介绍按照"定义—目的与意义—管理方法—实践应用"的大框架展开，旨在解决各要素的"是什么""为什么""怎么做"三个问题，为读者了解具体要素的含义、知晓要素的实际意义提供帮助，同时为指导管理实践提供参考。

本书在编写过程中对浙江省电力公司资产管理手册及体系工作手册进行了解读，并查阅了大量文献，对众多涉及资产管理要素的内容进行了筛选和汇编。本书的完稿必须感谢浙江省电力公司从事资产管理工作的广大干部员工，同时感谢在编写过程中给予帮助的各位专家、领导。希望关心、致力于资产管理的各位读者能够从本书中吸取有益内容，共同推进资产管理理论及实践的发展、创新，切实提高资产管理水平。

受各种客观原因的影响，书中的错误在所难免，恳请广大读者指正。此外，写作中我们参考了大量的文献，未能一一列出，在此也向原作者表示歉意。

编者

2018 年 11 月

目 录 〉〉

第一章

概　述

　　本章首先介绍了资产、资产管理以及资产全寿命周期管理的定义与内涵，进一步梳理了资产全寿命周期管理在国内外电力企业中的应用发展概况，并着重介绍了国家电网公司引入资产全寿命周期管理以来的四个主要发展阶段。

第一节 基 本 概 念

一、资产的定义

关于资产，在不同的学科领域有着不同的定义。

在会计学中，资产是会计最基本的要素之一，与负债、所有者权益共同构成的会计等式，成为财务会计的基础。《企业会计准则—基本准则》对资产的定义是："资产指企业拥有或控制的能以货币计量的经济资源，包括各种财产、债权和其他权利。资产是指企业过去的交易或者事项形成的，由企业拥有或者控制的，预期会给企业带来经济利益的资源。"资产按其流动性（即资产的变现能力和支付能力）划分为：流动资产、固定资产、长期资产、无形资产、递延资产、生物资产和其他资产等。

在法学中，资产通常表述为财产权利，一般指权利人对有形物的所有权、对他人的债权以及对无形资产拥有的知识产权等，是特定主体所享有的代表一定经济利益的现时权利，该权利包含着可直接或间接转化为货币的能力。

在管理学中，对资产的一般性定义为"对组织有实际或潜在价值的项目、事物或实体"。此定义泛指任何类型的资产，包括货币金融资产、实物资产、人力资产、数据资产等。

本书中资产的含义取自管理学的一般性定义，是指企业实物资产以及与实物资产相关的人力、信息、金融资产。本书主要介绍的是电力企业中的资产全寿命周期管理，其中，实物资产是指企业所辖的与资产管理活动相关的所有固定资产，包括电厂设备、电网一次设备、厂站自动化系统、调度自动化系统、继电保护及安全自动装置、电力通信设备、自动控制设备、电网（厂站）辅助及附属设施、安全技术劳动保护设施、电能计量装置、试验及监（检）测装备、专用工器具、生产服务车辆等。人力资产是指对实物资产的性能有影响的劳动力的行为、知识和能力。信息资产是指在编制、优化和实施资产管理计划时必不可少的数据和信息。金融资产是指用于基础设施投资、运营、维护和材料所需的金融资源。

二、资产管理的内涵

资产管理的定义为：组织通过有系统和有协调的活动与实践，对组织的资产及资产系统进行最优化和可持续的管理，在资产的整个生命周期里管理它们的性能、风险和支出，达到组织战略规划的目标。

资产管理范围方面，主要包括了对实物资产以及与实物资产相关的人力、信息、金融资产的管理。但从资产管理的定义可以看出，资产管理的实际影响范围远超出对实物资产进行维护或保养的范畴，而更接近于组织的核心目标。良好的资产管理能够提高资产的周转能力、盈利能力和偿债能力，平衡资产利用和资产维护、短期的性能发挥和长期的可持续性、前期的资本投入和后续的运营成本以及风险。

优秀的资产管理通常具备以下特征：定量化，以可靠的数据计算为基础，实现定量管理；最优化，从整体视角出发，追求整体效益最优；规范化，重视资产管理工作程序、步骤及方法，制定合理规范的工作标准，实现科学决策和管理有序。

三、资产全寿命周期管理的内涵

随着资产管理理念和实践的不断发展演进，资产全寿命周期管理（Life Cycle Asset Management）的概念应运而生。这一概念最早诞生于国外的资产密集型企业，近年来引入国内，并在国内的资产管理实践中取得了长足的发展。在资产密集型企业、电网企业和国家电网公司，资产全寿命周期管理的概念分别有不完全相同的内涵。

在公用事业、钢铁冶金、房地产、电力等资产密集型企业中，设备、建筑物、基础设施等固定资产在企业总资产中占比较大。企业既要在高度竞争的市场中使用和维护昂贵的资产装备进行生产运营，又要遵守严格的行业和环境安全规范。对企业资产进行安全高效管理，延长资产使用寿命，使资产投资收益最大化，具有十分重要的意义。资产全寿命周期管理就是实现该目标的一种管理体系。

电力企业中的资产全寿命周期管理是系统工程理论在资产管理上的应用。它从资产长期经济效益出发，全面考虑资产的规划计划、采购建设、运维检修、退役处置的全过程，追求资产的安全、效益、成本的综合最优。资产全寿命周期管理由全周期成本管理、效能管理与安全管理构成，其核心是通过适度的技术与运行标准，统筹规划建设成本和运维成本，对资产的全寿命周期成本进行分析并决策，从而达到资产的综合最优。

国家电网公司通过吸收借鉴国外先进的全寿命周期管理理念，也给出了具有自身特色的定义："资产全寿命周期管理是指以电力企业总体发展目标为指导，以实物资产为核心，涵盖并统筹与实物资产相关的人力、信息、金融、无形资产，运用系统工程方法和模型，统筹协调资产在规划计划、采购建设、运维检修、退役处置全寿命周期的管理行为和技术要求，实现资产全寿命周期内安全、效能、成本的综合最优"。

第二节　国外资产全寿命周期管理发展概况

国外关于资产全寿命周期管理的实践最早可以追溯到 1904 年，当时的瑞典最早提出全寿命周期管理的概念并运用到铁路系统中。1933 年，美国总审计处正式提出此概念。1965 年，美国国防部开展全寿命周期成本研究，标志着资产全寿命周期管理标准雏形的形成。1980 年，瑞典的 Vattedfall AB 公司开展了全寿命周期成本的研究并实际运用，取得了一定的效果。

近十多年来，资产全寿命周期的理论与实践取得了长足的发展。主要体现在 PAS 55 和 ISO 55000 两份资产管理的标准的编制与发布实施。

2004 年，英国标准协会联合资产管理协会正式颁布 PAS 55 系列标准，制定了针对资产密集型行业的资产管理标准。该标准在资产管理策略、目标、计划、实施、能力、绩效、风险方面提出了 28 条具体的要求。PAS 55 于 2008 年进一步修订，实践应用性得到提高，被越来越多的组织认可并实施。期间，PAS 55 得到超过 50 个政府及监管机构，10 个国家及 15 个区域的电力、燃气、铁路等众多企业的应用。如英国能源监管机构 OFGEM、中国香港中华电力等。

2014 年，国际标准化组织发布 ISO 55000，是当前正在施行的标准，应用范围广，通用性强。该标准体系由三部分组成，分别是 ISO 55000《资产管理－综述、原理与术语》、ISO 55001《资产管理体系－要求》和 ISO 55002《资产管理体系－ISO55001 应用指南》。标准规定了资产管理的主要内容包括组织所处的环境、领导、策划、支持性要求、运行、绩效评价和改进七个方面。相对于 PAS 55，ISO 55000 发布时间较短，应用案例较少，目前荷兰 Alliander 电网及燃气公司通过了 ISO 55001 的认证。

资产全寿命周期管理概念发展如图 1-1 所示。

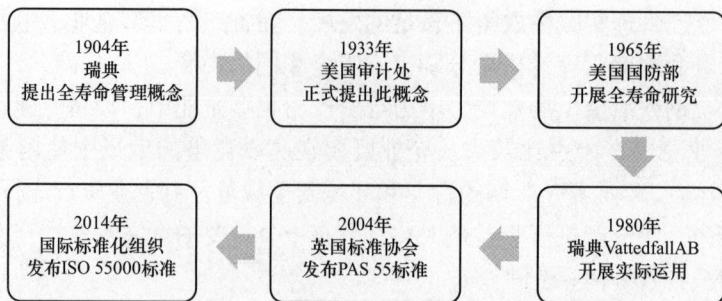

图 1-1　资产全寿命周期管理概念发展

　　资产全寿命周期管理的概念最早诞生于国外的企业管理实践中，直到目前这一资产管理的方法依然广泛应用于各资产密集型企业中，尤其是电力企业中应用尤其普遍。以下分别介绍英国 National Grid Transco 输电公司、澳大利亚 Powerlink 公司、新西兰 Ashburton 电力公司和加拿大 Hydro One 公司的应用经验。

一、英国 National Grid Transco 公司的经验

（一）资产管理组织机构

　　为了实现对资产整个寿命周期的全过程管理，NG 公司在组织机构上尽可能发挥扁平化、专业化的优势。NG 输电集团作为 NG 公司电网资产管理的主体，在决策和执行上职责分工清晰，提高了反应速度和决策质量。NG 公司输电事业部的组织机构设置有以下三个特点：

　　（1）通过扁平化提高组织运作效率和沟通质量。NG 公司输电事业部参与资产管理的四大关键部门作为决策层集中在总部，作为执行层的 11 个变电站区域分部和 13 个架空线区域分部贴近生产实际、直接对总部相应部门负责，充分体现了扁平化。

　　（2）实行专业化管理，分工明确，职能交叉少。决策部门（管理决策和技术决策）与操作执行部门（具体工作）之间权责分明。

　　（3）区域化的现场管理模式提高了资产管理的质量和效率，使得工作计划与现场工作紧密联系。高度集中的计划管理并在全国范围内进行优化；现场管理模式增加员工对资产的主人翁意识；对与现场作业中主业关系不大的支持性工作全部集中管理；在受控的范围内对现场工作团队进行授权，加快决策过程。

（二）资产管理总体模式

　　NG 公司在资产管理过程中充分体现了全寿命周期管理理念，并贯彻到具体工作中。NG 公司资产管理的全寿命周期管理以全过程、全系统为原则，将计划管理、项目管理和数据管理进行有机整合，并贯穿于资产管理各个环节。资产管理包括 22 个环节，以"资产状态信息"为起点，以"项目关闭"为终点，使整个管理流程形成闭环，使每个项目得到科学有效的运营。

　　NG 公司的资产管理包括 3 个维度，其中计划管理作为企业资产运营的龙头，包括投资管理、发展计划、预算管理等内容，借助决策支持工具对不同类型的资产投资项目进行优选排序，以确保列入投资计划中的项目既满足监管要求，又符合企业效益的最大化。项目管理以资产计划为依据，包括项目的方案初设、方案细化、采购建设、安装与投运以及退役处置等全过程，借助信息系统和数据使各个阶段的管理主体得到充分协调，实现资产全寿命周期成本最低和效率最大。

（三）资产管理实践分析

资产管理阶段如图1-2所示。

（1）计划投资管理。NG公司认为计划投资管理对资产全寿命周期的影响最大，因此对计划投资管理非常重视。其比较成熟的经验包括以下几点：

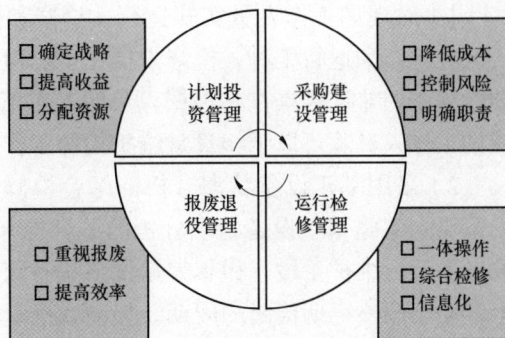

图1-2 资产管理阶段

1）分析确定投资战略，提供未来业务计划的框架。NG公司的投资战略与所有业务战略紧密相关，包括主要的投资驱动因素和限制因素。可以得到的信息有修订后的投资战略、投资目标、资产分布概况、优先建议等。需要获得的信息有当前的投资计划、业务及调整战略、供需预测、规划的限制因素等。

2）通过投资优先顺序排列，提高投资效益，控制投资风险。通过项目优化整合系统（PSM），掌握中长期计划中的工作量、投资总额、人力需求等要素，综合优化，将模糊的业务知识和业务政策清晰化，改善决策质量，使有限的资金发挥最大效益。

3）统筹考虑各类计划的协同性，科学分配资源。基于当前的资本性投资计划、工作计划、投资战略和目标、计划进度，分析提出综合资本性投资和工作计划、协调各方因素后的投资分配计划，通过绩效监控、控制投资，确保有效安排和控制资金及工作量。

（2）采购建设管理。NG公司在资产策略指导下，提高设备的质量，在设备采购投入和运维费用之间取得平衡。在采购建设环节充分考虑运行阶段的意见，实现对项目实施的全方位管控。

1）加强采购阶段的成本数据分析，降低采购成本，满足建设需求。NG公司首先对需采购物资进行构成成本分析，找出可降低采购成本的机会；同时对市场规模、细分市场与未来市场的发展趋势进行分析和预测，明确每一类物资现在与未来的可能替代产品；其次组织职能交叉的采购团队来管理谈判工作，根据以往谈判案例库协助完成既定目标；然后充分了解供应商的工业水平、成本驱动等，并利用信息系统提供在线供应服务；最后，定期对战略采购的关键流程进行现状分析，不断优化各个流程管理。

2）加强设备选用风险防范，降低项目建设及投运后的风险。NG公司从设备选用起到投运后的运营维护全过程都十分重视设备故障防范，并通过设备风险分析提前消除故障风险。从设备选型开始就制定相关维修、运行导则，并在运行取得经验后修改设备的维修、运行导则；重视设备风险分析，由工程服务部形成优先序列，再由资产策略部门下到技术风险评估小组进行风险评估。

3）项目建设管理过程中职责明确、执行有力。NG公司项目建设管理职责分明，管理职能集中在公司专业部门，其他具体执行工作采用"合同式"管理方式由设备供应商负责；项目管理信息沟通全面、透明，减少工程实施过程中大量的接口问题，设备运行后发生问题责任明确，有利于制定合理的检修维护策略；同时通过集中管理项目相关数据，实现信息共享，包括设备、停电需求、项目工作任务、资源配置和成本管理信息。

（3）运行检修管理。NG公司运行检修的管理目标是在资产状态评估和风险评估的基础上实现运维策略的优化，达到经济性和可靠性的综合优化。

1）对现场工作人员实施运行、检修和操作一体化管理。如 NG 公司的现场工作人员不再区分检修和运行工种，检修人员在负责检修工作的同时必须完成运行（含状态监测）和计划检修中的非遥控操作。根据人员的工作年限、能力水平等划分不同资质，具有较高资质的现场工作人员除可以承担日常维护检修工作外，还负责检修工作的安全管理。

2）采用基于设备状态分析的综合检修策略。NG 公司采用定期检修和状态检修相结合的策略，实施基于设备状态分析的综合检修策略。从设备投运开始，通过状态监测、巡视、取样等运行维护手段，积累大量设备状态信息，在结合设备厂商建议和资产状态分析的基础上，动态调整定期检修的周期，提前或推迟检修某些设备。这样不仅有效减少了成本，还可以提前发现缺陷，避免故障发生。

3）运维检修管理信息化水平较高。NG 公司非常重视基础数据的准确性和及时性；在掌握大量基础数据后公司确定衡量设备状态的模式，对潜在问题提前预警，使资产运维检修工作更加科学，避免了使用破坏性检修方法，并降低了检修成本。

（4）报废退役管理。报废退役阶段是单个项目资产管理的最后阶段，但同时又是为今后资产管理提供流程优化和信息支持的重要环节。

1）重视资产报废策略的制定与执行。资产报废策略由 NG 公司电网战略部制定，在制定中长期计划（7~20 年）时就开始制定每一个资产的报废策略及计划，并在上一年计划及当年计划中进行确定，保证报废计划和资产替换策略保持一致。根据某项资产在资产管理信息系统中的状态信息，当到达该资产更换期时，由现场人员实地取样，并根据具体情况判断该资产是否应报废。报废资产有两种情况：一种是仍可使用的，拆除后将其放在站内备品库中，作为备用处理；另一种是作为报废处置，由工程部门进行资产替换项目工作。

2）提高资产报废环节的精益化管理水平，最大限度提高资产的使用效率。NG 公司的设备制造工艺较好，提倡选用质量较好的设备；同时企业自身资金使用控制较紧，受到监管机构的控制力度较大。在此背景下，NG 公司提倡以设备状态评价资产的使用寿命，在满足资产运行状态信息正常以及电网安全的基础上，尽量使用资产报废的最长周期。因此，其一般设备的试用期往往到达使用最大期限，节省了大量资金。

二、澳大利亚 Powerlink 公司的经验

澳大利亚 Powerlink 公司是 2007 年 ITOMS（国际输电运行维护研究协会）对标综合绩效最佳实践公司。特别是在资产管理流程方面，公司通过有效管理创造了优秀的资产维护绩效。澳大利亚 Powerlink 公司的资产全寿命周期管理分为计划编制和资产投资，运行、维护和再利用，寿命到期后替换和处置三个主要阶段。在资产全寿命周期的各个阶段有不同的资产管理策略。Powerlink 公司资产管理框架如图 1-3 所示。

（一）资产管理周期

Powerlink 公司认为，除了考虑资产寿命周期（Asset Life Cycle）之外，好的资产管理实践中还应当考虑到更多的商业环境因素，如政策监管、相关方利益诉求和重要的经营基础（电网安全性、环境保护等）。Powerlink 公司将这些内外部因素的管理都纳入到资产管理周期（Asset Management Cycle）模型中，从而实现周期内的持续提升。资产管理周期主要包含以下四项内容：

（1）强调战略一致性：即定义自身所承担的义务，以及明确各利益相关方的预期；

（2）编制资产管理策略：确定 Powerlink 如何回应（满足或控制）以上义务或预期，即

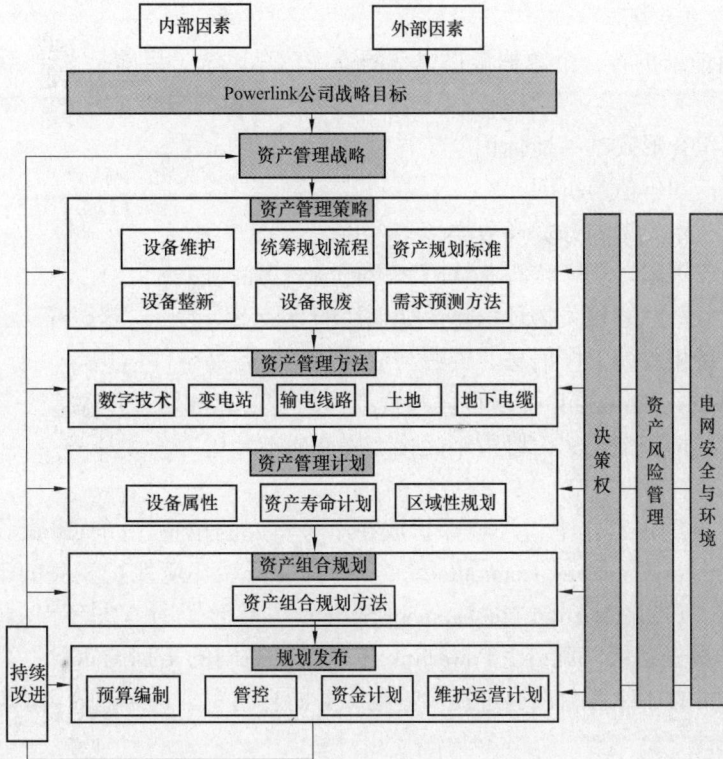

图 1-3 Powerlink 公司资产管理框架图

编制资产管理各项策略。在决定如何回应上述义务或预期时，通常使用资产寿命周期模型；

（3）保证资源支持：基于已制定的资产管理策略，确定所需的资源。有效的资产管理策略必须有相应的资源支持，基于实施时所需的成本与资源可得性，重新排布每项策略的优先级；

（4）定期评审：上述三项步骤可以确保 Powerlink 的资产管理策略能够满足自身义务与利益相关方的预期，并能得到充分的资源支持。但是要保持长期有效运作，还需要进行定期的评审。通过定期评审，可以发现机制运作的缺陷和提升的空间，保持与时俱进。

Powerlink 公司资产寿命周期及资产管理周期如图 1-4 和图 1-5 所示。

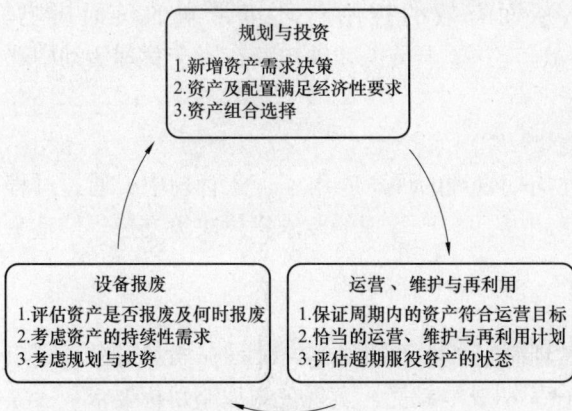

图 1-4 Powerlink 公司资产寿命周期

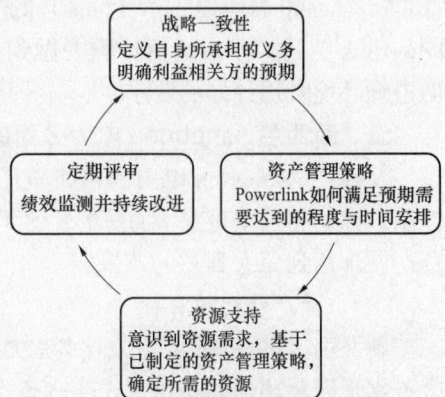

图 1-5 Powerlink 公司资产管理周期

（二）资产信息系统

Powerlink 目前维护着一个数据量很丰富的资产信息系统（目前是 SAP 系统），该系统具有以下功能：

（1）能够以组合形式唯一地标识电厂与设备；

（2）管理资产的价值与折旧；

（3）能够以技术类型划分资产分类；

（4）包含资产年限、资产状态、缺陷和运行绩效等信息；

（5）记录设备资产的相关物理信息（如电厂的分级）；

（6）管理设备相关的工作信息、资源与成本信息、备品备件信息等。

通过 SAP 系统，Powerlink 可以管理好资产的技术信息和财务信息，并将两者内在地联系起来，从而实现长期维护、检修策略优化、周期成本分析等。

（三）重视环境保护

Powerlink 的员工在工作中将环境保护放在十分重要的位置。Powerlink 设立有环境督导委员会（Environmental Steering Committee），专门指导开展环境保护相关的举措与动议；并有环境管理系统（Environmental Management System），整合了所有的环保相关的公司政策、业务流程与事件报告系统。此外，Powerlink 还开展了专门的培训与审计，以确保员工都能够很好地践行公司的环保理念；通过提供输电服务的合约安排，保证公司能较好地履行环保义务。

Powerlink 公司的资产管理策略中将环境保护视为公司运营中不可分割的一部分，这一环保承诺具体体现在：

（1）严格遵循环保相关的法律法规，包括设立专门的审计审查机制以保证合规性；

（2）将环境保护的要点，如土地使用、噪声和光污染、动植物保护、污染防护、废物管理等，具体落实在基本的业务流程与举措；

（3）通过环境保护系统，保持着长期、规范的环境保护态势；

（4）关于公司自身的活动或规划，与当地社区、监管机构保持公开、坦诚和主动的联系；公司乐于采纳建设性意见，以消除或最小化对环境的有害影响；

（5）通过培训等在员工中培养环境保护的主人翁意识。

除此之外，Powerlink 公司所有的重大建设工程都需要经过特定环境管理计划（Environmental Management Plans）的审核，从而有效的控制对环境带来的负面影响。Powerlink 的目标是在运营过程中做到"零事故"，并要求员工和承包商在资产管理活动中严格遵循环境管理计划的要求。

三、新西兰 Ashburton 电力公司的经验

新西兰 Ashburton 电力公司将资产全寿命周期管理的理念应用于资产管理中，通过过程控制，计划和模型贯穿于每一资产管理环节，并按照资产管理的要求提供决策支持，使整个资产管理达到令人满意的效果。

（一）资产计划的目标

新西兰 Ashburton 电力公司为公司资产管理制定了明确的目标，就是在满足安全、用户服务水平以及环保的要求下，实现资产全寿命周期成本最优，实现公司战略目标要求。

（二）资产计划的内容

（1）该公司的资产管理计划综合考虑电网扩展、设备更新、设备改造、设备检修、费用支出等方面，并由一个部门总体负责计划的制定。

（2）为达到提高电网管理水平，降低成本，提供优质服务的目的，针对设备资产状况、电力负荷水平、服务水平要求、故障模型预测与分析、设备运行与维护、设备更新最优决策、新工作流程安排、商务预测、经营预测、方案改进共10个方面进行合理优化。

（3）在资产管理架构中，资产管理系统由流程、数据、信息系统三大配套组成。借助三大组件的支持，形成一个高效全面的信息系统。另外还有组织策略和商务策略作为它的补充：组织策略主要针对资产管理的组织结构、权力和职责进行评价；商务策略则关注工程从采购、施工、运营、维护一直到退役的全过程中如何实现单位成本最小。

（三）资产计划的流程

新西兰Ashburton电力公司资产管理计划制定的流程主要包括确定服务水平目标、未来需求与状态预测、风险评估、制定资产全寿命周期管理计划、风险防范与预防、准备资金计划、监控资产业绩、准备资产管理改进计划八个步骤。

四、加拿大Hydro One公司的经验

为了克服总部与区域两层分散的管理模式的弊端，从1998年开始，加拿大Hydro One公司开始引入资产全寿命周期管理模式。

（一）资产全寿命周期管理模式

加拿大Hydro One公司的资产全寿命周期管理模式是建立企业管理体系和资产战略联盟。建立企业管理体系就是采用可靠性为中心思想（RCM）进行流程管理，通过设计服务于资产管理者与服务提供商的资产管理流程，明确职责界限和程序，打破地域的限制，建立移动劳动力概念，并扩大外部人员的使用。建立资产战略联盟就是保持电网管理与电网服务的战略一致，有选择地采用外包，签订服务水平协议（SLA），统一项目的工作程序，保证工作质量。

在实施过程中，加拿大Hydro One公司变革组织机构，调整信息系统，形成了局部利益服从公司整体利益的企业文化，逐步建立了公司统一的电网资产管理体系，有效降低了成本，公司资金能覆盖所有计划检修项目，提高工作的标准化和综合度，专业人员集中精力进行资产状态数据收集和分析，提高了工作的有效性。

（二）资产健康状态评估

加拿大Hydro One公司建立了资产健康状态评估方法，量化评估资产健康状态，并按照资产健康状况合理延长设备使用寿命。该方法按照全部资产健康指数（HI）分布情况，确定资产老化程度和维修方式；按照资产健康指数很差（指数为0~30）或差（指数为30~50）的状态数量占总资产数量的百分比，监督设备老化趋势，确定维修和检查重点。

（三）以风险评估确定资产排序

加拿大Hydro One公司依据核心业绩指标重要度与风险容忍度计算得出风险值大小，从而对资产重要性进行排序，并建立了基于风险管理的核心业绩指标评估体系，从财务、可靠性与客户影响、竞争力、声誉、法律和健康与安全等6个方面对资产进行风险评估。

第三节 国内电网公司资产全寿命周期管理发展概况

进入 21 世纪以后，随着宏观经济的稳步发展和资产管理的不断成熟，我国国内电力企业也开始了关于资产全寿命周期管理的研究和实践，包括借鉴国外先进实践经验、解读一系列与资产管理相关的国际标准以及开展全寿命周期实践探索等。目前，我国两家国有特大型电网企业——南方电网公司及国家电网公司都在资产全寿命周期管理实践方面取得了一定的成果，形成了富有特色的资产全寿命周期管理体系。

从电力企业经营特点来看，呈现资产规模大、种类多、增长快，同时具有对设备完好率及连续可利用率要求高等特点。具体来说，国家电网公司隶属资本、技术密集型行业，电力资产具有很多鲜明的特征，如：①资产规模大，实物资产比重超过资产总额的 2/3，资产密集性强；②资产网络属性强，与一般企业单一设备属性不同，国家电网的资产具有"资产集"属性，设备与设备之间存在较强的关联属性；③资产目标维度多元化，在资产决策、管理等方面不仅要考虑经济效益，更要服务于保障社会稳定、履行社会责任和政治责任等大局；④资产管理链条长，电网资产从规划购置、安装调试、运维检修、改造报废，管理周期较长，通常在 20 年以上，部分甚至高达 50 年，组织协调的难度大。

一、国家电网公司

国家电网公司是我国的国有特大型电网企业，是关系国家能源安全和国民经济命脉的国有重要骨干企业，以建设和运营电网为核心业务，承担着保障更安全、更经济、更清洁、可持续的电力供应的基本使命，经营区域覆盖全国 26 个省（自治区、直辖市），覆盖国土面积的 88%，供电人口超过 11 亿人。

国家电网公司自 2004 年开始探索资产全寿命周期管理，以期借助全寿命的理念与方法，对电网资产管理进行全面的优化与完善，切实提升管理水平。在这一过程中，一个重要的成果就是建设了资产全寿命周期体系，将资产管理与其他各专业业务管理的职责、界面和功能进行划分，建立起制度化、系统化、体系化的资产管理框架。资产全寿命周期体系建设的过程是在实践探索的过程中不断总结提升的，探索过程主要包括以下四个阶段：①开展全寿命周期成本管理探索；②建立企业级资产全寿命周期管理框架；③研究应用关键技术方法；④资产全寿命周期管理体系建设。

国家电网资产全寿命周期管理探索阶段如图 1-6 所示。

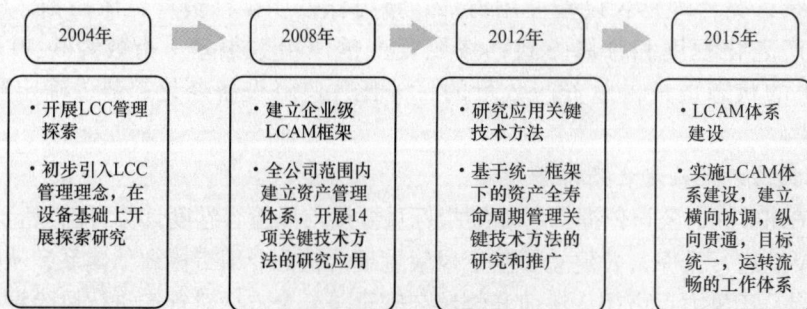

2004年	2008年	2012年	2015年
• 开展LCC管理探索 • 初步引入LCC管理理念，在设备基础上开展探索研究	• 建立企业级LCAM框架 • 全公司范围内建立资产管理体系，开展14项关键技术方法的研究应用	• 研究应用关键技术方法 • 基于统一框架下的资产全寿命周期管理关键技术方法的研究和推广	• LCAM体系建设 • 实施LCAM体系建设，建立横向协调，纵向贯通，目标统一，运转流畅的工作体系

图 1-6 国家电网资产全寿命周期管理探索阶段

（一）以设备为核心开展 LCC 管理探索

全寿命周期成本（Life Cycle Cost，LCC），也被称为全寿命周期费用，指产品在有效使用期间所发生的与该产品有关的所有成本，包括产品设计成本、制造成本、采购成本、使用成本、维修保养成本、废弃处置成本等。2004 年，国家电网公司开始引入 LCC 管理理念，并在多家省级电网公司开展了以设备 LCC 管理为核心的尝试性探索。通过尝试，国家电网公司逐渐发现 LCC 管理的价值，并在公司系统内开展了关键技术研究及典型经验推广工作。

LCC 的理念侧重于对成本的控制，对电网企业来说，还需要综合考虑供电安全、社会责任等多方面的因素（SEC 综合最优）。国家电网公司对资产管理全寿命周期框架体系进行了深入、全面的研究与实践，确保对 LCC 管理理念及实践进行有机地、适应性地调整。

（二）建立企业级资产全寿命周期管理框架

2008 年，在电力企业资产规模每年呈两位数增长的背景下，如何提高资产管理的水平成为一个更加切实和紧迫的问题。为此，国家电网公司提出了"转变电网发展方式与公司发展方式"的企业发展战略，并将全面推进资产全寿命周期管理定位为实现"两个转变"的重要举措。

国家电网公司建立企业级资产全寿命周期管理框架，尝试将集团范围内管理的资产设备进行集团化运作与集约化管理，通过在更大范围内系统性、整体性推进此项工作，实现企业发展再上新台阶。通过借鉴国外资产管理的先进经验，国家电网公司制定了《资产全寿命周期管理框架体系》，提出了资产全寿命周期管理的总体目标、工作流程和管理方法，建立了总体框架、实施体系和评估改进体系，明确了评估指标体系、评估流程和评估模型的构建思路，并制定了详细的分步实施方案。该框架首次涵盖了电力企业范围内的资产全寿命周期管理的概念及业务，系统性地提出了开展全寿命周期管理工作的思路及方法，标志着国家电网公司在企业整体范围内正式运用资产全寿命周期管理全面、系统地加强资产全寿命周期管理，提高资产运营效率。

（三）研究应用资产全寿命周期管理关键技术方法

国家电网公司在推进全寿命周期管理的过程中，如何扎实推进并攻克关键技术难题成为摆在面前的问题。从电网特点、电力企业特点出发，进行专项攻关进而掌握资产全寿命周期管理的关键技术与方法，才能真正促进资产全寿命周期管理发挥实效。

从 2009 年到 2011 年三年间，国家电网公司积极开展了资产全寿命周期管理的试点工作。电力企业组织了各省（市）公司业务与技术专家，针对资产全寿命周期管理中的流程优化、可靠性分析、成本评价方法等多项关键问题展开协同攻关，确定了开展资产全寿命周期管理的总体目标，初步建立了管理工作机制，确立了指标体系和评估模型并通过信息系统进行了固化，实现了资产全寿命周期管理的常态化管控。这标志着资产全寿命周期在国家电网公司内部实现了从理论到实践的跨越，夯实了资产全寿命周期管理的基础，丰富和完善了管理的体系框架。

（四）资产全寿命周期管理体系建设

2011 年，国家电网公司推动了一场以扁平化、专业化、集约化为标志的管理体系大变革，包括大规划、大建设、大运行、大检修与大营销，以及人、财、物的集约化管理，简称为"三集五大"。"三集五大"体系变革过程中，逐渐暴露出部门协调不统一、业务结合不紧密等新情况、新问题。资产全寿命周期管理作为一项横跨规划、建设、运行、检修等业务的综合性运营管理活动，也遇到了与实际业务对接上的问题。

在这一背景下，国家电网公司着手研究推进资产全寿命周期管理的工作方案，建立了资产全寿命周期管理评估模型，开展资产运营绩效评估和控制，加大资产全寿命周期管理考核评价工作力度，组织开展全寿命周期管理关键业务试点，从技术方法与管理体系两方面进一步推动了资产全寿命周期管理的体系建设。

截至 2013 年底，已有三家试点单位的体系建设工作取得阶段性成果，并经过国家电网总部组织专家验收，达到成熟型水平，为在全公司系统内的推广树立了示范样板；2014 年，国家电网公司按照同步启动、分批完成的原则，全面启动了资产全寿命周期管理体系推广实施工作，依据各单位体系建设进展情况和工作质量，优选 19 家单位完成验收评价。2015 年 6 月底，已完成了全部单位的验收评价工作，标志着国家电网公司在全公司系统范围内建立了横向协同、纵向贯通、目标统一、运转流畅的工作体系，实现了资产全寿命周期管理体系的有效运转。

二、南方电网公司

南方电网公司高度重视资产管理工作，按照"全球视野定标杆、结合实际寻路径、持之以恒求实效、持续改进上台阶"的创先工作方针，公司充分借鉴国内外先进企业的管理经验及 PAS 55 管理理念，综合考虑现状及发展方向，开展了资产全寿命周期管理的探索与实践，并将公司资产全寿命周期管理体系框架分为管理规划、管理实施、管理回顾和管理支撑四个部分。

南方电网公司结合公司现状，按照"总体谋划、分步实施、找准关键、试点先行、闭环管控、持续改进"的资产全寿命周期管理推进原则，目标是从 2013~2020 年，分为三个阶段开展资产全寿命周期管理工作的推进。第一阶段（2013~2015 年）：初步建成资产管理体系，包括：完善资产全生命周期管理各环节的功能设计；开展电网规划策略与项目准入综合效益评价研究；完善并推广设备维护检修手册，提升运行维护规范化水平；规范资产退役报废管理等。第二阶段（2016~2018 年）：巩固成果，全面建设，包括：资产管理体系优化完善，实现有效运作；完善资产管理绩效评价体系，开展资产绩效评价；各环节技术标准完备、高度统一，技术标准精细化；基础数据齐全准确，资产数据分析深入，有效支撑决策，信息系统有效支撑各业务运作等。第三阶段（2019~2020 年）：深化应用，初见成效，包括：完成资产管理体系构建，高效运作，持续改进；环节以统一的资产管理策略开展工作；形成以资产全生命周期管理为导向的绩效评价机制；公司资产管理迈上新台阶，为公司五个核心能力的持续提升奠定基础；公司资产管理水平和关键指标达到国际先进水平。

第二章

体系框架

资产全寿命周期管理体系明确了资产和资产管理体系的范围，运用企业管理层次分析法、逐级承接分解法、标准工作程序模型等体系设计方法，通过梳理组织体系、优化资源配置、夯实基础管理、统一工作流程、完善标准及制度、建立协同工作机制和考核机制等措施，建立、实施、保持和持续改进涵盖规划计划、采购建设、运维检修、退役处置各阶段所有资产管理活动（包括外委活动）的资产管理体系。

第一节　资产全寿命周期管理体系构成

一、资产全寿命周期框架体系

资产全寿命周期管理是一项复杂的系统性工程，在实际应用中必须明确其与具体业务管理的关系，促进管理制度、方法、职责的协同有效，实现实物流、价值流、信息流的融合，提高企业资产运营效率效益。为了实现上述目标，必须有一套兼备实用性和创新性的资产全寿命周期管理体系框架。

资产全寿命周期管理框架体系是以战略和综合最优目标为指引，紧紧围绕业务过程中规划计划、采购建设、运营、维护检修、退役报废、再利用等环节产生的实物流、价值流、信息流，按照目标平衡优化、业务闭环管理、流程协同顺畅等要求形成的资产管理体系。

根据管理定位和目标要求，结合实物流、价值流、信息流的关系，资产全寿命周期管理体系中主旨思想位于最上层，提供方法论指导，其他部分被划分为六大模块，分别是管理范围与组织架构、资产战略与决策、业务实施与管控、运营监测与绩效评估、管理评价与改进以及基础保障，每个模块彼此独立但又相互联系。

（1）管理范围与组织架构是首要任务。管理范围的合理界定划分是资产全寿命周期管理有效推进的前提基础。在组织层面，建立目标的协调沟通机制，实现资产管理不同目标间的统筹平衡；在执行层面，通过合理的组织架构实现管理改进和流程信息化的信息反馈，促进目标的持续调整优化。

（2）资产战略与决策是连接企业发展总体目标和资产管理目标的重要环节。科学的资产战略、战略分解以及管理决策，是平衡横向部门间目标的重要方式手段。

（3）业务实施与管控是资产战略的具体落实，也是资产全寿命周期管理的核心执行部分，体现了资产全寿命周期管理理念运用到业务的各项制度、各个阶段中的过程。业务执行过程中还注重管理工具和方法的应用，加强了对效益、进度、质量、风险的有效管控。

（4）运营监测与绩效评估是资产全寿命周期管理有效执行的重要保证。运用结果评价和过程监测结合的思想，对资产管理的结果、设备运行状态进行全天候、全方位、全流程的监测分析与评价。

（5）管理改进与流程优化主要将运营监测和绩效评估的结果在后续工作中不断改进并优化相关流程，促进资产管理工作不断完善，便于制度标准的滚动修订调整。

（6）基础保障与支撑是资产全寿命周期管理的保障板块。通过建立资产管理信息化系统、提供人力资源保障等方式，为资产管理各个主要模块提供充分保障。其中，信息保障是关键，业务融合、数据完备的信息化系统可以为其他模块提供准确完整的信息，为决策、计划、执行、评估、改进等环节提供支持。

资产全寿命周期管理体系框架如图 2-1 所示。

二、国家电网公司资产全寿命周期管理体系

在电力企业中，资产全寿命周期管理体系同样涵盖了规划计划、业务实施管控、运营监测评估、持续改进和基础保障等几个方面。国家电网公司结合电力企业的自身特点，将资产全寿命周期管理体系划分为 7 个方面的主要工作，分别为：目标和策略、计划和过程管控、监测评价与改进、组织与能力、法律法规与标准制度、风险与应急、协同与沟通、信息，

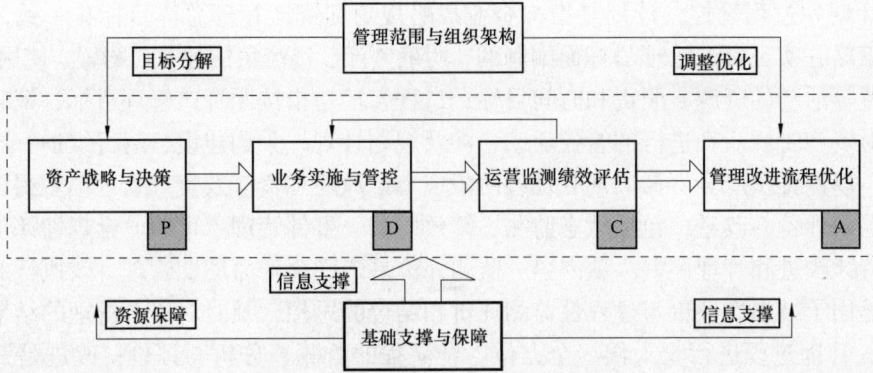

图 2-1 资产全寿命周期管理体系框架

形成了一套能有效指导业务开展、具有自身特色的资产管理体系。

国家电网公司资产全寿命周期管理体系如图 2-2 所示。

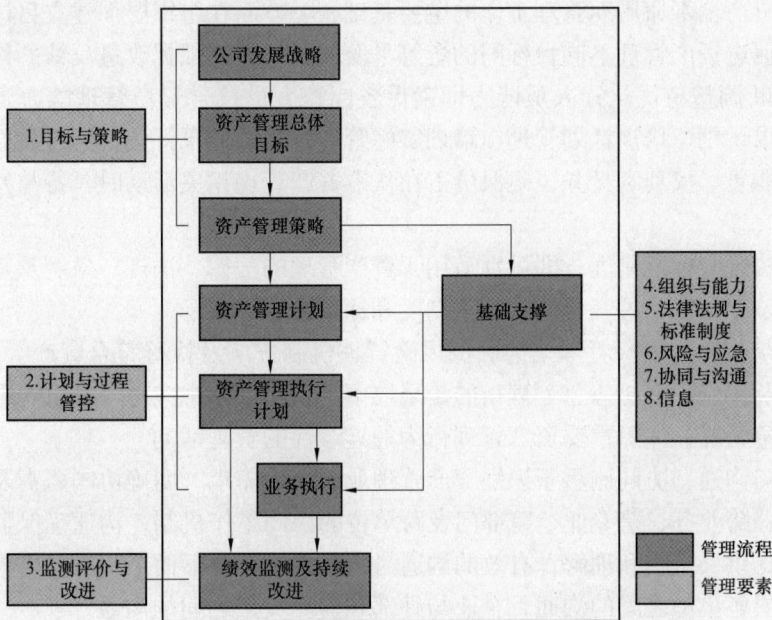

图 2-2 国家电网公司资产全寿命周期管理体系

（1）目标和策略，包含现状评价、目标、策略三项主要工作。现状评价是指对电力企业各类型、各层级的资产（资产集）现状进行综合评估，全面分析掌握公司资产的绩效、价值规模、寿命分布、状态及风险等现状信息，对关键影响因素和主要原因进行追溯分析；目标是根据企业资产战略，协调企业相关业务活动，实现提高运营效率、提升资产质量、延长设备使用寿命、优化电网资产成本效益、提高固定资产信息化水平，从而实现企业整体资源在全寿命周期的全局优化；策略指将企业战略、资产管理方针转化为对资产、资产组、资产组合、资产管理体系的高水平、长期的计划，是与企业战略、资产管理方针相一致的资产管理的长期优化方案。

（2）计划和过程管控。计划是指与企业战略规划和资产管理总体目标相一致，为实施资产管理策略并实现资产管理目标而编制的，明确资产、资产集的建立、购置、使用、维护、退役、处置等活动的资源、职责和时间目标；过程管控是指按照资产管理目标、策略和计划的要求，对资产管理活动进行的管控活动，涉及规划计划、采购建设、运行维护、退役处置各个阶段，以保证资产全寿命周期管理各阶段成本、风险和资产及资产管理绩效得以监控。

（3）监测评价与改进，包括状态监测、绩效监测、事件管理、审核、合规性评价、纠正与预防、持续改进和管理评审八项内容。监测评价是资产全寿命周期管理有效执行的重要保证，主要运用了结果性评价与过程性监测评价相结合的思想，及时对资产管理的结果、设备运行状态、管理过程进行全天候、全方位、全流程的监测、分析与评价；改进是资产管理框架体系中的持续改进模块，主要讲监控评价的结果在资产管理工作中得到的应用与改进，并优化相关流程，促进资产管理工作的不断完善，同时将相关信息反馈到资产管理组织中，以便规则制度标准的滚动修订与调整。

（4）组织与能力，包括组织、人员能力、培训三项内容。组织是建立的包括决策层、管理层、执行层在内的资产管理组织架构，它明确了各方的职责，支撑资产管理体系各项业务的有效运作，是开展资产全寿命周期管理工作的重要基础，一方面在组织层面建立目标策略的协调与分解机制，促进资产管理不同目标间的统筹平衡，另一方面根据改进反馈的信息促进资产管理目标的不断调整与优化；人员能力即确保各岗位人员符合资产管理能力要求；培训主要包括培训需求识别、培训计划管理、培训实施管理及培训效果评估，通过建立培训管理机制明确各岗位职责、权利和义务，确保员工在从事资产管理相关活动时具备与其岗位相适应的意识及能力。

（5）法律法规与标准制度，即识别适用于资产管理的法律、法规、条例及其他要求，建立与流程、岗位相配套、统一协调的规章制度和标准体系。

（6）风险与应急，风险管理是为确保风险管理机制方法及执行符合资产管理规范要求，明确相应部门及岗位职责；应急管理指的是采取事前预防、事中应对、事后处理等方式应对突发事件和紧急情况，保障重要资产管理行为的连续性的管理活动。

（7）协同与沟通，协同侧重于识别资产管理业务协同需求，明确协同职责及要求，建立或完善跨流程、跨业务、跨专业、跨部门及跨单位的协同工作机制；沟通确保资产管理信息在企业内外部提供、接收和理解，有效的沟通是自上而下、自下而上和横向协同的，包括部门与部门、基层各单位之间的沟通，企业与外部利益相关方之间的沟通。

（8）信息包括体系文档、记录、信息系统三项，是指应建立完整的资产管理体系文档与信息化系统，为资产全寿命周期管理各主要模块提供充分的基础保障，是资产管理决策、计划、执行、评估、改进等环节的有力支持。

第二节　资产全寿命周期管理体系的总体要求

在传统的职能部门分段管理的资产管理模式下，各部门只关注自身职能，资产的实物流和价值流经常呈现出割裂状态，比如，建设部门追求资产建设进度与成本，而运营部门关注资产质量与价值，在实际业务开展过程中，容易导致目标分散甚至是冲突。因此，资产全寿命周期管理体系要求建立信息沟通渠道，在业务协同、闭环管理、风险管控三个方面建立相应的工作机制。

一、业务协同

协同工作机制就是从纵向贯通、横向协同两条主线强调资产管理决策过程和资产管理业务执行的协调。在资产管理决策阶段，要求统一资产管理目标、绩效指标的管理职责和分解机制，保证纵向各层级目标一致，横向各业务部门目标统一；在资产管理业务执行阶段，协同机制需对资源、需求和计划三方面进行协调和平衡，保证纵向各层级业务统一实施，横向各业务部门执行步调一致，从而达到资产管理体系建设的整体协同。

（一）目标的协同优化

资产管理各个环节目标不一致，导致了目标分散化等问题。资产全寿命周期管理要求以企业总体目标为出发点，将各阶段目标统筹优化。

资产管理总体目标是对资产管理过程的总体要求，是各阶段管理功能与任务的依据。总体目标的制定要从全局、发展、战略的眼光出发，考虑可持续发展、技术经济背景、安全等因素。按照总体目标的指导，制定出企业资产管理的近期和远期目标。

在具体资产管理业务中，企业需要对决策过程及业务执行过程面临的多个目标进行平衡与优化。其中业务各个环节面对不同的子目标需要协调优化，企业内部不同部门因利益关注点不同产生矛盾也需要优化。因此，在企业层面开展目标的平衡优化能有效化解资产全寿命周期不同管理目标间的冲突。目标的协同优化方法主要有以下三点：

（1）基于组织目标的平衡优化方法。建立强有力的领导组织机构或部门，基于企业战略目标，干预并解决各子目标的冲突。此方法适用于解决难以量化的目标冲突，但需要注意保证决策程序的公平公正。

（2）技术领域的目标平衡优化方法。面临相互冲突的子目标，主要解决方法包括评估后去掉一个子目标，设置或改变约束条件，分析后给某一目标加以限制等。这种方法的局限性在于只能解决单纯的技术性冲突目标。

（3）基于技术评价的目标平衡优化选择方法，运用 LCC（全寿命成本）等工具进行解决。LCC 方法将不同阶段的子目标量化，把安全成本与惩罚成本定量化，可以优化安全、效能、成本、社会影响、美誉度等不同维度的目标。

（二）业务流程的协同优化

资产全寿命周期管理以流程为研究载体，安全、效能、成本综合最优的思想贯穿资产管理全过程。资产管理业务流程的协同需要做到以下几个方面：

（1）职能管理向业务流程管理的转变。业务流程的协同强调面向业务的管理，将业务审核与决策定位于流程执行的地方，简化信息沟通渠道，提高面对顾客和市场的反应速度。

（2）树立整体流程最优的系统思想。根据整体流程综合最优的目标设计和优化业务流程，尽量减少无效和不增值的业务。

（3）建立扁平化组织。设计并根据业务流程建立企业组织，消除低效的中间环节，降低管理费用成本，提高企业面对市场的反应速度与组织内部运转效率。

（4）利用信息手段协调矛盾。在优化企业业务流程时，要使用信息技术手段进行信息的处理和共享，将串行工作流程改造为并行工作流程。

二、闭环管理

闭环管理的重点在于"重视两头"，即重视计划制定、评价改进两个环节。该工作机制从资产、资产管理活动两个方面强调闭环管理，在资产方面，关注资产的形成和退出；在资产管理活动方面，强调管理活动开始前的现状评价和计划环节及资产管理活动结束后的评价改进，解决业务管理"一头一尾"中的薄弱环节。"重视两头"的闭环管理机制是解决日常业务中计划制定前的现状评价工作不到位、现状诊断深度不够、现状评价结果未应用于目标计划制定、监督评价后的改进措施无法有效落实等实际问题的重要保障。

资产管理的业务闭环管理主要体现在以下几个方面：

（1）管理体系上，资产全寿命周期管理体系核心部分包括了管理范围与组织架构、资产战略与决策、业务实施与管控、运营监测与绩效评估、管理改进与流程优化五个模块，分别对应了OPDCA中的目标、计划、执行、检查、改进五个环节。

（2）管理阶段上，资产管理划分为规划计划、采购建设、运维检修、退役处置四个阶段，涵盖了资产从形成到消亡的全寿命过程。其中，规划计划对后面三个阶段有计划和控制作用，后面三个阶段对提升规划计划的科学性有着促进作用，四个阶段形成闭环管理过程。

（3）具体管理环节上，同样分为目标制定、计划执行、指标考核、管理改进等步骤，实现了对资产管理各项流程、各个环节以及每项活动的有效管控。

三、风险管控

风险管理覆盖资产管理全业务、全流程，是资产管理体系实施工作要求落实的难点。"防控联动"是风险管理机制建设和实施的核心，能够有效解决风险信息应用不到位、风险管理不闭环、风险预控意识不强等问题。防控联动的风险管理机制就是及时掌握风险动态变化，强调风险信息共享，及时掌握风险信息并做好风险信息应用；做好风险与应急关联，提高对紧急事件快速反应的针对性和抗风险能力。在电力企业中，实物资产管理总体目标包括了安全目标、绩效目标、服务目标等，具体工作中管理目标涉及设备健康水平、满足工作技能要求的员工数量水平等。因此，实物资产的风险管控也应采取多目标优化、分层管控的模式。

资产管理中风险管控的要求如下：

（1）树立针对复杂系统的多目标综合优化的风险管理理念。从工程行业的风险实践来看，风险管控应该按照分级管理的原则开展。按照综合最优的要求，对风险后果影响比较轻，影响程度不高，处理费用大于风险后果的风险事件，可以考虑采取风险后应对的措施。对风险后果严重甚至无法容忍的，要进行事前的应对并消除。两者之间的风险，要综合考虑风险应对的成本及收益，采取适当的措施。

（2）形成融入资产全寿命周期管理体系的风险管理文化。实物资产的风险管理要分析影响资产发挥效用的内外部风险源。内部风险源指的是设备自身状态劣化以及资产体系网络的影响，外部风险源指的是气候环境、外力破坏等因素。

实物资产全寿命周期风险具有关联影响特性，需要协同寿命周期业务活动来进行管控。在资产运行期发现的风险，要在资产的设计、选型、采购、建设等环节上消除。

第三章

目标和策略

第一节 现 状 评 价

一、现状评价的内涵

（一）现状评价的定义

现状评价是科学研究中调查法的一种应用形式，它通过有目的、有计划、有系统地搜集研究对象现实状况的资料，开展分析、综合、比较、归纳，从而为人们提供规律性的知识。

电力企业资产全寿命周期管理现状评价是指对电力企业各类型、各层级的资产（资产集）现状进行综合评估，全面分析掌握公司资产的绩效、价值规模、寿命分布、状态及风险等现状信息，对关键影响因素和主要原因进行追溯分析。其评价对象为资产和资产集。其中，资产包括了企业实物资产以及与实物资产相关的人力、信息、金融、无形资产；资产集指一组相互作用或相互联系的资产。

（二）现状评价的分类

常见的现状评价存在很多种类：按评价方法分类，包括定量评价和定性评价；按评价功能分类，包括诊断性评价、形成性评价和总结性评价；按评价主体分类，包括自我评价和他人评价。

电力企业资产全寿命周期管理活动中，现状评价按评价对象分类，包括实物资产现状评价和资产管理现状评价两类，其中：资产管理现状评价又包括了电网发展诊断评价、资产管理各业务评价以及资产管理体系评价。

实物资产现状评价针对全部电网实物资产及资产投资、收益等开展。实物资产现状评价的对象主要有主网设备、配网设备、调控设备、信息通信设备、计量设备、生产辅助设备等电网实物资产，以及上述资产组成的资产集（变电站、输电线路、低压台区等）。

资产管理现状评价是在实物资产现状评价的基础上，基于内外部发展形势，对电网发展及各业务发展现状进行的全面评价，支撑公司中长期计划（规划）及年度目标、计划的制（修）订。其中，电网发展诊断评价的对象是电网发展目前面临的速度与规模、安全与质量、效率与效益等方面；资产管理各业务评价的对象是上一年度关键绩效指标达成情况、重要工作任务完成情况等；资产管理体系评价主要针对体系常态化工作和重点课题的开展情况，以及下一步工作的思路等。

二、现状评价的意义

现状评价的目的在于及时发现问题、预测发展趋势、提供决策参考等。如在安全生产评价中，通过对生产过程存在的危险有害因素项目进行现状评价，确定危险程度，查找原因，提出合理可行性的安全对策及建议。根据项目特点制定安全措施，排查安全隐患，控制和减少安全生产事故，使生产运行中的安全风险控制在安全、合理的程度内。

在资产全寿命周期管理中，现状评价是电力企业资产管理体系的重要组成部分，是开展体系建设、实施工作的重要前提。资产全寿命周期管理现状评价通过对资产现状、资产管理业务现状、资源水平、未来变化趋势等方面进行分析，全面掌握电力企业资产和资产管理工作的优势和不足，为公司制定策略、明确计划、强化协同、纠正和预防、持续改进提供依据。

实物资产现状评价旨在通过全面分析掌握电力企业资产的绩效、价值规模、寿命分布、状态及风险等现状信息，对关键影响因素和主要原因进行追溯分析，为制定资产投资、运维、处置策略提供依据。

资产管理现状评价旨在基于实物资产现状评价，全面了解其管理现状、工作绩效、存在问题，对未来发展趋势及需求进行分析预测，为编制修订资产管理策略、目标、计划等提供依据，为资产全寿命周期管理的实施方案的制定打下良好的基础，可以明确存在的瓶颈问题和制定可能的解决方案。

三、现状评价在资产管理中的应用

（一）现状评价方法介绍

在进行现状评价分析时，通常使用的方法是定性评价和定量评价。定性分析和定量分析这两种方法各有所长，两者优势互补，在实际应用中要根据评价对象特点进行选择。

1.定性评价方法

定性评价是不采用数学的方法，根据评价对象平时的表现、现实状态或文献资料，直接对评价对象做出定性结论的价值判断，比如：评出等级、写出评语等。定性评价是利用专家的知识、经验和判断进行评审和比较的评价方法，强调观察、分析、归纳与描述。

定性分析的基本过程包含如下五个环节：确定定性分析的目标以及分析材料的范围；对资料进行初步的检验分析；选择恰当的方法和确定分析的维度；对资料进行归类分析；对定性分析结果的客观性、效度和信度进行评价。

资产全寿命周期管理现状评价在进行人力资源现状分析时，由于数据信息具有不确定性和不完备性，所以通常采用定性分析的方法。在评价过程中，依靠分析者的直觉、经验，通过分析对象过去和现在的延续状况及最新的信息资料，对分析对象的性质、特点、发展变化规律做出判断评估。

2.定量评价方法

定量评价是采用数学的方法，收集和处理数据资料，对评价对象做出定量结果的价值判断，如：运用测量与统计的方法，模糊数学的方法等，对评价对象的特性用数值进行描述和判断。定量评价强调数量计算，它具有客观化、标准化、精确化、量化、简便化等鲜明的特征。

定量分析的基本步骤如下：对数据资料进行统计分类，描述数据分布的形态和特征；通过统计检验、解释和鉴别评价的结果；估计总体参数，从样本推断总体的情况；进行相关分析，了解各因素之间的联系；进行因素分析和路径分析，揭示本质联系；对定量分析客观性、有效性和可靠性进行评价。

实物资产的状态信息具有客观化、标准化、精确化、可量化等鲜明的特征，开展实物资产现状评价时通常采用定量分析方法。在评价过程中，分析者通过量表测量、准确的实验以及详细精确的历史数据等方式收集资料，由此获得量化的数据，根据分析变量之间的因果关联，用统计学方法进行分析，从而得出对分析对象更严密、科学、客观的评价。

总的来说，在分析评价数据时，评价者应当综合考虑评价信息的特性和其他因素选择最适当的方法。如果评价信息主要用于帮助被评价者改进工作时，定性的分析比定量的分析更为合适；而当评价的主要目的是比较、评比时，定量分析更为适合。

（二）现状评价模型介绍

1.资产墙分析模型

资产墙模型是时间序列预测法的一种应用，是将历史数据按照时间的顺序排列，然后分析它随时间的变化趋势进行外推的一种定量预测方法。

资产墙是对某个历史时间范围内资产密集投运情况的形象描述，即以投运时间为横轴，以资产规模为纵轴，表现出的投运资产规模呈现"墙"的形状，反映了现有资产在历史上不同年限投运的规模量。

资产墙模型图如图 3-1 所示。

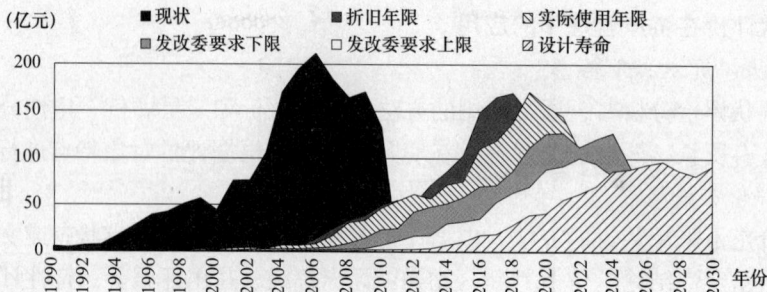

图 3-1 资产墙模型图

在资产现状评价中的具体应用上，该模型的核心思路是集成电力企业现有业务系统中电网实物资产的技术、成本、绩效等综合信息，对公司后续中长期资产改造、运检规模进行预测，并结合公司经营内外部要求、制约因素，提出缓解公司未来资产管理面临压力的管理举措。该方法主要特点在于：

（1）对各类资产的财务折旧寿命，实际使用寿命，发改委电价监审的要求寿命及设计寿命进行分类分析。根据不同的寿命，对不同类资产墙（现状）进行平移，预测技改规模、资产量；

（2）对不同类型资产，按照相对应的各类寿命进行平移。对于电力企业整体资产的预测，可以通过将各类资产的资产墙进行平移后再叠加；

（3）延伸价值规模资产墙分析方法，建立设备数量规模资产墙，并结合单类资产缺陷率，对运维工作量进行预测。

2. PEST 分析模型

PEST 分析是战略咨询顾问用来帮助企业分析其外部宏观环境的一种方法。它通过对政治（Political）、经济（Economic）、技术（Technological）和社会（Social）四个方面的因素分析从总体上把握宏观环境，并评价这些因素对企业策略目标和策略制定的影响。

在电网发展现状评价中，需要综合考虑政府规制与环境保护发展政策（政治因素），宏观经济环境与市场环境（经济因素），人口分布与用电方式变化（社会因素），产业发展环境与技术发展（技术因素），从而全面地诊断电网发展面临的外部因素，为制定中长期的电网发展规划和年度计划提供支撑。

典型的 PEST 分析如表 3-1 所示。

3. SWOT 分析模型

SWOT 分析模型，又称为态势分析法，SWOT 分析包含的要素有企业优势（strength）、劣势（weakness）、机会（opportunity）和威胁（threat）。SWOT 分析法是用来确定企业自身的竞争优势、竞争劣势、机会和威胁，从而将公司的战略与公司内部资源、外部环境有机地

表 3-1　　　　　　　　　　　　　　　　PEST 分析图表

政治	经济	社会	技术
环保制度	经济增长	收入分布	政府研究开支
税收政策	利率与货币政策	人口统计、人口增长率与年龄分布	产业技术关注
国际贸易章程与限制	政府开支	劳动力与社会流动性	新型发明与技术发展
合同执行法 消费者保护法	失业政策	生活方式变革	技术转让率
雇用法律	征税	职业与休闲态度 企业家精神	技术更新速度 与生命周期
政府组织 / 态度	汇率	教育	能源利用与成本
竞争规则	通货膨胀率	潮流与风尚	信息技术变革
政治稳定性	商业周期的阶段	健康意识、社会福利及安全感	互联网的变革
安全规定	消费者信心	生活条件	移动技术变革

结合起来的一种科学的分析方法。

（1）特点。SWOT 分析方法属于企业内部分析方法，即根据企业自身的既定内在条件进行分析。与其他的分析方法相比较，SWOT 分析从一开始就具有显著的结构化和系统性的特征。就结构化而言，形式上 SWOT 分析法表现为构造 SWOT 结构矩阵，并对矩阵的不同区域赋予了不同分析意义。内容上 SWOT 分析法的主要理论基础也强调从结构分析入手对企业的外部环境和内部资源进行分析。系统性上，SWOT 分析法综合考虑了企业自身竞争优势及劣势，企业发展面临的机会与威胁，分析维度比较全面。

（2）分析模型：

1）优势与劣势分析（SW）。每个企业要定期检查自己的优势与劣势，这可以通过"企业经营管理检核表"的方式进行。企业或企业外的咨询机构都可利用这一格式检查企业的营销、财务、制造和组织能力，每一要素都要按照特强、稍强、中等、稍弱或特弱划分等级，在经营发展中注意发挥优势，减少劣势的影响。

2）机会与威胁分析（OT）。随着经济、社会、科技等因素的迅速发展，特别是世界经济全球化、一体化过程的加快，全球信息网络的建立和消费需求的日趋多样化，企业所处的环境更为开放和动荡。这种变化几乎对所有企业都产生了深刻的影响。

环境发展分析分为两大类：一类表示环境威胁，另一类表示环境机会。环境威胁指的是环境中一种不利的发展趋势所形成的挑战，如果不采取果断的战略行为，这种不利趋势将导致公司的竞争地位受到削弱。环境机会就是对公司发展具有积极面的领域，在这一领域中，该公司将拥有竞争优势。对环境的分析也可以有不同的角度。比如，一种简明扼要的方法就是上文提到的 PEST 分析，另外一种比较常见的方法就是波特的五力分析。

（3）整体分析。通过综合分析 S、W、O、T 四个维度，可以将问题按轻重缓急分类，明确哪些是急需解决的问题，哪些是可以稍微拖后的事情，哪些属于战略目标上的障碍，哪些属于战术上的问题，并将这些研究对象列举出来，依照矩阵形式排列，然后用系统分析的所想，把各种因素相互匹配起来加以分析，从中得出一系列相应的结论，有利于领导者和管理者做出较正确的决策和规划。

运用这种方法,可以对研究对象所处的情景进行全面、系统、准确的研究,从而根据研究结果制定相应的发展战略、计划以及对策等。将结果在 SWOT 分析图（见图 3-2）上定位。

在资产管理业务的现状评价过程中,可以使用 SWOT 方法进行分析。首先,综合分析当前业务发展面临的优势与劣势,在后续发展中充分发挥自身优势,同时注意避开劣势,或者针对性地应对劣势环境,提出改进方案。其次,进行机会与威胁分析。在电网业务发展过程中,面临着许多机会,如城镇化速度加快,新能源发展迅速等,企业需要分析并抓住发展过程的外部机会,同时结合自身优势,实现可持续的快速高质发展。与此同时,需要时刻注意业务发展中的威胁,如安全防范问题,环境污染问题等等,做好相关预案,使威胁最小化。

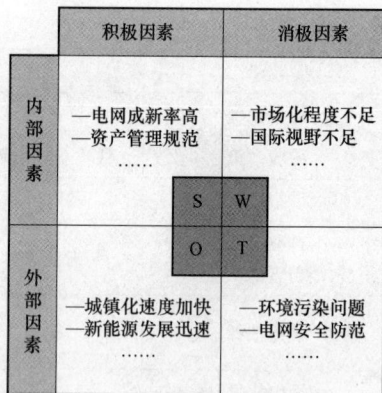

	积极因素	消极因素
内部因素	—电网成新率高 —资产管理规范 ……	—市场化程度不足 —国际视野不足 ……
	S	W
	O	T
外部因素	—城镇化速度加快 —新能源发展迅速 ……	—环境污染问题 —电网安全防范 ……

图 3-2 SWOT 分析图

（三）现状评价工作内容

1.评价流程

现状评价管理流程如图 3-3 所示。

资产管理办公室是资产管理现状评价的牵头部门,依据《电力公司资产全寿命周期管理现状评价管理办法》的规章制度,资产管理办公室每年 12 月份开展资产管理现状评价工作。

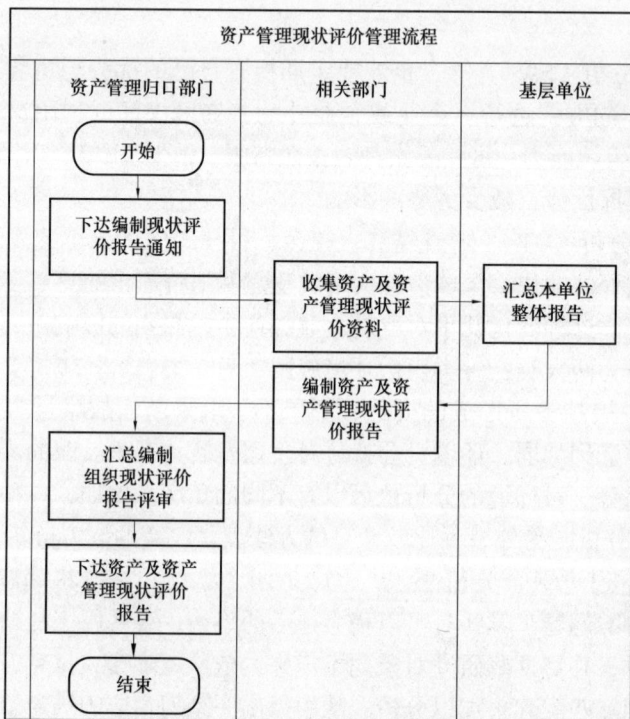

资产管理现状评价管理流程		
资产管理归口部门	相关部门	基层单位
开始		
下达编制现状评价报告通知		
	收集资产及资产管理现状评价资料	汇总本单位整体报告
	编制资产及资产管理现状评价报告	
汇总编制组织现状评价报告评审		
下达资产及资产管理现状评价报告		
结束		

图 3-3 现状评价管理流程

2.评价内容

（1）实物资产现状评价。电力企业运维检修部门是资产现状评价的归口管理部门，调控部门、营销部门、信息管理部门等部门负责配合开展所管辖资产的现状评价，依据《电网实物资产管理规定》，实物资产现状评价于每年 12 月开展。在每年的 12 月初，市级公司（包括检修公司）组织县级公司填报《资产现状基础数据表》（运维检修部门每年依据实际情况修订下发），汇总形成市级公司《电网实物资产年度分析评价报告》，经分管领导审批后，12 月中旬前提交省级公司，省级公司汇总市级公司（检修公司）提交数据，次年 1 月底前形成企业总体《电网实物资产年度分析评价报告》，经企业分管领导审批后，由运维检修部门以邮件或公文等形式发布至发展、建设、物资、财务、调控、营销等相关部门。

实物资产现状评价的数据以上一年度数据为准，主要来源于 PMS、ERP、OMS、TMS、IMS 等信息系统，数据应适宜、充分、准确。

实物资产现状评价的对象主要有主网、配网设备、调控设备、信息通信设备、计量设备等电网实物资产，具体资产类型如表 3-2 所示。

表 3-2　　　　　　　　　　　　　实物资产类型表

资产类型		电压等级（kV）	资产性质
主网设备	主变压器	1000~35	省属 / 代管
	架空线路	1000~35	省属 / 代管
	断路器	1000~35	省属 / 代管
	电缆线路	1000~35	省属 / 代管
	母线	1000~35	省属 / 代管
	避雷器	1000~35	省属 / 代管
	电抗器	1000~35	省属 / 代管
	电流互感器	1000~35	省属 / 代管
	电压互感器	1000~35	省属 / 代管
	隔离开关	1000~35	省属 / 代管
	耦合电容器	1000~35	省属 / 代管
	阻波器	1000~35	省属 / 代管
	组合电器 – 断路器	1000~35	省属 / 代管
	组合电器 –TA	1000~35	省属 / 代管
	组合电器 –TV	1000~35	省属 / 代管
	组合电器 – 隔离开关	1000~35	省属 / 代管
	组合电器 – 避雷器	1000~35	省属 / 代管
	组合电器 – 母线段	1000~35	省属 / 代管
配网设备	配电变压器	10（20）	省属
	环网柜	10（20）	省属
	配电电缆线路	10（20）	省属
	配电架空线路	10（20）	省属
	配网断路器	10（20）	省属

续表

资产类型		电压等级（kV）	资产性质
调控设备	自动化设备		省属
	继电保护设备		省属
计量设备	非贸易结算电能计量装置		省属
信通设备	信息设备		省属
	通信设备		省属
生产辅助设备	制造检修设备		省属
	生产管理用具		省属
	运输设备		省属

（2）资产管理现状评价。资产管理现状评价是在资产现状评价的基础上，基于内外部发展形势，对电网发展及各业务现状进行全面评价，支撑电力企业中长期计划（规划）及年度目标、计划的制（修）订。资产管理现状评价主要包括电网发展诊断、各业务的年度诊断分析以及体系现状评价等。管理现状评价收集的信息包括：已识别的风险、资产及资产集状态、资产及资产管理绩效结果、状态监测结果、电力企业资源水平、绿色环保、低碳及可持续发展要求等评价分析材料。

1）电网发展诊断分析。电力企业发展策划部门是电网发展诊断分析的归口管理部门，运维检修部门、基建部门、调控部门等部门配合，每年至少开展一次。

电网发展诊断分析主要是考虑电力企业绿色环保、低碳及可持续发展要求，对电网发展目前面临的速度与规模、安全与质量、效率与效益等方面开展诊断，提出今后（以下一年度为主，兼顾2~3年计划）电网发展应采取的措施行动，为制定中长期的电网发展规划和年度计划提供支撑。

外部环境分析主要包括：国家宏观经济环境、政府规制、环境保护政策、产业发展政策、市场环境、技术环境六大方面；内部因素分析主要包括：企业愿景、社会责任、核心资源三大方面。

电网发展诊断分析流程：电力企业每年3月份启动，市级公司组织各部门、县级公司，编写形成《电网发展诊断分析报告》，5月份完成，经本单位分管领导审批后，提交省级公司；省级公司汇总各市级公司报告，9月份形成电力企业《电网发展诊断分析报告》，经分管领导审批后，提交国家电网公司，并抄送资产管理办公室。

2）资产管理各业务诊断分析。电力企业资产管理办公室是资产管理各业务诊断分析的归口管理部门，资产管理相关业务部门配合，每年1月份开展。

资产管理各业务诊断分析主要以各业务部门的年终工作总结、专题分析报告等为分析对象，针对上一年度关键绩效指标达成情况、重要工作任务完成情况等业务管理结果进行评价，梳理总结出存在问题，并依此提出下一年度的工作目标、工作思路和关键举措。

资产管理各业务诊断分析的分工如表3-3所示。

表 3-3　　　　　　　　　　　资产管理业务诊断分析分工表

序号	部门	诊断业务
1	发展策划部门	企业发展规划、电网规划、项目前期投资管理、综合计划
2	财务部门	预算成本、会计核算、资金管理、资产产权管理、工程财务管理、风险内控管理、价格管理
3	安监部门	应急管理、安全监察管理、质量监督管理
4	运维检修部门	技改大修实施计划、运维管理、检修抢修、技改大修实施、状态评价、退出执行计划、资产退出、检修计划、运维计划、实施计划统筹
5	营销部门	业扩计划、业扩管理、计量设备管理、客户报修
6	信息管理部门	技术标准、技术创新、信息管理、通信管理、信息体系
7	基建部门	工程前期、工程建设计划、工程建设、竣工验收
8	物资部门	物资计划管理、物资采购管理、仓储配送管理、废旧物资管理、应急物资管理
9	外联部门	品牌建设管理、新闻管理
10	审计部门	生产经营审计、投资基建审计、综合审计
11	法律部门	法律事务、规章制度管理
12	人资部门	劳动组织管理、干部员工管理、绩效管理、人才开发培训管理、绩效评价
13	调控部门	调度计划、设备监控管理、调控运行管理、继电保护管理、自动化管理
14	运营监测部门	监测管理
15	企业协会	管理创新、审核
16	办公室	档案管理
17	资产管理办公室	策略目标管理、资产管理体系改进计划、管理评审、合规性评价

各业务诊断分析报告重点分析如表 3-4 所示。

表 3-4　　　　　　　　　　　各业务诊断分析报告表

序号	业务诊断分析报告	重点分析要求
1	法律部门业务分析报告；运营监测部门外部环境报告	相关政策、法律、法规的要求及变化
2	发展策划部门业务诊断分析报告；电网发展分析报告	内外部相关需求及外部形势的变化
3	人资部门、物资部门、财务部门业务诊断分析报告	电力企业整体资源水平的满足情况
4	法律部门、信息管理部门、企业协的业务诊断分析报告	国家电网公司、省级公司制度和标准要求及变化
5	运维检修部门业务诊断分析报告；电网实物资产年度分析评价报告	资产状态及绩效
6	企业协年度评价分析报告；人资部门业绩考核指标完成情况及分析报告；发展策划部门综合计划执行情况报告	资产管理绩效
7	财务部门业务分析报告	已识别的风险分析
8	电网发展诊断分析报告	绿色环保、低碳及可持续发展要求
9	安监部门业务诊断分析报告；安全生产工作报告	应急管理水平诊断、资产质量分析评价、设备运行可靠率、优质服务整体评价

3）管理体系现状评价。资产管理体系现状评价为体系常态化工作和重点课题的开展情况，以及下一步工作的思路等内容。

县、市（含直属单位）、省级公司逐级开展体系现状评价工作，最终形成电力企业《资产全寿命周期管理体系年度工作总结》，经公司分管领导审批后，以公文形式在公司范围内发布，为制定下一年度体系工作计划做支撑。

管理体系现状评价分析如表 3-5 所示。

表 3-5 管理体系现状分析表

分类	现状分析内容	报告名称及形式	频率	部门
总体	固定资产评价	电力公司实物资产分析评价报告	年度	运维检修部门
	业务现状诊断	电力公司资产管理业务分析报告	年度	资产管理办公室、各部门
内外环境预测	外部监管机构政策分析	电网"十三五"发展规划	年度	发展策划部门
	外部经济变化分析	电力公司"十三五"发展规划 电网"十三五"发展规划 经济活动分析报告	年度	发展策划部门
	电量需求分析预测	电网"十三五"发展规划	年度	发展策划部门
	上级公司要求分析	各部门年度总结及下一年度重点工作	年度	各部门
资产现状分析	资产状态评估	资产状态评估报告	年度	运维检修部门
	资产风险评估	设备风险评估报告	年度	运维检修部门
		资产风险管理报告	年度	各部门
		全面风险报告	年度	财务部门
	资产绩效水平现状分析	供电可靠性分析报告	月度/年度	运维检修部门
企业资源分析	人力资源现状分析	人力资源集约化管理诊断分析报告	年度	人资部门
	物资源现状分析	物资集约化管理诊断分析报告	年度	物资部门
	财务资源现状分析	电力公司经营情况诊断分析报告	年度	财务部门

【延伸阅读】

根据国家电网公司 2015 年制定的《资产全寿命周期管理体系规范》（Q/GDW 1683—2015）的要求，资产全寿命周期资产管理应基于企业发展战略，根据各项资产管理活动的实际需求，分层分级开展资产和资产管理的现状评价及未来需求分析预测，支撑目标、策略、计划、资源统筹的制定及动态调整。资产和资产管理现状评价应考虑：

a. 相关政策、法律、法规；

b. 内外部相关需求；

c. 资源水平；

d. 制度和标准要求；

e. 资产和资产集的状态及绩效；

f. 资产管理绩效；

g. 已识别的风险；

h. 绿色环保、低碳及可持续发展要求；

i. 现状数据应适宜、充分、准确。

第二节　目　标

一、目标的内涵

（一）目标的定义

目标是指有目的的主动行为所要达到的程度或标准，是目的或宗旨的具体化，是一个组织或个体在一定时期内期望达到的预期成果。它主要是对活动预期结果的主观设想，并在头脑中形成的一种主观意识形态。

电力企业资产全寿命周期管理的目标是根据企业资产战略，协调企业相关业务活动，实现提高运营效率、提升资产质量、延长设备使用寿命、优化电网资产成本效益、提高固定资产信息化水平，从而实现企业整体资源在全寿命周期的全局优化，使电网更安全、更高效、更和谐、更绿色、更卓越。

（二）目标的分类

任何企业因其自身的特殊性都有各式各样的目标，不同的目标存在层次、形式、内容等各方面的差异和联系。目标的分类方法有很多，可以按内容分类、按时间分类、按抽象程度分类等等。

1.按主要内容划分

从目标的内容看，不管是盈利性组织或非盈利性组织的目标通常包括财经目标、环境目标、参与者目标和生存目标。

（1）财务目标，涉及组织的资金及财务方面的目标。经济效益是企业的首位任务，这方面目标包括盈利水平、投资回报率、销售收入等。

（2）环境目标，主要描述组织与外部环境的关系，包括对环境变化的适应性、社会责任和市场占有率等目标。

（3）参与者目标，涉及组织中人的管理目标。包括离职率、缺勤率以及一些不可定量的因素，如职工满意程度、人员的培训与发展和工作生活质量等方面。

（4）生存目标，所有组织的基本目标。任何组织必须振兴组织活力，防止衰退和腐败，才能求得生存和发展。

电力企业资产管理总体目标与企业其他管理体系的目标保持一致，包括质量目标、环境目标和职业健康安全目标等。

2.按时间跨度划分

按目标完成时间的长短跨度区分，目标通常可以分为短期目标、中期目标和长期目标。目标长短的跨度是相对而言，不能一概而论，不同的行业，不同的组织都有着不同时间跨度的长短期计划。通常来讲：

（1）短期目标：指期望在 1 年内达到的目标，通常全面又具体。

（2）中期目标：指期望在 2~5 年内达到的一些目标。

（3）长期目标：指期望在 5~10 年或更长的时间内达到的一些目标。

电力企业资产全寿命周期管理的总体目标按照时间可以分为短期目标和长期目标。短期目标是指加快资产全寿命周期评估决策业务支撑系统的推广应用，以系统应用为手段提高基础支撑数据的正确性和完整性，为全寿命周期管理提供数据保证。长期目标则是统筹协调效能、成本及安全的关系，即确保安全可靠的同时，提高资产使用效率，使资产的全寿命周期成本减低，达到安全、效能、成本的综合最优。

在资产全寿命周期管理活动中，目标按照层次由高到低分为总体目标、绩效目标和执行目标三类。

资产管理总体目标承接于公司发展战略，综合平衡企业决策层、管理层、执行层以及利益相关方之间关系进行制定，为管理绩效目标的建立和评审提供框架，起到目标总领性作用。资产管理绩效目标根据总体目标制定，更注重对执行过程具体目标实现的监测及评价。资产管理执行目标综合考虑资源配置、时间节点、风险、资产重要度、实际执行情况等具体要求，偏重于具体执行层面的目标。

除了按照资产管理总体目标、资产管理绩效目标、资产管理执行目标三级分解法外，资产管理目标还可以分解为总体目标和执行目标两级，其中资产管理绩效目标被并入执行目标当中，作为绩效考核的一个维度。各企业可在基于现状、一致性、逐级分解的原则下，按照自身管理特点及实际业务需求灵活调整目标分解过程。

资产管理目标分解如图 3-4 所示。

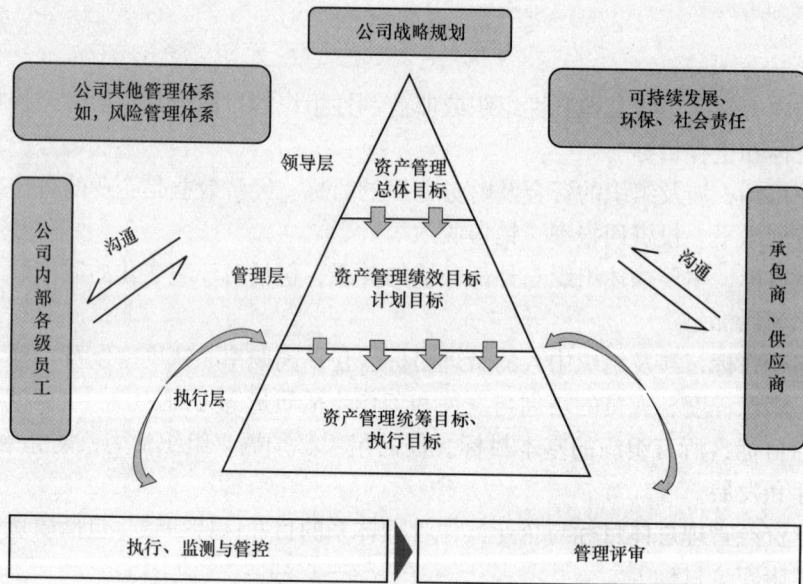

图 3-4　资产管理目标分解

（三）目标的特性

目标主要有多样性、层次性、系统性等特点，具体如下：

1. 多样性

企业的目标主要有：一定的利润率；继续开发专利产品的科研重点；发展和实行股份制；通过企业留利和银行贷款来扩大再投资；把产品销往国外市场；确保优质产品的竞争价格；在同行业中取得主导地位等等。为了达到更佳的效果，管理企业就需要在多种目标之间取得平衡。因此了解目标的多样性，有助于帮助管理人员正确地确定目标，充分发挥目标在整个管理中的作用。

资产管理的目标同样具有多样性，电网企业的资产管理目标一般包括资产管理总体目标、电网发展目标、资产／资产集寿命周期目标、投资目标、可靠性管理目标、分项管理目标等，涵盖资产管理目标的制定、归档、实施及定期修订全过程。资产管理目标的多样性要求企业以核心目标的实现为基准，运用全局最优的思想，对资产管理的目标、计划、实施和退出等方面进行平衡和协调，实现资产管理安全、效能、成本的综合最优。安全、效能、成本的综合平衡，本质上是经济效益、社会效益、政治效益的动态平衡与优化，即企业需要兼顾企业自身发展目标和社会责任目标，考虑企业长期持续发展，实现企业经营整体目标的最大化。

2. 层次性

资产管理的目标具有层次性。通过一系列技术经济分析评价工具，对企业资产管理活动进行分析评价，并按照逐级分解法，将总体目标在纵向、横向或时序上分解到各层次、各部门以至具体人，形成目标管理体系。逐层分解法是在决策层、管理层和执行层分解细化的过程，是制定资产全寿命周期管理目标的技术方法。

3. 系统性

系统性特征指把决策对象视为一个系统，以系统整体目标的优化为准绳，协调系统中各分系统的相互关系，使系统完整、平衡。因此，应该将各个小系统的特性放到大系统的整体中去权衡，以整体系统的总目标来协调各个小系统的目标。

资产全寿命周期管理的目标协调也是主要从资产整体性出发，重视系统性思维。实物资产管理目标包括安全、效能、成本等多个维度，各目标之间的协调配合必须立足企业整体发展，综合运用战略导向、规范制约、资源调配、集约化服务等多种手段影响企业各个业务单元的经营管理行为、发挥各业务单一的协同效应，使企业整体实现的价值大于成员企业各自独立运营所创造的价值总和。

二、目标的意义

只有对目标做出精心选择后，企业才能生存、发展和繁荣。一个发展中的企业要尽可能满足不同方面的需求，这些需求和员工、管理层、股东和顾客相联系。高层管理者负责制定企业主要的总体目标，然后将其转变为不同部门和活动的具体目标。目标管理如果能得到充分的实施，下属甚至会采取主动，提出他们自己认为合适的目标，争取上级的批准。这样，从管理层到一线员工的每个人，都将清楚要去实现什么目标。

随着电力企业规模的不断扩大，企业的组织机构也会随之变化。这些组织机构的业务内容都具有相对的独立性但又彼此联系，必须协调一致，才能保证总体目标的实现。实施以目标为导向的资产全寿命周期管理，企业把实现目标所涉及的各种资源的取得与运用编制出详细的目录，并把目录作为控制各项业务和考核绩效的依据，以此协调各部门、各单位和各环节的业务活动，减少它们之间可能出现的各种矛盾和冲突，使企业的各项资源始终保持最大限度的平衡关系，用较少的资源和资金占用，获取尽可能大的经济效益。

三、目标在资产管理中的应用

在进行资产全寿命周期管理时，要以降低全寿命周期成本为目标、优化资产配置为导向、系统管理思想为指导、制度体系为保障、信息化系统为支撑、安全可靠为前提、精益化方法为手段。通过资产全寿命周期管理来简化管理层级，达到高度集约化管理的目的，增强信息化系统的作用，使管理方法不断精益化。

（一）目标制定的要求

资产全寿命周期管理目标需要按照清晰、数量适当、综合性高、符合公司实际情况的原则制定。其制定是以公司的战略规划要求和目标为基础进行分解，在参考 SEC 指标体系并结合公司资产管理业务实际情况和特点后，选取出与资产管理密切相关的一级指标组成资产管理目标体系（含总体目标、绩效目标和执行目标），用以指导整个资产管理活动的规划、计划、执行、监督考核等。

在目标的制定过程中，要遵循如下原则和要求：

1. SMART 原则

①明确（Specific）：目标必须明确到具体对象及事件，且数量适当；②可衡量（Measurable）：目标必须量化，如设备可用率、供电可靠率；③可实现（Achievable）：目标必须切实可行，如技术可行、费用可承担、资源可获取、时间安排可行等；④实际（Realistic）：目标必须与企业资产管理现状和发展要求相适应；⑤基于时间（Time-based）：目标设置必须符合时间性、周期性的特点。

2. 一致性原则

首先，资产管理目标应源自企业整体战略目标，并与其保持一致；其次企业资产管理目标应当与企业其他目标保持一致性，如社会责任、盈利目标等；最后，资产管理的目标应当与资产管理的策略和计划保持一致，从而保证目标的可实现、可完成。

3. 协同性原则

基于相关信息或数据，管理层应识别、制定资产管理目标，并对其进行优先级排序。对于最有可能被影响的资产管理目标，应开展相关协商工作，保证其合理性及广泛接受程度。同时，来自承包商、关键供应商及其他利益相关者等的外部资源信息对于资产管理目标的合理性也有重要的参考意义，企业应予以考虑。

4. 可实现原则

应该注意到，在制定资产管理目标时，应充分考虑实现成本（包括收益损失）。资产管理目标间的潜在冲突应该被识别并消除。这就涉及企业考虑其业务对每个目标的影响，并通过优化的方法对部分目标实现最优组合。

（二）目标制定的方法

为了更好地、更快地完成设定的目标，可以将目标进行分解，使目标更加细化，让完成人可以更深层地了解此目标，并对目标的完成进度进行跟踪，因此，需要将资产全寿命周期管理目标按照时间和层次进行分解。

目标逐级分解法就是按照逐级分解法将总体目标在纵向、横向或时序上分解到各层次、各部门以至具体人，形成目标体系的过程。将目标逐层分解，就是将实现上一级目标的手段作为下一级的目标，以此类推，一级一级地分解下去，从而形成一个"目标-手段"链。构成目标体系的同时又是一个自上而下逐级保证的过程，将各级目标的实现落到实处。

目标的逐级分解法如图 3-5 所示。

资产全寿命周期管理活动须全面承接、逐级分解资产管理目标，确保资产管理目标落实到资产管理活动中，实现资产全寿命周期管理活动目标的一致性。首先，根据国家法律法规、企业战略、企业愿景、核心价值观等以及各相关利益方的需求，承接资产和资产管理现状，

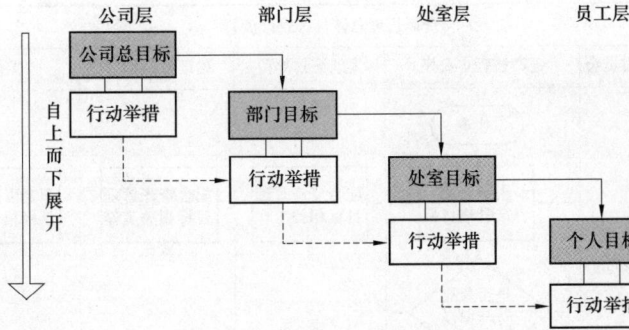

图 3-5 目标的逐级分解法

确定归纳出企业资产全寿命周期管理的总体目标。其次，按照资产全寿命周期管理层级及业务部门分工，对资产全寿命周期管理目标进行系统性的分层分解，明确决策层、管理层和执行层责任，并设置几个关键指标。各层面的制定要求是相互独立相互依存，全面、系统推进资产全寿命周期管理工作。最后，对资产全寿命周期管理目标的实现情况应进行监督考核和总结分析，对目标进行动态调整。

（三）目标管理的内容

建立目标管理机制，以指导各层级开展资产管理活动的目标管理，要明确目标管理的责任部门、要求、方法、内容及信息。

总的来说，目标要承接公司战略目标及利益相关方需求，依据现状分析评价、资产管理特性及运作特点、资源水平、内外部环境、风险等，构建公司资产管理总体目标、绩效目标，以指导资产管理各层级目标的构建。将资产管理总体目标、绩效目标、执行目标逐级分解，落实到部门（单位）、岗位（班组）；与相关方进行充分沟通、发布，并确保与业务活动及内外部需求相适应，保障其合规性和持续改进。实现资产管理目标、策略、方法、流程、要求、绩效评价、岗位职责的七统一。

1. 目标制定的流程与职责

根据上级部门资产全寿命周期体系规范要求进行细化分解，形成电力企业各级资产全寿命管理相关岗位对应的工作目标，便于各专业相关人员理解资产全寿命体系与本职工作的关联关系，加深对资产全寿命周期管理理念和要求的认识，有效推动电力企业内部持续开展资产全寿命周期管理工作。目标管理涵盖规划、计划、采购、建设、运行、维护、检修、改造、退役、处置等全寿命周期各个阶段以及人力资源管理、财务管理、信息管理等资产管理相关业务，共涉及 12 个部门。

（1）资产管理目标制定流程。

资产管理总体目标制定流程如图 3-6 所示。

资产管理绩效目标管理流程如图 3-7 所示。

（2）资产管理目标制定部门职责。

1）资产管理委员会：负责资产管理总体目标、资产管理绩效目标的审批、发布等；

2）资产管理办公室：负责资产管理目标工作的归口管理；负责资产管理总体目标、总体策略的编制（修编）和发布工作。

3）资产管理各业务部门基本职责：负责做好资产管理综合绩效、安全绩效等目标的设置、

图 3-6　资产管理总体目标制定流程

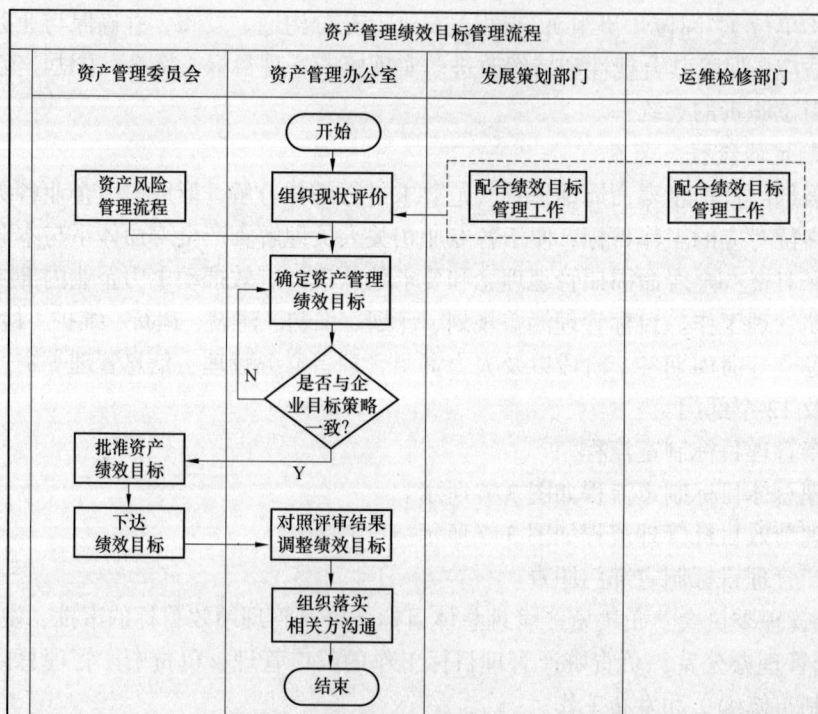

图 3-7　资产管理绩效目标管理流程

绩效目标的分解、执行监测和评估总结；负责做好资产管理总体目标、资产管理绩效目标的分解、目标设置、执行监测、评估总结；负责本部门各层级资产管理的执行目标制定、目标设置、执行监测、评估等相关工作；负责组织落实本部门内年度业务执行目标的分解工作。

4）发展策划部门：负责配合资产管理办公室组织开展资产管理现状评价、目标、策略、计划管理工作。

5）人资部门：负责组织开展资产管理年度业务执行目标分解工作。

6）运营监测部门：负责年度业务执行目标的过程监测工作。

7）基层单位：负责制定资产管理各阶段的执行目标，定期监控并回顾、调整。

2.目标制定的具体内容

（1）资产管理总体目标。

1）制定原则。资产管理总体目标按照以下原则制定：源自企业发展战略并与其保持一致；保持与企业的其他政策协调一致；体现风险管理、可持续发展、环境责任以及社会发展等要求；确保遵守法律、法规及外部监管要求；确保资产管理总体目标的适应性及有效性；考虑企业管理者、普通员工以及其他利益相关者之间的利益平衡。

2）编制（修订）、批准与发布。资产管理办公室起草资产管理总体目标，经资产管理委员会批准后，委托办公室发布实施。依据资产管理评审结果对照原有资产管理总体目标确定是否需要修订，如有修订由资产管理委员会进行批准，重新发布实施。

3）资产管理总体目标的宣传与沟通。以多种方式开展资产管理总体目标的宣传与沟通，由各部门和基层单位负责传达，确保所有参加企业资产管理业务活动的人员理解并认知自己的义务，通过正式文件发布，并采用网站、海报等形式进行宣传。

（2）资产管理绩效目标。

1）制定原则。资产管理绩效目标按照以下原则制定：

a.资产管理绩效目标应源自于企业战略规划要求及目标，并与其保持一致；

b.资产管理绩效目标应基于现状评价，并确保与资产管理总体目标、策略保持一致；

c.与资产管理持续改进承诺保持一致；

d.资产管理绩效目标应坚持数量适当、目标清晰、可实现的原则，并尽可能符合"SMART"原则。

2）绩效目标来源。资产管理绩效目标指标来源于：同业对标指标；企业负责人年度业绩考核关键指标；电力企业规划战略指标；根据利益相关方和电力企业其他相关要求新增的指标。

3）制定周期。资产管理总体目标以5年为一个周期，绩效目标为年度目标，每年滚动修订。

4）制定（修订）、批准与下达。资产管理办公室组织各部门，依据组织架构及职能，采用"逐级承接分解法"，确定资产管理绩效目标（指标及指标值），经资产管理委员会批准、委托办公室发布实施。依据资产管理评审结果，调整资产管理绩效目标，并由资产管理委员会进行批准，重新下达。

5）绩效目标的沟通与回顾。资产管理绩效目标在制定过程中及下达后应与包括承包商、供应商、员工等在内的特定利益相关者进行沟通（通过口头交流、OA、邮件交流等方式进行沟通），使其了解整体资产管理绩效目标并明确其应承担的义务。

结合每年的资产管理评审工作开展资产管理绩效目标的回顾，并依据评审结果进行修订和更新，以确保与相关资产管理策略的关联性及一致性。

（3）资产管理执行目标

1）制定原则。各部门/基层单位依据各级资产管理目标进行层层分解，并根据部门职能、岗位工作职责要求落实到具体部门/班组及岗位，结合资源配置现状、时间节点要求，确立执行目标（季、月、周），确保与业务活动相适应，满足可衡量、可监测、可管控的要求。

2）制定（修订）、协同、发布。各部门/基层单位根据资产管理总体目标、资产管理策略、资产管理绩效目标及上一周期工作完成情况，协同制定各业务节点的执行目标，发布（以 OA、邮件等方式）后执行。根据外部政策变化、工作现状情况进行滚动修正后重新发布。

3）沟通与回顾。在电力企业内外部合理范围内进行沟通和公示，并确保相关人员了解掌握。定期回顾、评价和调整，确保实现资产管理总体目标、资产管理策略、年度绩效目标。

【延伸阅读】

根据《资产全寿命周期管理体系规范》（Q/GDW 1683—2015）的要求，资产全寿命周期资产管理应承接公司发展战略制定资产管理总体目标，并按照纵向承接、逐级分解的方法明确各层级资产管理活动的目标。资产管理各层级目标应满足：

a. 基于现状评价结果，明确资产管理水平与资产管理绩效持续提升的要求；

b. 与企业资产规模、业务活动相适应；

c. 满足可衡量、可监测、可管控、可实现的要求；

d. 确保横向协同、纵向承接；

e. 符合法律法规、外部监管规定及电力企业相关要求。

第三节 策 略

一、策略的内涵

（一）策略的定义

《管子·七法》曰："不明于计数而欲举大事，犹无舟楫而欲经于水险也"。这里的"计数"即相当于现代所称的"策略"之意。管理学中的策略指为了实现某一个目标，根据形势发展而制定的行动方针和斗争方法。在公司管理中，管理者预先根据可能出现的问题制定若干对应的方案，在实现目标的过程中，根据形势的发展和变化来选择相应的方案或制定出新的方案。

在电力企业的资产全寿命周期管理体系中，策略的概念来源于 PAS 55，在 PAS 55 中，策略指将企业战略、资产管理方针转化为对资产、资产组、资产组合、资产管理体系的高水平、长期的计划，是与企业战略、资产管理方针相一致的资产管理的长期优化方案。它在资产全寿命周期管理中起到承上启下的桥梁作用，向上承接资产战略和资产全寿命周期管理目标，向下指导资产全寿命周期管理的计划制定。

（二）策略的分类

电力企业资产全寿命周期管理活动中，策略包括资产管理总体策略和电网发展策略、资产寿命周期策略及职能策略等子策略。其中职能策略由寿命周期职能策略、可靠性管理策略、资产风险管理策略、投资策略以及其他职能策略组成。

资产管理策略是以公司战略规划和资产管理总体目标为基础，在资产管理总体策略的指引下，针对资产管理活动制定的一系列的管理原则、技术策略、配置标准和规范性文件，是制定资产管理计划的基础。

从资产管理策略的内容来看，资产管理子策略主要包括电网发展策略、资产寿命周期策略、职能策略。

（1）电网发展策略。电网发展策略主要是通过分析电网现状、电源及用电现状、主要在建工程及进度、电力需求预测、电力电量平衡等，明确电网存在的风险及相关制约因素，根据电网发展目标明确未来五年的电网发展策略，指导基建项目计划及投资计划。主要内容包括：对未来的电力需求预测及对目前电网面临的形势和压力进行分析，在承接资产管理总体目标的情况下，对未来的主网、配网、通信网等进行规划，预测未来电力企业的建设规模和投资预算，指导中长期的电网发展。

（2）资产寿命周期策略。资产寿命周期策略是以不同类型资产、资产集为视角，考虑公司发展规划目标和设备的安全、效能、成本等驱动因素，提出寿命周期内的管理策略。通过对各关键资产类别的健康状态和绩效水平进行全方位的分析，制定全寿命周期的管理策略，从风险、效能、周期成本方面综合考虑，实现综合最优，指导资产寿命周期各专业、专项计划及投资、成本计划的编制。

（3）职能策略。职能策略主要以资产管理能力为视角，从资源、人员能力、流程、技术等方面明确职能管理的方式，提升资产管理水平。职能策略包括可靠性管理策略、资产风险管理策略、投资策略、寿命周期职能策略以及其他职能策略等。

可靠性管理策略明确了可靠性管理中长期方法，为编制资产管理计划提供基础和理论依据。可靠性管理策略报告分析了电网发展规划和监管机构考核要求、可靠性指标现状、管理现状，明确策略制定周期内的可靠性目标（电网可用系数、输变电设备可用率、供电可靠性、不停电作业率等指标），编制（修订）可靠性策略，为电网发展策略、寿命周期策略编制提出可靠性提升要求。

资产风险管理策略明确了对新增资产、存量资产和资产管理活动中风险的管理方法，为编制资产管理计划提供基础和理论依据。主要分析电网、设备、工程、物资、人身、财务等方面存在的重大风险和管理现状，综合考虑电力企业运营管理和社会、自然环境两方面的影响因素，确定各专业分类型和分层级进行风险管理的具体方式以及近期的管理举措，指导相关资产管理计划编制，为实现风险管理目标奠定基础。

投资策略指的是综合平衡电网结构、外来电接入、电网设备安全可靠运行、客户需求、新能源接入、能力及资源现状等需求，结合财务投资能力测算明确投资总盘，确定项目的优先级排序标准，综合优化投资重点及方向，指导投资计划，并为电网发展策略和全寿命周期策略的实现提供支持。投资策略明确了未来5年电力企业经济效益、社会效益提升的投资中长期原则及管理思路，为编制投资计划提供基础和理论依据。

寿命周期职能策略在强调各职能业务横向协同的同时，重点突出本专业职能的发展方针和执行策略，指导物资、基建、运检、营销等相关部门的改进计划的编制，确保各专业职能全面支撑全寿命周期管理工作。寿命周期职能策略指导各类型资产工程建设、物资采购、运行维护、技改大修、资产退役报废各职能工作的计划编制。

其他职能策略包括基建管理策略、营销管理策略、运行管理策略、运检（运维、检修、抢修等）管理策略、退役报废管理策略、报废处置策略等。

二、策略的意义

策略的制定和实行是为了实现具体目标，是企业生存和发展的客观要求，是保证企业在激烈的竞争中立于不败之地的具有决定性作用的条件。策略可以在不断变化的环境中调整资源配置来取得竞争优势，从而实现相应的回报。

资产管理策略是资产管理体系决策子体系的重要组成部分，它明确界定开展资产管理各项业务活动的管理原则和核心思路，为资产管理计划的制定提供充足的信息和指导，并确保其在具体业务活动中得到贯彻。资产管理策略综合平衡资产管理各环节管理要求，并与资产管理活动及资源保障能力相适应实现资产管理安全、效能、周期成本综合最优。

此外，资产管理策略明确了增量资产及存量资产的中长期管理原则、方法及思路，与资产管理活动及资源保障能力相适应，为资产管理计划编制提供信息与指导，相关部门及基层单位负责确保在具体业务活动中得到贯彻。

三、策略在资产管理中的应用

资产管理策略应充分依据资产现状评价结果，承接细化企业战略以及资产管理目标，制定各项资产管理策略，明确各业务环节的管理原则和行动方针。通过开展资产全寿命周期管理通用技术方法（如资产全寿命周期成本模型、风险评价模型、设备状态评估模型等）应用落实细化策略，并为各项资产管理计划的制定提供依据。

（一）策略制定的原则

资产管理策略应按照以下原则制定：

（1）资产管理策略应源于企业战略规划及资产管理总体目标，并与其保持一致；

（2）资产管理策略应与企业其他方针和策略保持一致；

（3）资产管理策略的制定应考虑资产的相关风险。

（二）策略制定的方法模型

策略制定的通用方法包括以下三项：

（1）基于系统工程基本理论，形成对电网资产技术状态信息、全寿命周期成本信息及风险水平进行技术、经济综合评价的量化评价方法。

（2）借助状态评价、风险评估及寿命周期成本三大基础模型和资产墙模型的灵活运用，构建单体及单类资产全寿命周期管理策略评价模型，为资产管理各环节策略制定提供参考及建议。

（3）分析资产管理内外部约束条件，以及电力企业资产结构特点在各阶段资产管理工作中的要求，使用通用技术模型，进行资产策略制定的核心输入参数分析，即以系列资产评价及分析结果（如资产风险评价、技术经济寿命评价、电网安全评价、设备状态评价、电网诊断分析评价、同业对标分析、敏感性分析）为依据进行综合分析，以资产管理为视角进行后续生产活动的优化安排。

以下介绍策略制定过程中可以使用的寿命周期成本模型、风险状态评估模型和设备技术状态评价模型。由于资产墙分析模型在本章第一节已经有介绍，这里就不再赘述。

1.寿命周期成本模型

在全寿命周期管理决策过程中，将各个阶段的成本进行统筹计算，将多种方案的 LCC 成本（$LCC=C_1+C_2+C_3+C_4+C_5$）进行比较，最终找出 LCC 最小的方案，为策略的制定提供意见。该方法主要有以下特点：

（1）LCC 建模时尽量详尽，实际应用时考虑到存在的不确定性。为了简化计算，在寿命周期费用 LCC 中，一些非重要因素，且不影响实际评价结果时，可适当忽略。

（2）C_1 表示资本性投入成本：在购置设备的当年，即计算周期的起始年（基准年）。具体包括了设备的购置费、安装调试费、其他费用。购置费为设备价格经技术和供货范围调整后的费用。业主方安装调试费与运输费均根据工程概预算确定。其他费用为特殊调试项目费和可能要购置的状态监测装置费用等。

（3）C_2 表示运维成本：包括了年度日常巡检费用，年度巡视人工费用取自电力企业的统计值。

（4）C_3 表示检修成本：包括了周期性解体检修（大修）费用 + 各类周期性检修（小修及预试）费用。

（5）C_4 表示故障成本包括了已发生故障检修费、故障损失费，现场抢修费用根据各电力企业实际经验数据确定，以及未来的风险成本。具体参考风险评估模型。

（6）C_5 表示退役处置费用包括了退役处理费并扣除设备退役时的残值。

2.风险评估模型

风险评估模型的核心思路是从设备、电网、社会三个维度建立货币化的设备风险量化评估模型。综合故障概率、故障后果、重要性及外部环境等因素，分析设备发生故障后的风险影响，并将故障损失（后果）进行货币化，得到单个设备的风险值（万元/年）。该方法主要特点：

（1）分析电网可靠性损失时，引入设备所在回路代替设备本身。该计算方法在指导设备技改、大修计划制定上可使检修计划以及停电范围等更有针对性。

（2）分析社会影响成本时考虑了减供负荷对社会经济影响以及导致直接人身伤亡两种情况。

（3）为提高方法的精确性与操作性，采用修正系数对故障损失（设备自身、电网、社会）进行修正。

风险评估模型也是制定资产管理策略时常用的模型之一。

3.设备技术状态评价模型

设备技术状态的评价是指把设备使用过程中的技术性能、生产能力、生产效率及有关技术质量标准与设备原给定值作比较，并用定量表示的方法反映其磨损程度的大小，以此为依据分析存在的差异，以提高设备技术状态的管理水平。

设备状态评价是制定策略的重要基础。制定资产策略，首先需要全面掌握企业资产的状态信息，包括历史数据、设备现状以及对设备未来状态的预测分析，然后通过设备状态评估模型，将设备综合状态转化为定性描述或定量指标，为策略制定以及具体的管理决策（如设备维护、技改大修、异地使用、退役报废）提供基础支撑，建设设备状态评价系统是各专业（运行、检修和试验等专业）融合的需要。

综上，策略制定的方法模型与各项策略中应用的对应关系如表 3-6 所示。

表 3-6 策略制定方法模型应用情况

策略方法	寿命周期成本模型	风险评估模型	设备技术状态评价模型	资产墙模型
电网发展策略	√	√		√
资产寿命周期策略	√	√	√	√
可靠性管理策略		√	√	
资产风险管理策略		√	√	
投资策略	√			√
寿命周期职能策略		√	√	√

（三）策略管理的内容

建立策略管理机制，以指导各层级开展资产策略管理；明确目标管理的责任部门、要求、方法、内容及信息。结合资产现状评价结果，采用资产全寿命周期管理通用技术方法，制定资产管理策略，明确界定各业务环节的管理原则和核心思路，确保与国家电网战略、电力企业战略及资产管理总体目标、绩效目标、执行目标保持一致。

1. 策略制定流程与职责

（1）制定流程。

1）制定总流程。电力企业发展部门是资产管理策略的归口管理部门，资产管理相关业务部门负责配合开展策略的修订、发布和执行。

资产管理总策略管理流程如图 3-8 所示。

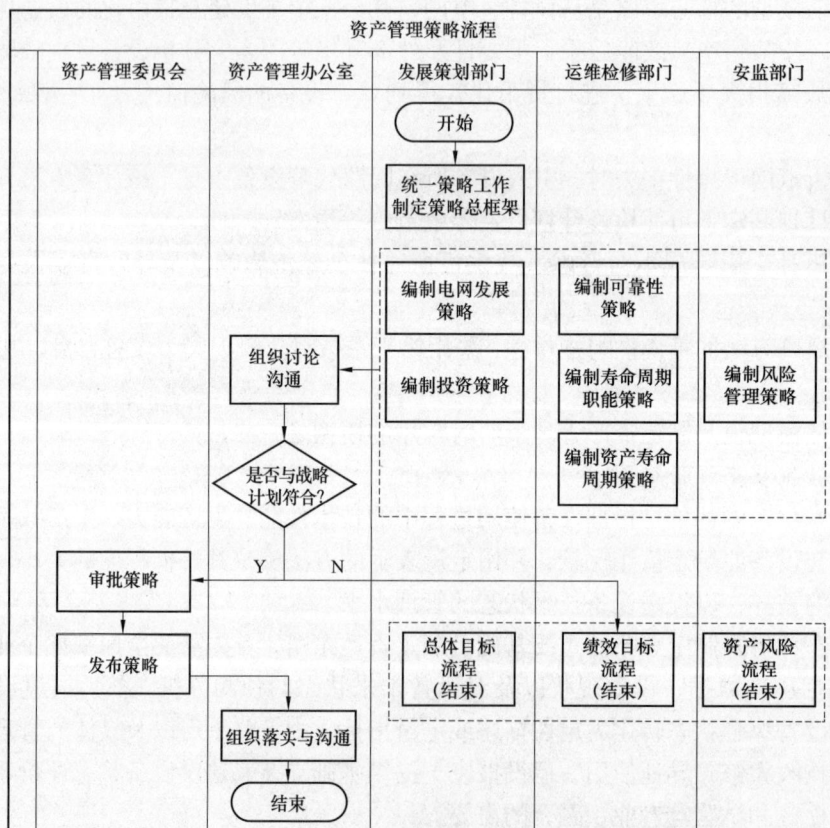

图 3-8 资产管理总策略管理流程

2）电网发展策略管理流程。电网发展策略主要以电网为视角，考虑电力企业发展规划目标，以保证电网的安全性和稳定性为目的，根据历史数据和技术规则要求，基于需求预测结果，通过选择最优策略组合以应对需求增长，并指导形成电网建设计划。电力企业本部发展部门组织各相关部门及市级公司、直属单位、县级公司，逐级完成电网发展策略滚动修编，并以《"十×五"电网发展规划》形式发布。

电网发展策略管理流程如图 3-9 所示。

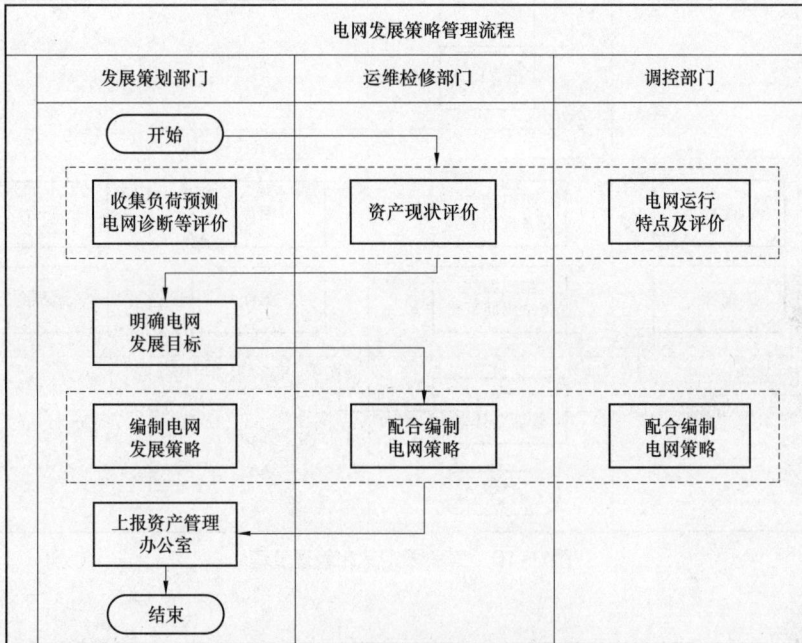

图 3-9　电网发展策略管理流程

3）资产寿命周期策略管理流程。资产寿命周期策略是以不同类型资产、资产集为视角，考虑电力企业发展规划目标和设备的安全、效能、成本等驱动因素，提出寿命周期内的管理策略。

寿命周期策略管理流程如图 3-10 所示。

4）寿命周期职能策略管理流程。寿命周期职能策略用于指导寿命周期各个主要职能工作的开展，在强调各职能业务横向协同的同时，重点突出本专业职能的发展方针和执行策略，指导物资、基建、运检、营销等相关部门的改进计划的编制，确保各专业职能全面支撑全寿命周期管理工作。

5）投资策略管理流程。投资策略明确了未来 5 年公司经济效益、社会效益提升的投资中长期原则及管理思路，为编制投资计划提供基础和理论依据。由发展部牵头，根据国家电网公司统一要求，按照电力企业建立"一强三优"现代公司的资产管理总体目标及发展规划，结合资产管理现状评价，确保电网经济安全可靠、满足客户需求、履行社会责任、可持续发展等原则进行编制。

投资策略管理流程如图 3-11 所示。

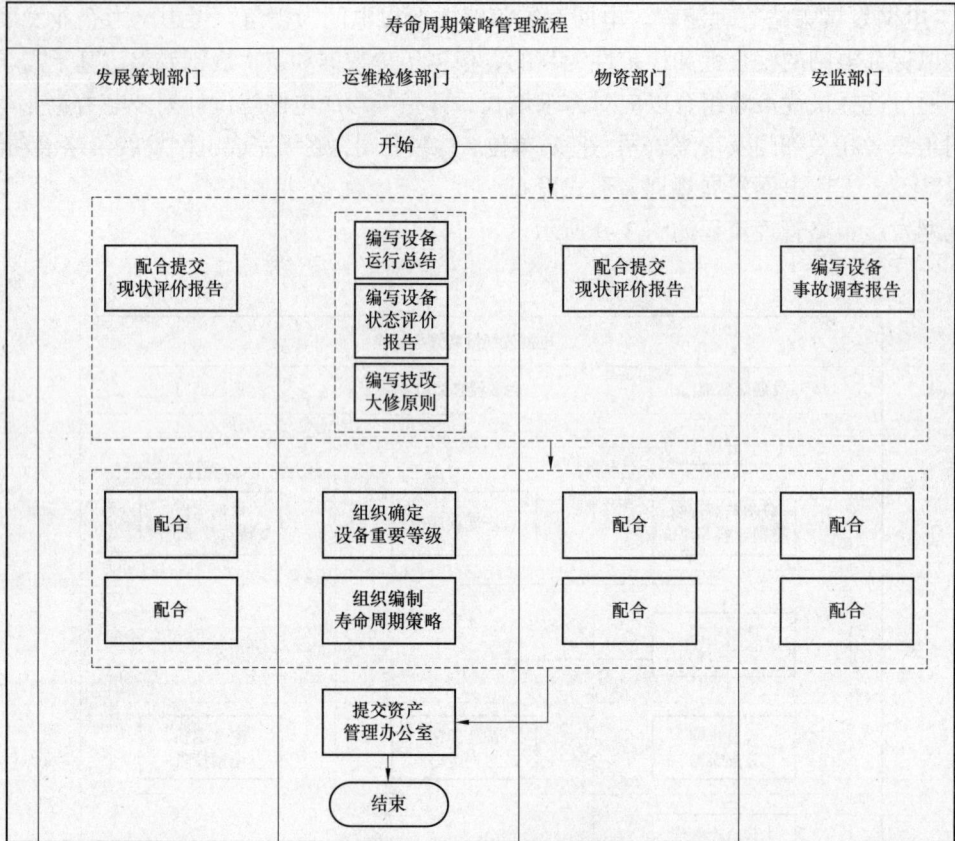

图 3-10 寿命周期策略管理流程

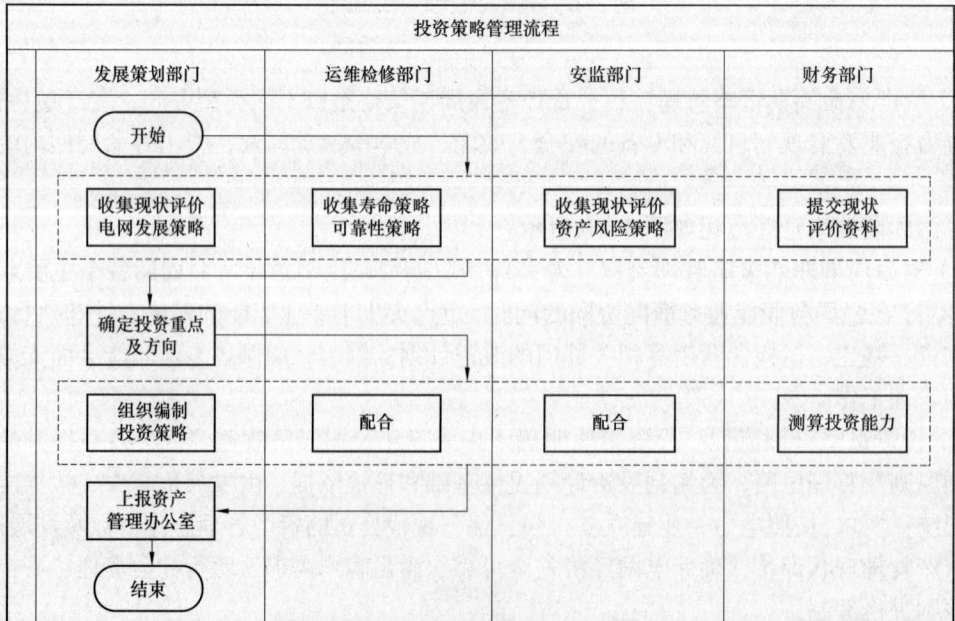

图 3-11 投资策略管理流程

6）可靠性策略管理流程。可靠性管理策略明确了可靠性管理中长期方法，为编制资产管理计划提供基础和理论依据。由运维检修部门牵头，根据可靠性管理要求，按照"管理体系科学、资源优化高效、流程闭环可控、管理目标量化"的可靠性管理原则进行编制。

可靠性策略管理流程如图3-12所示。

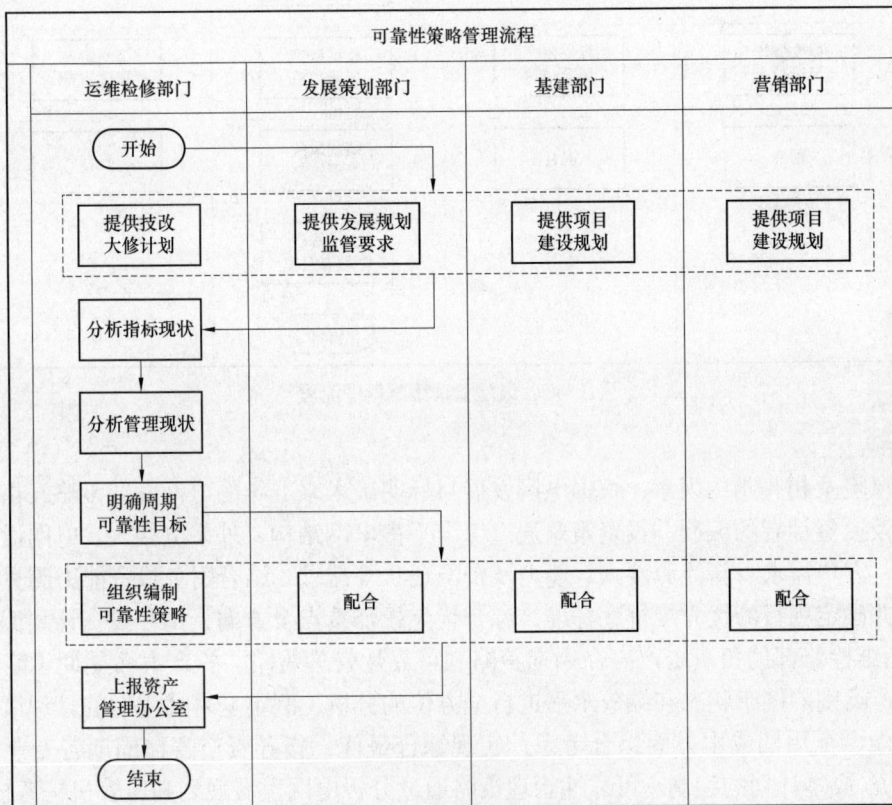

图 3-12　可靠性策略管理流程

7）风险管理策略管理流程。资产风险管理策略明确了对新增资产、存量资产和资产管理活动中风险的管理方法，为编制资产管理计划提供基础和理论依据。资产风险管理策略由安监部门牵头编制，根据国家电网公司全面风险管理与内部控制工作要求，结合资产管理相关各专业工作，设定风险管理目标。

风险管理策略管理流程如图3-13所示。

（2）各部门职责。资产管理策略框架包括电网发展策略、寿命周期策略及职能策略等。其中职能策略由寿命周期职能策略、投资策略、风险管理策略、可靠性管理策略、基建管理策略、营销管理策略、运行管理策略、运检（运维、检修、抢修等）管理策略、退役报废管理策略、报废处置策略等。由资产管理相关部门编制，并对各项策略进行协同、审核、报批。

1）发展策划部门负责电网发展策略和投资策略。其中，电网发展策略通过分析电网现状、电源及用电现状、主要在建工程及进度、电力需求预测、电力电量平衡等，明确电

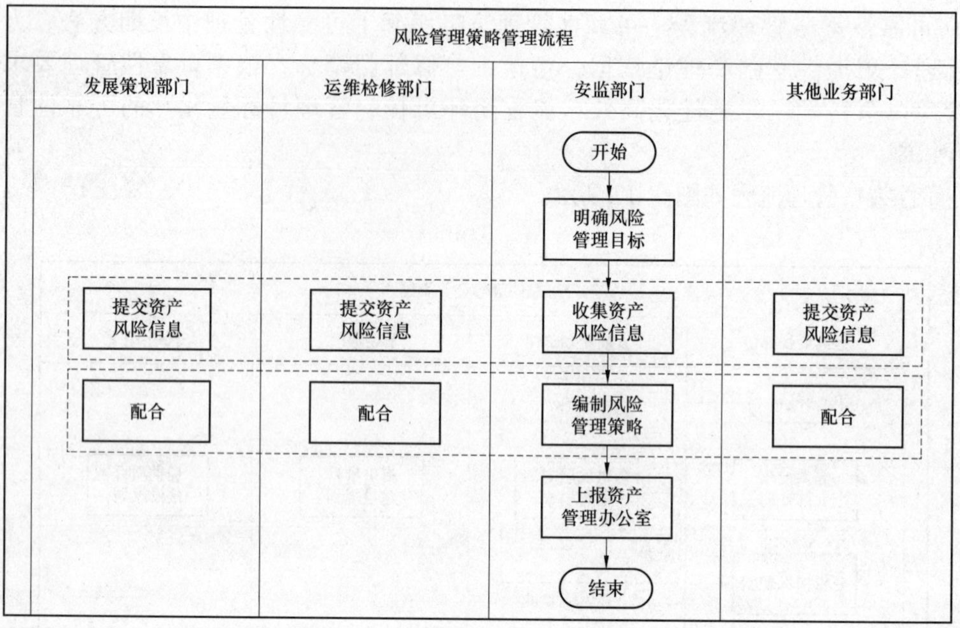

图 3-13　风险管理策略管理流程

网存在的风险及相关制约因素，根据电网发展目标明确未来五年的电网发展策略，指导基建项目计划及投资计划的编制。投资策略通过综合平衡电网结构、外来电接入、电网设备安全可靠运行、客户需求、新能源接入、能力及资源现状等需求，结合财务投资能力测算明确投资总盘，并确定项目的优先级排序标准，综合优化投资重点及方向，指导投资计划编制。

2）运维检修部门负责资产寿命周期策略和可靠性管理策略。资产寿命周期策略通过对各关键资产类别的健康状态和绩效水平进行全方位的分析，制定全寿命周期的管理策略，从风险、效能、全周期成本方面综合考虑，实现综合最优，指导资产寿命周期各专业、专项计划及投资、成本计划的编制。可靠性管理策略通过分析电网发展规划和监管机构考核要求、可靠性指标现状、管理现状，明确策略制定周期内的可靠性目标（电网可用系数、输变电设备可用率、供电可靠性、不停电作业率等指标），提出可靠性提升要求及相关举措，指导资产管理计划编制。

3）安监部门负责资产风险管理策略。分析各专业存在的重大风险和管理现状，根据国家电网全面风险管理与内部控制工作要求、资产风险管理目标，结合资产管理各业务活动，制定资产风险管理中长期策略，明确各专业、各类型、各层级的风险管理策略，以及年度风险管理举措，指导各部门（单位）开展资产风险管理专项计划及体系改进计划的编制。

4）其他部门：物资部门负责报废处置管理策略；基建部门负责基建管理策略；营销部门负责营销管理策略；调控部门负责运行管理策略。

电力企业资产管理策略框架如图 3-14 所示。

2.策略制定内容

电力企业发展部是资产管理策略的归口管理部门，资产管理相关业务部门负责配合开展策略的修订、发布和执行。

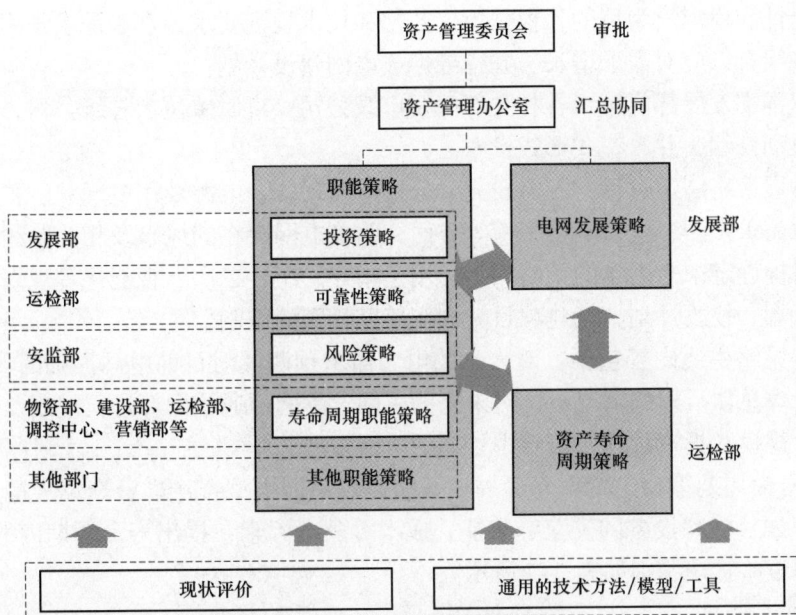

图 3-14 电力企业资产管理策略框架

资产管理策略制定的内容包括资产管理总体策略和电网发展策略、职能策略和寿命周期策略等。

（1）总体策略管理。在总体策略制定的过程中，需要按照以下要求：资产管理策略应源于电力企业发展规划及资产管理总体目标、绩效目标和执行目标，并与其保持一致；资产管理策略应与电力企业其他方针和策略保持一致；资产管理策略的制定应全面考虑资产的相关风险。

1）总体策略编制（修订）。发展部是资产管理策略的牵头部门，每年统一部署，启动资产管理策略编制（修订）工作，并负责明确资产管理策略总体框架及内容深度，组织讨论沟通，统筹协调各项资产管理策略。资产管理策略以五年为一个编制周期，原则上每年定期滚动调整修订。可依据电力企业管理和发展需要，不定期滚动修正。

2）总体策略审批。发展部组织沟通、协同、审核后，将资产管理策略报告提交资产管理委员会，该委员会对资产管理策略组织审查。

3）总体策略发布。经资产管理委员会对资产管理策略审批后，由资产管理办公室以公文形式发布《资产管理总体策略》并监督各相关业务部门执行。

（2）子策略管理。资产管理子策略是以电力企业战略规划和资产管理总体目标为基础，在资产管理总体策略的指引下，针对资产管理活动制定的一系列的管理原则、技术策略、配置标准和规范性文件，是制定资产管理计划的基础。

企业在策略制定过程中，需要全面承接资产管理目标要求，重点关注电网发展规划、存量资产管理、资产全寿命周期各部门职能管理、可靠性管理、企业经济效益和社会效益管理，以及新增资产、存量资产与资产管理活动风险管理六大方面的内容和需求，从中长期和年度两个角度明确各部门应该具有的职能，从而形成六项基本策略。其中，每项策略的具体形成过程如下：

1）电网发展策略。电网发展策略主要以电网为视角考虑电力企业发展规划目标，以保证电网的安全性和稳定性为目的，根据历史数据和技术规则要求，基于需求预测结果，通过选择最优策略组合以应对需求增长，并指导形成电网建设计划。

电力企业本部发展部门组织各相关部门及市级公司、直属单位、县级公司，逐级完成电网发展策略滚动修编，并以正式形式发布。

在电网发展策略制定过程中，需要充分分析电网现状、电源及用电现状、主要在建工程及进度、电力需求预测、电力电量平衡等方面，明确电网存在的风险及相关制约因素，并根据电网发展目标确定未来五年的策略内容，用于指导一次、二次、智能化等规划，以及投资计划、综合计划、技改计划、基建项目计划等年度计划的编制。

电网发展策略主要内容包括：对未来的电力需求预测及对目前电网面临的形势和压力，在承接资产管理总体目标的情况下，对未来的主网、配网、通信网等进行规划，预测未来电力企业的建设规模和投资预算，指导中长期的电网发展。

2）资产寿命周期策略。资产寿命周期策略是以不同类型资产、资产集为视角，考虑电力企业发展规划目标和设备的安全、效能、成本等驱动因素，提出寿命周期内的管理策略。寿命周期管理策略管理明细如表 3-7 所示。

表 3-7　　　　　　　　　　　寿命周期策略管理明细表

序号	资产类型		电压等级（kV）	归口管理部门
1	主网设备	主变压器	1000~35	运维检修部门
2		架空线路	1000~35	运维检修部门
3		断路器	1000~35	运维检修部门
4		电缆线路	1000~35	运维检修部门
5		母线	1000~35	运维检修部门
6		避雷器	1000~35	运维检修部门
7		电抗器	1000~35	运维检修部门
8		电流互感器	1000~35	运维检修部门
9		电压互感器	1000~35	运维检修部门
10		隔离开关	1000~35	运维检修部门
11		耦合电容器	1000~35	运维检修部门
12		阻波器	1000~35	运维检修部门
13		组合电器	1000~35	运维检修部门
14	配网设备	配电变压器	10（20）	运维检修部门
15		环网柜	10（20）	运维检修部门
16		配电电缆线路	10（20）	运维检修部门
17		配电架空线路	10（20）	运维检修部门
18	调控设备	自动化设备		调控部门
19		继电保护设备		调控部门
20	计量设备			营销部门
21	信通设备	信息设备		信息管理部门
22		通信设备		信息管理部门

在资产管理寿命周期策略制定过程中，要依据国家电网总部对资产寿命周期各阶段的管理要求，按照"安全、可靠、节能、环保"的思路，充分考虑电网存量资产（设备）的健康状况及能力，在对资产现状和内外部环境充分分析研究的基础上，全面梳理电网资产寿命周期内存在的问题和风险隐患，结合资产状态监测、绩效监测及状态评价成果，以资产管理总体目标、策略、计划、绩效目标、执行、评价保持一致性为原则，与电网发展策略及可靠性、风险、投资等职能策略协同编制。

电力企业资产管理寿命周期策略分两个层级，第一层是将国家电网面实物资产相关的制度标准作为寿命周期管理策略，如：《110（66）kV~500kV油浸式变压器（电抗器）检修规范》《油浸式电力变压器负载导则》等，归口管理部门对制度标准进行更新梳理，作为指导实物资产管理工作的依据；第二层是对于电力企业实物资产相关的寿命周期策略，资产管理办公室根据电力企业实物资产情况组织运维检修部门、调控部门、营销部门、信息管理部门等实物资产管理部门，充分应用通用技术方法对其进行修编完善，用于指导资产管理各层级目标的实现，各部门将修编后的寿命周期策略报送资产管理办公室备案。

资产管理办公室对修订完善的寿命周期策略报请资产管理委员会审批，经审批通过后的各类寿命周期策略由资产管理办公室发布后执行，并由各归口部门组织开展策略使用培训。

3）寿命周期职能策略。寿命周期职能策略用于指导寿命周期各个主要职能工作的开展，在强调各职能业务横向协同的同时，重点突出本专业职能的发展方针和执行策略，指导物资、基建、运检、营销等相关部门的改进计划的编制，确保各专业职能全面支撑全寿命周期管理工作。由物资部门负责采购管理策略、报废处置管理策略的编制；由基建部门负责基建管理策略的编制；由营销部门负责营销管理策略的编制；由调度控制中心负责运行管理策略的编制；运维检修部门负责运维检修、退役报废管理策略的编制；信息管理部门负责科技创新管理策略的编制。

其中，设计建设策略是承接电力资产管理方针与战略规划，充分考虑利益相关方要求，为实现电网工程设计建设的安全、质量、进度、造价和技术目标，和满足电网安全稳定运行需要而制订的策略。它适用于省级公司电网建设工程的管理，涵盖基建管理整个周期，从工程初步设计至工程启动试运行并移交生产，以及后续竣工结算。而电力企业的电网建设工程，一般涉及由省级公司系统各单位投资的35kV及以上输变电工程及其配套通信工程，以及省级公司系统各单位投资的、与新建变电站同期配套投产的10kV送出线路工程。

物资管理策略是结合物资管理现状和目标之间的差距，拟定有针对性的措施，并且紧密围绕分年度目标明确未来三年各项工作举措，为制定资产管理计划提供输入。同时按照风险管理体系要求，在物资管理的关键流程节点，明确风险管理职责，做好风险评估，采取相应的风险管控措施，确保风险控制在可接受的范围内，推进资产效益、风险、成本达到综合最优。最终实现电力企业构建集中统一集团化采购平台和物资调配平台，构建国家电网特色现代物流体系，以及物资调配中心、供应商服务中心、物资质量检测中心高效运作，形成国内领先、国际一流的物资供应链管理体系的目标。它适用于指导电力企业的物资计划、物资采购、仓储配送、废旧物资和应急物资管理业务等。

电网运行策略主要是对管理水平的现状，以年度指标完成情况和影响因素分析进行一次管理水平现状评估，以此检验措施采取效果和提升计划落实情况的监督检查，从而发现不足，对策略进行修订和完善，旨在统筹电力企业电网发展，提高电网运行水平，解决电网运行工作重点难点问题，全面实施。该项策略涉及的范围主要是电网运行过程中电网调控、调度计划、系统运行、保护及自动化管理等活动。

营销管理策略指根据国家电网发展政策，围绕电力企业"十二五"发展规划和资产管理方针与目标，在资产管理策略的指导下，确定资产管理的偏好、管理有效性标准，选择适合的资产管理工具的总体策略，并确定资产管理所需人力和财力资源的配置原则。它的目的在于通过对业扩报装管理现状、计量资产管理、客户报修、营销项目管理的分析，发现资产管理过程中存在的薄弱环节，进而提出针对性措施，在实践中加以应用落实，指导业扩报装管理、计量管理、客户报修、营销项目各环节职能部门持续提升电力企业资产管理水平。它一般适用于客户新装、增容业扩报装管理、计量管理、客户报修、营销项目等业务。

运维检修策略是承接电力企业战略规划与资产管理方针、目标，充分考虑资产状态评价结果和利益相关方要求，保证资产和电网安全稳定运行，提升资产运维检修管理水平的策略。它结合资产运维检修现状与目标之间的差距，拟定有针对的措施，并且紧密围绕年度目标明确未来三年各项措施的推进成果，为制定资产管理计划提供输入。并按照风险管理体系要求，在运维检修的关键流程节点，明确风险管理职责、做好风险识别评估、采用相应的风险控制措施、确保把风险控制在可承受范围之内，资产效益、风险、成本达到综合最优。该项策略一般涉及的资产范围为：涵盖电力企业所辖生产类固定资产，包括：电网一次设备、厂站自动化系统、调度自动化系统、继电保护及安全自动装置、电力通信设备、自动控制设备等。涉及的业务范围为：涵盖检修计划、技改大修实施计划、技改大修实施、竣工验收、运维计划、运维管理、检修抢修、状态评价、退出执行计划、资产退出、实施计划统筹等方面。涉及的阶段范围为：涵盖的运维检修周期从基建移交生产投运到资产退出退役，包含设备质保期内的运维检修。

资产退出处置策略是系统性工程，涉及企业的各个业务部门。电力企业从加强规划设计、完善电网物资质量管理、提升基建安装质量、推进技术监督、加强运维检修、完善技术鉴定、推动设备再利用各环节促进资产退出处置工作。从保证资产和电网安全稳定运行，提升资产退役处置管理水平出发，提出电力企业战略规划和资产管理方针目标策略。它涉及的资产范围为：生产产品、提供劳务、出租或者经营管理而持有的、使用时间超过 12 个月的非货币性资产包括房屋、建筑物、机器、机械、运输工具以及其他与生产经营活动有关的设备、器具、工具、家具等。涉及的阶段范围为：从项目立项、资产退出直至资产处置完毕。

4）投资策略。投资策略明确了未来 5 年企业经济效益、社会效益提升的投资中长期原则及管理思路，为编制投资计划提供基础和理论依据。由发展部牵头，根据国家电网企业统一要求，按照电力企业建立"一强三优"现代公司的资产管理总体目标及"十二五"发展规划，结合资产管理现状评价，确保电网经济安全可靠、满足客户需求、履行社会责任、可持续发展等原则进行编制。

投资策略报告考虑了电网结构、外来电接入、电网设备安全可靠运行、客户多元化国际化、新能源接入等需求，结合财务投资能力测算明确投资总盘。根据现状评价结果，综合优化平衡电网发展策略、寿命周期策略等确定策略制定周期内的投资重点及方向，指导投资计划编制。

5）可靠性管理策略。可靠性管理策略明确了可靠性管理中长期方法，为编制资产管理计划提供基础和理论依据。通常由运维检修部门牵头，根据国家电网公司可靠性管理要求以及电力总体目标，按照"管理体系科学、资源优化高效、流程闭环可控、管理目标量化"的可靠性管理原则进行编制。

在可靠性管理策略报告中，通过分析电网发展规划和监管机构考核要求、可靠性指标现状、管理现状，明确策略制定周期内的可靠性目标（电网可用系数、输变电设备可用率、供电可靠性、不停电作业率等指标），确定（修订）可靠性策略内容，用于为电网发展策略、寿命周期策略编制提出可靠性提升要求，指导相关资产管理计划、执行计划的编制。

6）资产风险管理策略。资产风险管理策略明确了对新增资产、存量资产和资产管理活动中风险的管理方法，为编制资产管理计划提供基础和理论依据。通常由安监部牵头编制，根据国家电网公司全面风险管理与内部控制工作要求以及电力总体目标，结合资产管理相关各专业工作，设定风险管理目标；并分析电网、设备、工程、物资、人身、财务等方面存在的重大风险和管理现状，综合考虑电力企业运营管理和社会、自然环境两方面的影响因素，确定各专业分类型和分层级进行风险管理的具体方式，以及近期的管理举措，用于指导相关资产管理计划、执行计划的编制，为实现风险管理目标奠定基础。

（3）策略的执行及监控。

1）策略执行：电力企业各类策略归口部门根据发布后的策略开展执行工作，市级公司、直属单位及县级公司各部门执行相关策略。

2）策略监控：根据"谁主管、谁监控"的原则，资产管理办公室负责组织各类策略的归口管理部门，定期对策略的执行情况开展督查、管控，并收集策略执行过程的反馈意见，作为下一年度策略修编的主要依据。

（4）策略的沟通和回顾。

1）策略的沟通：在策略的制定过程中和发布后，各项策略的编制部门应与电力企业利益相关者进行有效沟通，确保策略能识别并考虑利益相关者的要求，明确利益相关者在资产管理策略层面应承担的义务。各项策略的编制部门每年定期对资产管理策略进行回顾，评估各项策略的实施情况，以检查其有效性，并确保与电力企业发展规划和资产管理总体目标、电力企业其他政策和策略保持一致，为策略的持续改进提供指导。

2）策略的回顾：各项策略的编制部门每年定期对资产管理策略进行回顾，评估各项策略的实施情况，以检查其有效性，并确保与电力企业发展规划和资产管理总体目标、电力企业其他政策和策略保持一致，为策略的持续改进提供指导。

【延伸阅读】

根据《资产全寿命周期管理体系规范》（Q/GDW 1683—2015）的要求，资产全寿命周期资产管理应承接资产管理总体目标，基于资产和资产管理现状评价，编制资产管理策略，指导资产管理各层级目标的制定和资产管理活动的开展。资产管理策略应满足：

a. 与电力企业发展战略、资产管理总体目标保持一致，并为目标的实现提供支撑；

b. 以实现资产安全、效能、周期成本综合最优为原则，基于通用的技术方法制定；

c. 明确界定各业务环节的管理原则与核心思路，并能够综合平衡资产管理各环节管理要求；

d. 与资产管理活动及资源保障能力相适应。

第四章

计划和过程管控

第一节　计　　划

一、计划的内涵

（一）计划的定义

管理学上，计划有两种含义，其一是计划工作，指的是根据对组织内外部环境的分析，提出在未来一定时期内要达到的组织目标以及实现目标的方案途径。其二是计划形式，是指用文字和指标等形式所表述的组织以及组织内不同部门和不同成员，在未来一定时期内关于行动方向、内容和方式安排的管理事件。

资产管理计划是指与企业战略规划和资产管理总体目标相一致，为实施资产管理策略并实现资产管理目标而编制的，明确资产、资产集的建立、购置、使用、维护、退役、处置等活动的资源、职责和时间目标的文件。

（二）计划的分类

计划按照重要性和时间界限有着不同的分类方式。需要注意的是，依据这些分类标准进行划分，所得到的计划类型并不是相互独立的，而是密切联系的。

第一，按计划的重要性划分为战略计划和执行计划。战略计划指应用于整体组织的，为组织未来较长时期（通常为 5 年以上）设立总体目标和寻求组织在环境中的地位的计划。执行计划指规定总体目标如何实现的细节的计划，其需要解决的是组织的具体部门或者职能在未来各个较短时期内的行动方案。

第二，按计划的时期界限分为长期计划和短期计划。长期计划描述了组织在较长时期（通常为五年以上）的发展方向和方针。短期计划具体地规定了组织的各个部门到未来的各个较短的阶段应该从事何种活动和应达到的要求。

在电力企业的资产全寿命周期管理活动中，计划体系按照时间可以分为资产管理体系改进计划、中长期规划以及年度计划，如图 4-1 所示。

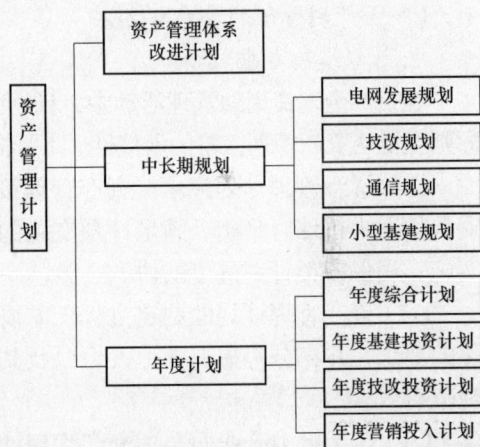

图 4-1　资产管理计划体系

二、计划的意义

计划使得工作有明确的目标和具体的步骤，增强员工工作的主动性和积极性，有利于工作有条不紊地进行。同时，计划本身又是对工作进度和质量的考核标准，有较强的约束和督促作用。

（一）计划是组织协调的前提

现代社会各行各业的组织以及它们内部的各个组成部分之间，分工越来越精细，过程越来越复杂，协调关系更趋严密。要使各部分既围绕整体目标，又互相协调，就必须要有一个严密的计划。管理中的组织、协调、控制等如果没有计划，那就好比汽车总装厂事先没有流程设计一样不可想象。

（二）计划是指挥实施的准则

计划的实质是确定目标以及规定达到目标的途径和方法。它指导不同空间、不同时间、不同岗位上的人们,围绕一个总目标,秩序井然地去实现各自的分目标。每项事业,每个组织,乃至每个人的活动都不能没有计划蓝图。

（三）计划是控制活动的依据

计划不仅是组织、指挥、协调的前提和准则,而且与管理活动紧密相连。计划为各种复杂的管理活动确定了数据、尺度和标准,为管理活动指明了方向。

在电力企业的资产全寿命周期管理活动中,计划主要有如下意义:

第一,涵盖各项业务活动,充分贯穿于业务过程。具体来说,计划涵盖资产全寿命（规划、采购、建设、运行、维护、退役、处置等）业务的所有部分。

第二,包含关键信息,指导业务开展。计划包含了任务执行的责任部门、资源配置、时间节点和预期成效等关键信息。

第三,识别风险,为制定应对措施提供参考。计划考虑了无法实现电力企业既定目标的风险,识别财务及非财务相关的风险,包括由于外部环境变化所导致的风险、成本和收益变化。

第四,统筹优化,提高效率。计划建立过程中使用了统筹的优化及排序方法,进行了人财物资源的统筹,充分提高了各要素的效率。

三、计划在资产管理中的应用

（一）计划管理的要求与方法

1. 计划编制要求

在资产全寿命周期管理活动中,计划是电力企业对资产管理全局工作统筹的结果,制定的原则主要从资产管理策略的承接性、计划制定过程、方法、计划执行的结果四个方面进行考虑:

（1）资产管理计划应承接资产管理策略,与资产管理目标相一致,并根据人、财、物等资源情况进行综合平衡,满足计划实施的可行性。各类计划之间应当有一种统筹机制并有效实施,确保各类计划进度的协调一致。

（2）资产管理计划的制定过程,需要明确各类计划制定的主要步骤,体现系统性、流程化的要求,并充分考虑财务、人力以及其他资源和要求等及各方需求,确保计划制定的过程规范有效。

（3）对于电力企业而言,资产管理计划需要采用科学的方法,重点应当关注各类计划制定过程中是否研发并采用了适宜的优先级排序方法,实现各类计划的协调平衡及资源的优化配置。例如是否平衡了新建工程和技改大修项目规模,是否将有限的资源优先用于重点领域、重点工程,是否分别对新建工程和技改大修项目进行了优先级排序,投资计划的排序是否基于资产墙分析的结论,方法是否适宜、有效等。

（4）资产管理计划制定的结果应当包含资产管理相关的资源安排、时间要求、监视系统等。从电力企业经营管理的实际看,一般应当包括三个方面:①中长期的电源规划、技术改造规划、电网规划及其配套的智能化规划、通信网规划等;②具体的年度实施计划,包括投资计划、财务预算计划、综合计划、年度发电计划、年度运行发电计划、年度检修计划、物资计划、年度运行方式、生产性固定资产退役计划等;③资产管理体系的改进计划。

2. 计划编制方法

计划在编制过程中需要紧密结合电力企业业务和组织特点,注意分清主次,平衡各计划的关系和重要性。一般来说，计划通常采用如下方法进行编制。

（1）综合平衡法。它是计划工作的基本方法。该方法研究如何确定电力企业生产经营活动中的一些主要比例关系，并使这些关系协调一致。

（2）滚动计划法。制定计划时采用"近细远粗、逐步逼近"的方法，将短期计划和中长期计划有机地结合起来，根据近期计划的执行情况和环境变化情况，定期修订中长期计划并逐期向前推移。

（3）优先级排序法。优先排序就是经过一个系统的评估优化的程序，主要对各类计划中的项目以评分、加权的方法作评估，了解其状况，从而达到优先排序的目的。

3.计划的承接与分解

在编制完成后，需要将总体的资产管理计划层层分解，按照一定的原则进行细化与落实，从而实现责任落实到人。资产管理计划的分解方法通常可以采用鱼骨图法。鱼骨图法最初是用来发现问题根本原因的方法，其特点是简洁实用，深入直观。在计划分解的过程中，可以将总体计划视为鱼骨图中的大骨，然后讨论研究为实现总体计划应当执行的子计划，并做到"完全穷尽，互不重复"的程度。继续这一过程，就能够将总体资产管理计划较好的分解到部门或者个人。

（二）计划的管理

1.计划编制的流程

资产管理计划由发展策划部门根据业务评审的结果编制形成初稿，征询其他部门意见后修改，提交上级审核后分解到各部门执行。

资产管理计划管理流程如图4-2所示。

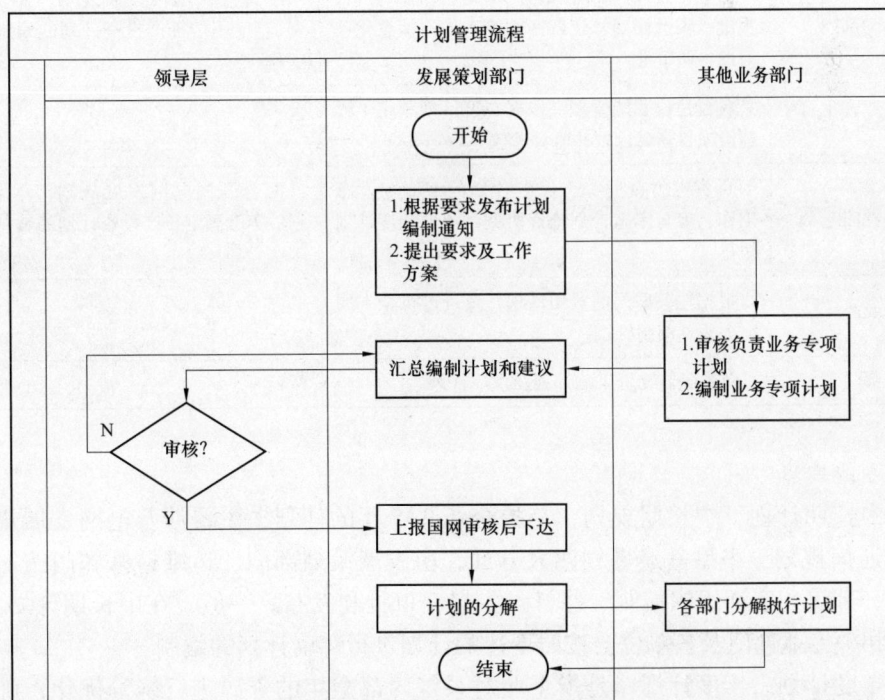

图4-2　资产管理计划管理流程

2.计划管理职责分工

资产全寿命周期管理体系各个部门分工明确，制定计划并完成任务。资产全寿命周期管理体系建设领导小组负责资产管理计划的审批和发布。资产管理办公室负责资产管理体系改进计划的编制、修订、报批、沟通协商、定期回顾等工作，确保与各级资产管理目标、策略相一致。表 4-1 详细描述了各个部门的职责分工。

表 4-1 计划管理职责分工

部门	职责分工	备注
资产全寿命周期管理体系建设领导小组	负责资产管理计划的审批和发布	
资产管理办公室	管理计划过程管控工作	负责资产管理体系改进计划的编制、修订、报批、沟通协商、定期回顾等工作，确保与各级资产管理目标、策略相一致
发展策划部门	电网发展规划、年度基建投资计划、年度零购计划的编制、修订、报批、沟通协商、定期回顾工作	年度综合计划、年度固定资产投资计划、综合资源平衡计划的编制、修订、报批、沟通协商、定期回顾等工作；基建项目的可研审批
运维检修部门	技改规划、年度技改投资计划的编制、报批、沟通协商、定期回顾等工作	负责技改项目的可研及初设审批
营销部门	营销投入计划的编制、修订、报批、沟通协商、定期回顾等工作；营销投入项目的储备、计划、可研及初设审批	配合开展电网发展规划、年度综合计划、年度固定资产投资计划、年度生产性固定资产退役报废计划的编制（调整）工作
信息管理部门	信息化投入（资本性部分）计划的编制、修订、报批、沟通协商、定期回顾等工作；信息化项目的可研审批	配合开展电网发展规划、年度综合计划、年度固定资产投资计划的编制（调整）工作
基建部门	履行建设职能管理，根据年度计划制定工程建设项目建设计划并监督考核	
调控部门	负责电力企业综合停电计划的编制与发布工作，参与实施计划统筹协调，负责调度计划执行	配合开展电网发展规划、年度综合计划、年度固定资产投资计划的编制（调整）工作
财务部门	根据业务部门的费用计划，负责进行全省的财务预算编制	
物资部门	负责编制物资采购计划及供应计划	

3.计划的内容

（1）中长期计划。中长期规划，是指企业 3~5 年的计划，主要涉及电网发展规划、技改规划、通信规划、小型基建规划四大方面，由发展策划部门、运维检修部门按照国家电网企业统一部署，定期组织编制、修订、上报、审批和发布。一般，在中长期计划发布后，电力企业相关专业部门及各单位会按照下达的计划进行年度计划的编制。

（2）年度计划。年度计划，是指企业对系统内部全年的资源进行统筹优化，确保年度各类项目科学有序开展。年度计划，一般主要涵盖年度综合计划、年度基建投资计划、年度技改投资计划、年度小型基建计划、年度营销投入计划、年度零购计划、年度科技与信息计划、年度检修运维计划以及年度研究开发管理咨询计划，还包括年度运行方式、年度财务预算计划、人力资源计划、年度物资计划、年度生产性固定资产退役计划、综合资源平衡计划等。

（3）资产管理体系改进计划。资产管理体系改进计划是由资产管理办公室依据上一年的管理评审结果制定或修订的为了实现体系的持续改进的计划体系。

（4）实施计划。实施计划主要指各专业、各层级的月度计划，包括：停电计划、项目进度计划、运维计划、退役计划、资金计划、采购计划等。

4. 计划的审批、执行及监控

各类计划编制完成后，各负责部门依据各自对应的国家电网通用制度和电力企业规章制度，开展审批、发布、执行、监控工作；

计划实施完成后，电力企业资产管理办公室将后评价成果和执行过程中存在的问题进行分析，并作为管理评审的输入内容之一，以实现持续改进。

5. 计划的沟通与回顾

各项计划管理部门在计划制定过程中及下达后应与利益相关者沟通，并定期对资产管理计划进行回顾与调整，以确保其有效，且与资产管理策略和目标保持一致。

【延伸阅读】

根据《资产全寿命周期管理体系规范》（Q/GDW 1683—2015）的要求，资产全寿命周期资产管理应根据资产管理总体目标、策略，制定资产管理计划，包括中长期及年度资产管理计划、资产管理体系改进计划、实施计划等；指导资产管理活动的有序开展。资产管理计划应满足：

a. 与资产管理目标、策略保持一致；计划变更资产管理报废计划；

b. 考虑企业的人力资源、财务资源、物资资源及外部环境等约束条件；

c. 明确资产管理活动执行的责任部门、资源配置、时间节点等关键信息，能用于定期检查与评估，保障计划有效、高效执行；

d. 基于科学的方法进行统筹优化和优先级排序，实现资源配置最优。

第二节 过 程 管 控

一、过程管控的内涵

（一）过程管控的定义

过程管控是指按照资产管理目标、策略和计划的要求，对资产管理活动进行的管控活动，涉及规划计划、采购建设、运行维护、退役处置各个阶段，以保证资产全寿命周期管理各阶段成本、风险和资产及资产管理绩效得以监控。

（二）过程管控的组成

依照资产密集型企业的运营规律和业务特征，实物资产运营活动按照资产全寿命周期可划分为规划计划、采购计划、运维计划、退役处置四个阶段。过程管控管理阶段如图4-3所示。

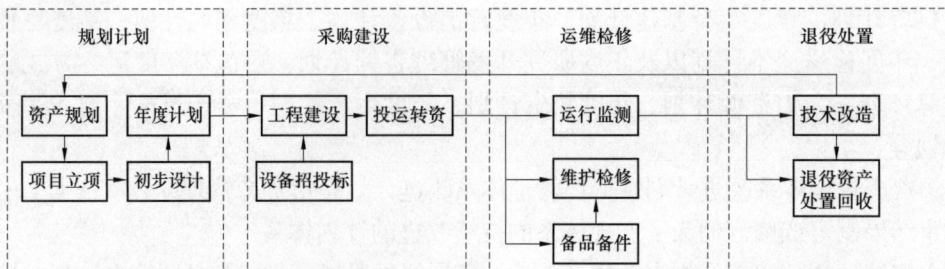

图 4-3　过程管控管理阶段

二、过程管控的意义

业务实施与管控是资产全寿命周期管理的核心执行单元。一方面，要向上承接企业整体资产战略，落实资产全寿命周期管理的目标和计划等管理决策，确保资产全寿命周期管理目标统一、上下一致。另一方面，要同运营检测与绩效评估有效衔接，以实施过程和结果的检测评估数据支持管理改进和持续提升。

从具体内容来看，业务实施与管控包括设计业务模型、业务流程和协同管控方法、建立关键技术方法等内容。主要是在设计业务模型的基础上，建立覆盖资产规划计划、采购建设、运维检修、退役处置各阶段的业务流程，利用 LCC 计算、优先级排序等技术方法，将风险管控、成本管理贯通各业务环节，实现安全、效能、成本的动态平衡优化。

三、过程管控在资产管理中的应用

（一）规划计划的过程管控

1. 总体要求

规划计划阶段的主要业务包括：电网（技改）规划、项目可研前期、投资计划和综合计划。每项业务的过程管控总体要求如下：

（1）电网规划阶段，应该基于电网发展目标、资产管理策略和状态评估结果制定资产规划方案，并从技术及经济性进行综合评价选取最优方案。对基建投入和技改投入进行协调和综合平衡以实现投入整体最优。

（2）可研前期阶段，在评价项目经济性（成本投入）时，应该引入全寿命周期理念、综合考虑 LCC 评价模型，充分考虑退役设备再利用，从而优化项目立项。

（3）投资计划阶段，应该建立项目优先级排序方法，即根据项目的关键特性、所需投入以及未来收益和风险等因素，基于既定方法对候选项目进行优先级排序。

（4）综合计划阶段，应该坚持围绕战略落实规划的原则。通过计划管理，有效落实电力企业战略、电力企业规划、电网规划，推进电力企业发展方式和电网发展方式的转变。坚持统筹协调、优化平衡的原则。结合电力企业发展内外部环境，兼顾发展需求和发展能力，统筹配置资源，优化平衡，努力做到安全、质量、速度、规模、效益协调统一，实现电力企业总体绩效最优。

2. 业务管控

（1）电网规划阶段，通过对电网发展指标、电网网架情况、经济需求增长、用电量增长情况等历史数据及规划指标的分析，以及对未来经济发展及用电需求的预测，开展电网网架规划。根据网架规划形成电网项目规划，完成电网项目立项。

（2）可研前期阶段，根据投资安排及投资需要，在电网规划范围内安排项目的前期工作计划。根据项目的前期工作计划，完成项目的前期可行性研究、用地、环评、水保、贷款承诺函等支持性文件落实和项目核准等工作，为项目的开工建设落实必要条件。

（3）投资计划阶段，电力企业下一年度财务预算总盘形成下一年度投资预控总盘，根据预控总盘，优选提取电网项目储备库中项目，编制电网专项计划，并对各专项计划进行综合平衡和优化，形成综合计划建议，报本单位领导和电力企业决策汇总，提交国家电网公司。

（4）综合计划阶段，各专业管理部门业务管控要求内容为按照职责分工完成本部门所辖专业项目规划、储备工作，提出相关计划指标的安排建议，并编制专项报告；配合综合计划归口管理部门做好综合计划的优化平衡及分解落实；对下达的综合计划按职责分工组织实施；并对项目计划进行后评估，形成持续改进的闭环管理机制。

3. 价值管控

资产管理规划计划阶段过程管控管理中，涉及的价值信息如下：

（1）项目立项前期费用，包括可行性研究费用、规划设计模型制作费、方案评审费、支持性文件办理等费用，由发展策划部门负责管理。综合考虑并合理安排各部分费用，保障项目的顺利开展。

（2）工程建设前期费用（如征地、拆迁费用），由基建部门负责管理。工作单位应该积极与当地政府沟通协调，把电网建设与促进当地经济发展结合起来，紧紧依靠当地政府，结合本办法推动出台电网建设工程场地征用及清理赔（补）偿实施细则，保障电网建设顺利进行。

（3）财务预算编制费用，由财务部门负责管理。根据运维检修费用计划情况，进行财务预算的编制，具体工作内容为提取项目资料，归集专项预算、开展跨部门沟通。

针对以上工程项目费用，相关业务部门应遵守以下原则：①加强项目立项管理，提高项目立项决策的科学性和严肃性。②按照预算管理等费用管理方法合理控制及使用费用，提高使用效率。

4. 协同管控

（1）技改规划与基建计划协同。运维检修部门应该根据电网运行情况及其他管理要求，组织编制电网技改规划，并牵头组织审查。通过审查后，运维检修部门完善规划成果并报送发展策划部门。发展策划部门在开展电力企业电网规划编制过程中，将运维检修部门提供的技改规划成果纳入，将改造与新建需求进行有效捏总，确保技改规划和基建计划实现有机衔接。

（2）财务预算编制、技改大修项目计划编制与综合计划汇总平衡协同。发展策划部门根据财务预算和技改大修项目等专项计划，综合平衡汇总各专业需求，形成年度综合计划上报稿。

（3）电网项目核准与设计、监理需求申报协同。发展策划部门获取项目核准文件后，将核准项目信息发送基建部门，为项目设计、监理需求申报提供依据。

（4）综合计划上报下达与项目进度计划编制、采购批次等专项计划的协同。运维检修部门、营销部门分别将技改项目计划、营销项目计划发送到发展策划部门。运维检修部门将成本性计划给财务部门汇总后，由财务部门发送到发展策划部门。发展策划部门汇总后，结合财务预算和各专业实际情况，通过平衡会综合平衡技改项目安排，衔接基建、技改和大修等资本性及成本性项目，纳入综合计划后统一提交。

5.信息管控

基建、技改规划协同中，协同信息为技改规划报告及技改审查会的会议纪要。技改规划中应考虑电力企业战略规划愿景、地方政府规划情况、电网建设规划情况与设备状态情况，对主网、配网的新建、改造项目需求进行统筹考虑，避免重复建设，确保基建项目与技改项目无缝衔接。

预算编制及下达协同过程中，协同信息为预算编制表单。在预算编制过程中应考虑资产管理目标、策略、计划与企业发展战略相一致；资产全寿命周期业务纵向管理及资源的大范围统筹配置。

综合计划平衡协同过程中，协同信息为综合计划上报稿及平衡会会议纪要。综合计划平衡时应考虑跨流程、跨业务、跨专业、跨部门及跨单位年度计划工作协调，综合考虑各类项目计划、财务预算、统筹人员、物资资源等进行综合平衡。规划计划过程管控如图4-4所示。

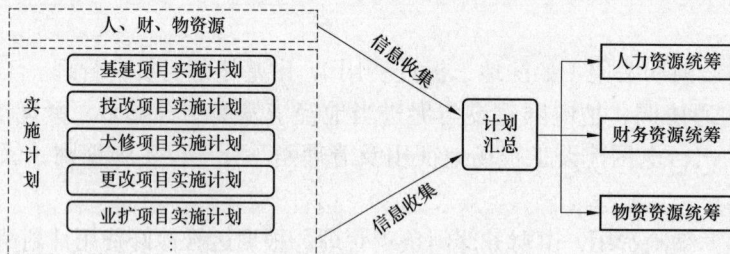

图4-4 规划计划过程管控

（二）采购建设的过程管控

1.总体要求

采购建设阶段主要包括物资的采购流程以及后续工程建设两个部分。

以下以物资采购阶段为例，介绍总体要求。物资采购阶段包括物资需求申报、物资采购、物资仓储、物资配送和物资处置等环节。

物资需求申报环节，各需求单位应根据年度批次计划安排，及时、准确申报采购计划。物资采购环节，物资部门根据年度批次计划时间节点的要求实施采购，招标活动遵循公开、公平、公正和诚实信用的原则，建立招标采购工作机制、监督机制、法律保障机制。物资仓储环节，应该遵循合理储备、加快周转、保质可用、永续盘存的原则。物资配送环节，应该遵循确保安全、准时快捷、服务优质、配送优化的原则。废旧物资处置环节，应该遵循统一管理、集中处置的原则，在电力企业电子商务平台实施网上竞价处置。

2.业务管控

（1）初步设计评审管理阶段，电力企业负责所辖35~220kV规模以下工程初步设计评审和批复，配合开展220kV规模及以上输变电工程初步设计评审。于每月20日前将次月所辖工程的初步设计评审计划报送基建部门。初步设计文件应包含接入系统设计和可行性研究的主要内容，并提供两个及以上可行的技术方案进行技术经济比较。

（2）项目初设和批复阶段，限上项目由省经研院评审，电力企业运维检修部门批复；限下项目中，总投资 200 万及以上的项目，由省经研院评审，由电力企业运维检修部门批复；总投资 200 万以下的项目，由地市级公司经研所评审，由地市级公司运维检修部门批复。

（3）工程开工管理阶段，应遵循"依法合规、分层报批"原则。开工前需满足以下管理要求：①完成规范文件要求的项目核准、规划许可、用地批准等相关手续。②项目列入电力企业年度综合计划。③完成设计、施工、监理招标，与中标单位签订合同。④已组建业主、监理、施工项目部，项目管理实施规划已审批。⑤变电工程已完成"四通一平"，线路工程已完成复测。⑥图纸交付计划已制定，交付进度满足连续施工需求，开工相关施工图已会检。⑦施工人力和机械设备已进场，物资、材料供应满足连续施工的需要。

（4）施工图审查及交底阶段，由专业管理部门组织设计院、施工、监理、运行、检修单位进行施工图审查及交底。重点审核图纸设计深度能否满足施工需要、能否满足生产安全的要求和检修作业的合理需要，施工图编制是否准确。出具施工图审查交底会议纪要，设计单位依据纪要修改施工图。

（5）输变电停电检修计划阶段，停电检修计划应根据电网电力电量平衡情况、发电情况，按照设备状态评价结果等，结合可靠性预控指标与基建、市政、技改工程的停电要求进行编制。原则上"迎峰度夏"期间、重大活动期间以及国家法定节假日以及每年年底前后不安排电网输变电设备计划停电检修。

（6）验收及投运管理阶段，对项目施工单位提交的验收申请，经审查资料完整且具备竣工验收条件后，才能签字并向施工、监理等相关单位发验收通知。现场验收主要内容包括：工程实体质量、工程资料等，确认工程是否符合设计和验收规范要求等，并做好验收过程记录。根据验收记录发现的问题需编制整改通知书并组织复检。验收通过后出具工程竣工验收报告，参与验收人员在项目竣工验收报告上签字确认并转交运行部门。

3.价值管控

严格实施输变电工程造价控制线。工程造价控制线是以上一年度工程造价分析的平均造价作为评价投资合理性和设计评审的尺度，所有工程在初步设计文件中均应与造价控制线进行对比分析。具体要求如下：

（1）设备选型应符合工程建设实际需要，初步设计概算费用计列不超过可研估算；对于造价水平高于造价控制线的工程，要专题说明原因；对于造价水平超过造价控制线 20% 以上的工程，要深入开展设计方案技术经济比选，专篇论证方案的必要性和合理性。

（2）评审单位应以造价控制线作为评价投资合理性和确定技术方案的标尺，从控制工程技术方案上从严评审工程概算。

（3）委托办理场地征用和清理赔偿工作，不得采用总价包干，应依据赔偿协议、原始票证、赔偿明细清单等依据性资料按实结算费用。

此外，工程设计在选址、选线时，应充分考虑建设场地征用及清理赔偿情况，减小线路通道宽度和变电站占地面积，采取避让等方式降低拆迁赔偿费用和难度。

4.协同管控

设计、监理需求申报协同。基建部门在项目核准后，向物资部门门提交设计、监理招标申请，物资部门收集汇总省基建部门设计监理需求。

物资需求申报协同内容。基建部门将通过初步设计评审后项目的物资需求计划录入ERP 系统，提交物资部门，物资部门收集、汇总下级物资部门提交的物资需求。

工程实施协同。财务部门根据基建部门下达的付款申请、结算书，进行工程的付款、决算、转资。基建部门报销施工费、设计费等费用。运维检修部门提交项目付款申请，将项目结算资料移交财务部门办理结算手续。

竣工验收协同。运维检修部门汇总竣工决算资料并提交财务部门，配合财务部门办理转资手续。根据项目实施部门提供的设备清册，财务部门和运维检修部门到施工现场核实实物资产。业务部门对整个工程项目形成的资产，创建出完整、准确的资产卡片（PMS-PM-AM）。

5. 信息管控

设计、监理需求申报协同过程的协同信息为工程设计、监理需求表与设计、监理招标文件。应考虑需求提报的及时性、准确性和招标文件的规范性，满足依法建设和公开招标的要求。

初设评审、批复协同过程中的协同信息为初步设计批复和施工风险分析批复。应考虑新技术、新材料、新工艺的应用范围，根据工程实际采用合适的新技术。

物资需求申报协同过程的协同信息为物资需求表与物资采购技术规范书。应考虑需求提报与物资采购技术规范书的及时性、准确性，满足工程设计、"三通一标"、工程进度等要求。

工程实施协同过程中的协同信息包括开工报告、技术交底、安全隐患整改通知单、安全简报、设备开箱检验记录、合格证明、质量通病防治任务书等。应考虑记录的真实性、完整性，以及工程进度与资金进度的一致性，设计变更的合理性，保证建设行为有据可依、有据可查，符合基本建设程序，保证依法建设。

竣工验收协同过程中的协同信息为竣工验收报告。出具工程竣工验收报告后，调控部门应该编制审核工程启动试运方案，考虑工程现场实施计划与调度新设备投运计划是否协调。

（三）运行维护的过程管控

1. 总体要求

运行维护要遵循"安全第一，分级负责，精益管理，标准作业，运维到位"的原则，具体要求如下：

（1）安全第一。运维工作应始终把安全放在首位，严格遵守国家及公司各项安全法律和规定，严格执行安全工作规程文件，认真开展危险点分析和预控，严防人身、电网和设备事故。

（2）分级负责。运维工作按照分级负责的原则管理，严格落实各级人员责任制，突出重点、抓住关键、严密把控，保证各项工作落实到位。

（3）精益管理。运维工作坚持精益求精的态度，以精益化评价为抓手，深入工作现场、深入设备内部、深入管理细节，不断发现问题，不断改进，不断提升，争创世界一流管理水平。

（4）标准作业。运维工作应严格执行现场运维标准化作业，细化工作步骤，量化关键工艺，工作前严格审核，工作中逐项执行，工作后责任追溯，确保作业质量。

（5）运维到位。各级变电运维人员应把运维到位作为运维阶段工作目标，严格执行各项运维细则，按规定开展巡视、操作、维护、检测、消缺工作，当好设备主人，把设备运维到最佳状态。

2. 业务管控

（1）调控部门调度事故处理阶段，应做到以下几点：尽速限制事故的发展，消除事故根源，解除对人身和设备的威胁，防止稳定破坏、电网瓦解和大面积停电。

在处理事故时，各级调控部门和现场值班人员应服从调控部门值班调度员的指挥，迅速正确地执行调控部门值班调度员的调度指令。凡涉及对电网运行有重大影响的操作，如改变电网电气接线方式等，均应得到调控部门值班调度员的指令或许可。

发生重大设备异常及电网事故，调控部门值班调度员在事故处理告一段落后，应将发生的事故情况迅速报告调度控制处处长和调控部门主管领导。在调度值班室的调控部门领导或调度控制处处长，应监督调控部门值班调度员正确处理事故。在必要时，应对调控部门值班调度员做出相应的指示。

（2）电网调度操作阶段，应符合以下要求：电网内的倒闸操作，应根据调度范围划分，实行分级管理，调控部门管辖的设备，其倒闸操作由值班调度员通过"操作指令"、"操作许可"两种方式进行；

在决定倒闸操作前，调控部门值班调度员应充分考虑对电网运行方式、潮流、频率、电压、电网稳定、继电保护和安全自动装置、电网中性点接地方式、雷季运行方式、载波通信等方面的影响。为了保证倒闸操作的正确性，调控部门值班调度员对一切正常操作应先拟写操作票。

（3）电网监控阶段，应符合以下要求：调控部门统一采用调度、监控席位分设的值班模式。值班调度员、值班监控员原则上应在同一工作场所同值值班，每值人员不得少于标准规定。监控人员应按批准的倒班方式轮流值班，并遵守统一的作息时间，不得擅自变更值班方式和交接班时间。如需换、替班，应经分管处长批准。

值班监控员应按时进行交接班，严格履行交接手续。交班人员应提前将各项资料准备齐全，填写相关运行记录，清理值班场所，做好交班准备。接班人员应提前15min进入值班室，按照规定做好接班准备。

3. 价值管控

日常运维和消缺成本、检修外包、检修材料、其他检修费用及试验成本、故障处理费用由运维检修部门负责管理。项目应该参照项目化管理的要求编制并严格执行预算，核心业务不得外包，外包项目取费应符合运维检修定额标准。

设备损耗、电量损失费用、惩罚成本、故障处理费用（故障抢修执行运检统一管理）由营销部门负责管理。

备品备件管理的价值管理（设置储备定额，优化库存周转率，控制库存金额，降低仓储成本）由物资部门负责管理。

各项日常运维费用结算的合法合规性，附件的齐全性等由财务部门负责审核。财务部门根据竣工投产通知书暂估资产。在工程项目具备竣工决算条件后，及时组织进行财务竣工决算的编制，确定固定资产明细卡片的价值。

4. 协同管控

（1）设备停送电协同。调控部门领导和各专业处室每周召开中心内部会议，根据基建项目工程实施要求，结合电网当时的实际运行状况，评估原停电计划，并视情况调整设备停送电和电网操作时间，以同时保证电网运行安全稳定和基建项目工程实施按时完成。

（2）事故异常处理协同内容。调控部门值班监控员发现受控站事故跳闸后，调控部门协调调度，变电运维站（班），输、变电检修部门等相关人员协同进行事故处理和事故抢修，并视情况调整设备停送电和运行方式，以保证电网运行安全稳定和事故抢修工作及时完成。

（3）电网监控协同内容。调控部门根据电网监控运行情况，开展电网监控设备技术分析，形成运行分析评价报告，并报送运维检修部门。

（4）竣工验收协同内容。运维检修部门根据竣工验收报告及工程启动方案（工程启动方案由调度控制中心人员编写）组织开展系统台账录入和工程投运工作。在新、扩（改）建项目计划启动投运前2个月，建设单位向调控部门提供电气设备参数、继电保护资料及施工图纸等有关说明。设备施工完成，通过竣工验收，具备启动投运条件后新设备启动。

5. 信息管控

（1）备品备件储备协同信息包括入库单、领料单。在协同过程中应保证单据填写规范、完整，已经履行分级审批程序，领料单信息完整、规范，领料单与实际领用物资一致。

（2）设备停送电协同信息包括停送电操作记录、停送电操作风险评估、风险源信息。在协同过程中应保证设备停送电计划及时准确，满足工程实施计划。

（3）新设备启动协同信息为启动完成通知。在协同过程中应考虑新设备启动的年度计划、月度计划和实际投产时间的一致性，投产前工作汇报后即纳入调度正式管辖，投产后24h试运行结束后即算作正式投产。

（4）电网监控协同信息为电网运行信息。在协同过程中应保证设备运行信息的收集及时、准确反馈到设备运行部门。

（四）退役处置的过程管控

1. 总体要求

资产退役处置包含计划、拆除和回收三大阶段。计划阶段应该包括可研报告编写、现场评估鉴定、申请设备拆卸计划等环节；拆除阶段应该包括审核待拆卸台账设备清单、组织拆卸等环节；回收阶段应该包括组织专家小组现场鉴定、组织实物入库、闲置资产再利用或者报废处置等环节。退役处置管理需要遵循的总体要求如下：

（1）健全规章制度，明确职责分工。结合资产全寿命周期管理等工作，编制退役设备再利用的流程图，精心设计退役设备报废鉴定、出入库移交、分公司与分公司之间、分公司与子公司之间的资产转移和费用结算等方式。

（2）加强专业支撑，保障利旧质量。充分利用企业内部设施和变压器类产品骨干企业的技术及资源优势，为退役配变拆卸、运输、检修、配送等利旧工作提供支撑。

（3）中心库集中储存，统筹调配利用。推进配变利旧省市县一体化管理，定期将各单位初检后上报的退役配变集中安排鉴定、修复；修复后由原单位优先利用，剩余部分依托中心库实行统一管理、集中存储。

2. 业务管控

（1）发布资产退出计划环节。运维检修部门在工程项目可研阶段对拟拆除资产进行评估论证，在工程项目可行性研究报告或项目建议书中提出拟拆除资产作为备品备件、再利用或报废等处置建议，在项目可研评审时同步审查拟拆除资产处置建议。

（2）退役资产技术鉴定环节。应按照批复的拟拆除资产处置意见，由项目管理部门组织实施相关资产拆除工作。资产拆除后由实物资产管理部门组织开展技术鉴定，确定退役资产留作备品、再利用或报废的处置方式。

（3）退役资产报废审批环节。实物资产退役后，各单位实物资产管理部门组织，对退役处置方式进行确认，并对备品备件或再使用的留用方式进行明确。经实物资产管理部门审批同意退役的资产，办理固定资产报废手续。

（4）报废资产处置环节。资产使用部门将废旧物资移交本单位物资部门指定仓库，物资部门核对报废审批记录，核实实收废旧物资数量，办理交接入库，编制废旧物资处置计划，上报上级公司物资部批准后进行集中竞价处置。

3. 价值管控

（1）退出设备技术鉴定环节。营销部门开展所需报废的表计开展技术鉴定，确定报废价值，并作为报废依据。

（2）报废资产审批环节。财务部门核对报废资产的账卡物对应关系，确保废资产的价值的正确性，尤其对于部分报废资产，需根据报废数量准确核算报废价值。

（3）报废资产处置环节。财务部门组织废旧物资竞价处置前组织废旧物资价值评估，物资部门根据评估结果组织确定处置底价，废旧物资网上竞价须高于底价；竞价委员会管理监督竞价过程并编制竞价结果报告。

（4）报废资产账务处理环节。废旧物资处置资金管理遵循"收支两条线"原则，物资部门按照销售合同约定及时完成合同结的全部收款，并交由财务部门入账。

4. 协同管控

（1）报废资产审批协同。各部门专职对报废资产履行报废手续，完成报废审批后移交物资部门进行处置。运维检修部门填制固定资产报废审批表并履行内部程序后，提交财务部门办理固定资产报废审批手续。

（2）报废资产拍卖协同。物资部门根据报废资产处置计划，开展废旧物资拍卖工作，签订销售合同，并由财务部门负责账务处理。

（3）计量设备报废审批协同。营销部门经过技术鉴定批准设备报废后，移交财务部门进行财务审批和账务处理；营销部门计量设备退役拆除后，按照固定资产管理标准进行报废审批；审批后由物资部门进行实物报废，营销部门将审批后的报废计量资产入库。

（4）退出设备技术鉴定协同。资产拆除后由实物资产管理部门组织开展技术鉴定确定退役资产处置方式。实物资产使用保管单位、项目管理单位、物资管理单位应协同办理拆除资产的移交入库手续，由物资管理单位负责后续保管工作。

5. 信息管控

（1）报废资产拍卖协同信息为废旧物资销售合同。在协同过程中应考虑合同约定的收款时限、收款金额。并完善拍卖物资信息，确保每项销售的报废资产均对应具体 PMS 台账与财务资产卡片，使销售收入能与资产报废损失相匹配。

（2）计量设备报废审批协同信息为资产报废单的审批意见。在协同过程中应考虑审批的依据、鉴定意见等，准备报废申请的备案，并提交上级主管部门审核存档，提交信息因明确资产型号和数量。

（3）退出设备技术鉴定协同信息为报废设备资产技术鉴定意见与废旧物资回收单。在协同过程中要求实物资产使用保管单位、项目管理单位、物资管理单位应协同办理拆除资产的移交入库手续，由物资管理单位负责后续保管工作。

【延伸阅读】

根据《资产全寿命周期管理体系规范》（Q／GDW 1683—2015）的要求，资产全寿命周期资产管理应按照资产管理目标、策略和计划的要求，对资产管理活动进行过程管控，保证资产全寿命周期所有阶段成本、风险和资产集的绩效得以监控。过程管控应满足：

a. 按照计划开展资产管理活动；

b. 依据资产管理相关的制度标准对资产管理活动的执行过程进行管控；

c. 综合考虑人、财、物等资源配置，并根据内外部环境、资源等因素变化进行调整，与目标、策略和计划保持一致；

d. 对活动过程的信息及时记录、保存并满足监测及监控要求。

第五章
监测评价与改进

本监测评价与改进，包括状态监测、绩效监测、事件管理、审核、合规性评价、纠正与预防、持续改进和管理评审八项内容。监测评价是资产全寿命周期管理有效执行的重要保证，主要运用了结果性评价与过程性监测评价相结合的思想，及时对资产管理的结果、设备运行状态、管理过程进行全天候、全方位、全流程的监测、分析与评价；改进是资产管理框架体系中的持续改进模块，主要讲监控评价的结果在资产管理工作中得到的应用与改进，并优化相关流程，促进资产管理工作的不断完善，同时将相关信息反馈到资产管理组织中，以便规则制度标准的滚动修订与调整。监测评价与改进总框架如图 5-1 所示。

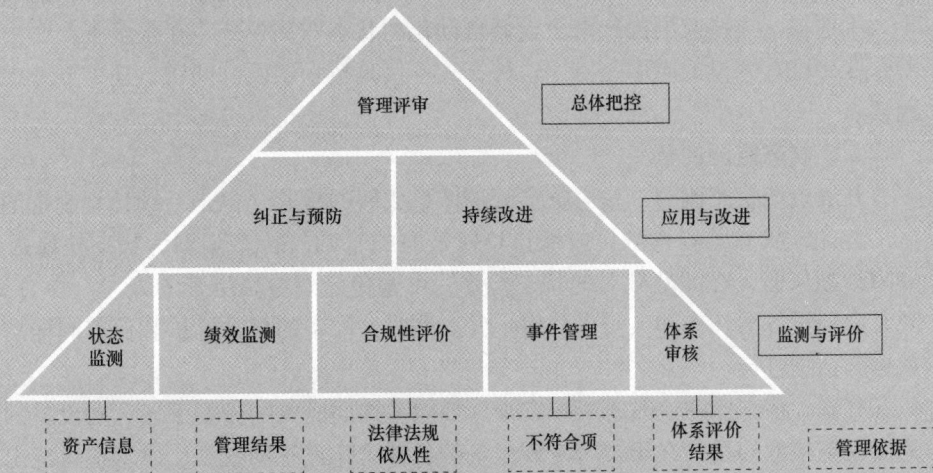

图 5-1 监测评价与改进总框架

第一节 状 态 监 测

一、状态监测的内涵

（一）状态监测的定义

状态监测是指监测系统状态参数、指示系统异常并预测其发展的管理过程。特别的，对于设备的状态监测，是指在设备运行中，通过对特征信号的监测、处理、分析、检查，评价其整体或者零部件的技术状态，判断设备有无异常与劣化的征兆，或对异常进行追踪，确定劣化趋势，预测劣化程度。

资产的状态监测是运营监测的一个重要方面。资产状态监测通过设备在线监测、设备状态巡视和状态检修评价方式，可获得关于资产数量、状况、性能等的信息，对生产运营、检修维护、退役处置、规划计划、采购招标等资产全寿命周期的各个环节都有支撑和参考作用。

资产状态监测内容如图5-2所示。

（二）状态监测的分类

状态监测涉及各种工业系统及领域，已经形成一门有独特理论方法且工程应用背景很强的跨学科、综合性技术，其主要模式可以按照以下分类方式进行分类。

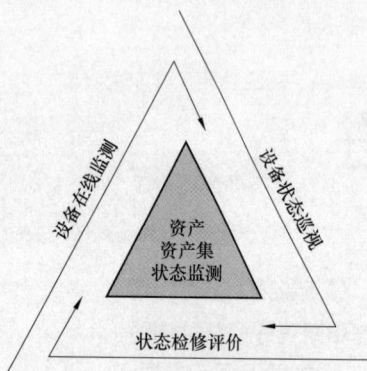

图5-2 资产状态监测内容

（1）从监测的连续性可以将状态监测分为故障监测、定期监测、连续监测三种模式。故障监测，指在预先发现设备运行异常后，对设备进行测试和分析，查找故障原因。定期监测，指按照预先设定的时间间隔，对设备进行周期性监测。连续监测，也称为在线监测，这种监测模式主要利用数据采集和计算机分析等技术对设备进行监测，具有信息收集比较全面，分析手段丰富的优点。

（2）按照监测信息获取的方式，状态监测可分为人工巡视、仪器监测、在线监测三种方式。人工巡视依赖于技术人员进行，通常是定期开展，观察设备外观、结构、连接等有无异常，观察设备自身仪表有无异常等。仪器监测通常为技术人员使用专用的仪器进行，其准确性高于人工巡视。在线监测模式是全天候自动化的状态监测模式，在很多资产密集型和技术领先型企业中已有大量的应用，使用这种方式不仅是技术层面的问题，还需要考虑风险和经济型因素。

二、状态监测的意义

开展资产状态监测，是对资产管理体系成效的检验，也是后续计划制定的依据。

首先，状态监测是制订或修订检修策略的基础。状态监测为状态检修提供数据支持和故障诊断依据，在此基础上的状态检修，可避免定期检修带来的人力、物力和财力的浪费，同时避免设备损坏率和人身事故率上升。同时，设备的日常维护和保养同样需要以状态检测数据为依据进行。

其次，状态监测是改善资产安全、效能和周期成本的重要手段。对设备的运行状态进行的监视与检测的目的在于及时发现设备的各种劣化过程的发展，以求在可能出现故障或性能下降到影响正常工作之前，及时维修、更换，避免发生危及安全的事故，保证电力系统的安全运行。

最后，状态监测能提高设备的运行可靠性。相对于计划检修，状态监测克服了计划检修缺乏针对性、容易造成设备的过渡检修等设备过修或失修的弊端，从而有效提高了设备的运行可靠性。

随着安全生产重要性的提升，状态监测技术逐步发展，并越来越多地得到人们的重视。关键参数的状态监测不但可以提高设备安全性，而且可以为系统运行优化提供技术依据。

三、状态监测在资产管理中的应用

（一）状态监测的要求

状态监测应以收集的资产状态信息为依据，通过持续开展资产状态跟踪监视和趋势分析，综合运用技术手段以准确掌握资产运行状态。状态监测应该遵循如下要求：

（1）应确定监测指标及周期，采用定量或定性的形式，明确数据来源、采集方法、统计分析要求等；

（2）应与资产绩效评估相衔接、协调一致，为后者提供重要指标和分析结果；

（3）状态检测信息的发布应限制在合适范围内，兼顾上级管理机构、利益相关方等的需求；

（4）应对状态监测的指标、流程、分析方法等进行评估改进，不断提升监测效果。

在资产管理活动中，状态监测应涵盖资产全寿命周期，包括但不限于投运前信息监测、资产台账信息监测、运行状况监测、缺陷和故障信息监测等过程。其主要要求就是对以上几个方面的监测应满足完整、准确、及时、齐全等要求，如投运前信息监测包括图纸资料、出厂资料、安装和验收、交接试验资料的检查，应做到资料完整、准确、图实相符、管理规范。

状态信息应包括设备全寿命周期内表征资产和资产集健康状况的所有资料、数据、记录等内容。状态信息收集应按照"谁主管、谁负责"的原则开展，并应与运行环境信息、风险评估信息等相结合。

状态信息管理是状态监测的顺延，也是状态评价与诊断的基础，涵盖设备信息收集、归纳和分析处理等全过程，应按照统一数据规范、统一报告模板，分级管理、动态考核的原则进行。落实各级设备信息管理责任，健全设备全过程状态信息管理工作机制，确保设备全寿命周期内状态信息的规范、完整和准确。

（二）状态监测的技术手段

全寿命资产状态监测有许多种实施形式，有灵活的人工检测、记录和报送方式，也有可以依托信息化技术的在线监测方式。随着企业资产规模的扩大，人工监测方式已明显不能满足对资产状态的全面检测要求，因此现阶段企业也越来越倾向于使用依托于信息化技术的自动化状态监测系统。

根据状态监测技术的概念，可以把监测系统概况为以下几个部分：首先，信息检出单元；其作用是将电力设备的物理量转化为合适的电信号。第二，数据收集单元；对传感器传输的数据进行处理，主要是采集数据记录。第三，信息传输单元；将收集到的数据和信息进行传输。第四，处理数据的单元；对收集的数据和信息进行适当的分析计算，为故障的诊断提供有效的数据信息。依托于信息化技术的状态监测技术涉及多学科，包括传感测量、信号处理、数据仓库、数据挖掘、智能诊断等方面。

1. 智能化诊断技术

随着对状态监测理论研究与开发工作的不断深入以及高精度、高性能、高信息量的传感器的出现，状态监测的新方法也不断出现，如模糊监测、专家监测、神经网络监测等。在监测方法方面，人工智能已成为当今的发展趋势，人工智能的发展为状态监测提供了强大的理论基础及实现工具。

2. 大型关键机组网络化在线监测技术

大型关键机组的故障对企业生产秩序有严重影响，而传统的人工定期监测和轴振动仪表在线监测无法适应快节奏生产的要求，存在着诸如机组起停机及异常等重要瞬态过程难以捕捉、异常原因难以追溯的问题。通过在线监测，可将关键机组置于全过程监控之下，连续监测诊断各种问题，有效保证机组安全运行，为适时维修提供依据。

3. 综合化、信息化监测技术

在传统的设备管理模式下，设备状态信息分散地存储在安装检修部门、运行车间、机动科（点检站）等不同的地方，成为信息孤岛，难以发挥应有的作用。建立设备管理信息系统后，可使分散的状态信息集成化，由分散性的设备状态监测向设备状态综合监测或信息化监测诊断转变，并逐步成为设备管理信息系统中设备点检子系统的主要内容。

（三）状态监测的内容

1. 状态监测的管理流程

资产管理状态监测管理流程如图 5-3 所示。

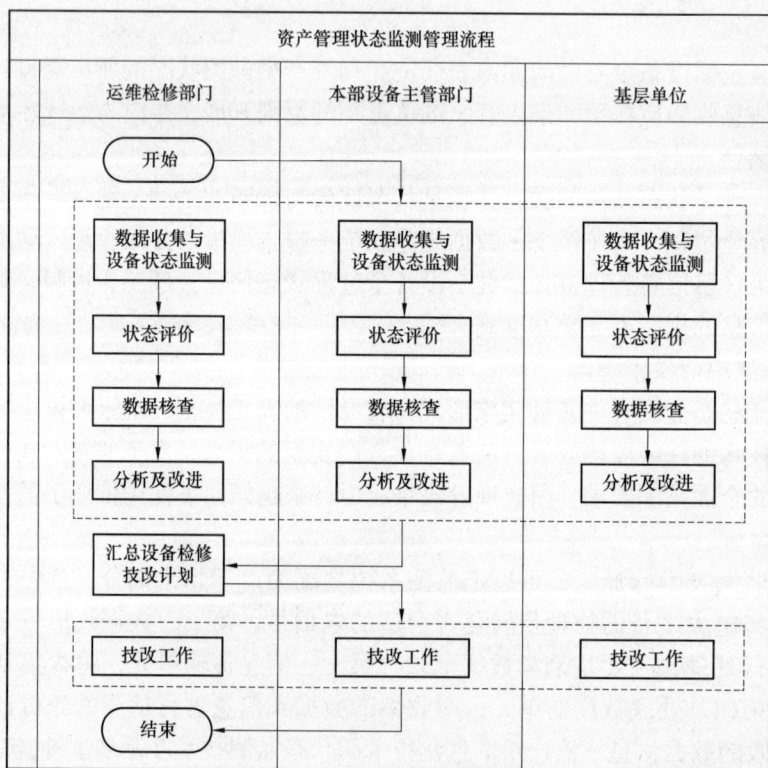

图 5-3　状态监测管理流程

2.状态监测的管理方法

状态监测应以收集的设备状态信息为依据，通过持续开展设备状态跟踪监视和趋势分析，综合专业巡视、带电检测、在线监测、例行试验、诊断性试验等各种技术手段，以准确掌握设备运行状态。进而形成改进计划，为纠正与预防措施的制定奠定基础。

（1）状态信息管理。状态信息收集应按照"谁主管、谁收集"的原则进行，及时收集所管辖输变配设备的投产前信息、运行信息和检修试验信息、疑似家族性缺陷信息，及时收集所管辖电能计量设备的装用前信息、运行信息和故障信息，并应与调度信息、运行环境信息、风险评估信息等相结合。为保证设备全寿命周期内状态信息的完整和安全，应逐年做好历史数据的保存和备份。

状态信息管理是状态评价与诊断工作的基础，涵盖设备信息收集、归纳和分析处理等全过程，应按照统一数据规范、统一报告模板，分级管理、动态考核的原则进行，落实各级设备状态信息管理责任，健全设备全过程状态信息管理工作机制，确保设备全寿命周期内状态信息的规范、完整和准确。

1）投运前信息管理。投运前信息由运维检修单位运维检修部门组织协调收集，设备投运后由基建、物资部门移交生产，其中，设备技术台账、新扩建工程有关图纸等信息由运维检修单位收集并录入生产管理信息系统，出厂试验报告、交接试验报告、安装验收记录等信息由检修试验单位负责组织收集并录入生产管理信息系统。设备的原始资料应按照档案管理相关规定妥善保管。

2）运行信息管理。运行信息由运维检修单位负责收集、整理，并录入生产管理信息系统。其中，设备巡视、操作维护、缺陷记录、在线监测和带电检测数据由运维检修单位收集和录入，故障跳闸、不良工况等信息从调度、气象等相关部门获取后录入生产管理信息系统。

3）检修试验信息管理。检修试验信息由检修试验单位负责收集、整理，并录入生产管理信息系统，如设备为返厂检修，应从设备制造厂家获取检修报告和相关信息后录入生产管理信息系统。

4）家族性缺陷信息管理。家族性缺陷应由电力企业汇总各类缺陷信息后，组织相关专家进行统一认定后发布。各运维检修单位应在家族性缺陷公开发布后，负责完成生产管理信息系统中相关设备状态信息的变更。

（2）状态评价管理。设备状态评价应按照相关技术标准，通过对设备状态信息收集、分析，确定设备状态和发展趋势。状态评价应坚持定期评价与动态评价相结合的原则，建立基层班组、各供电公司（检修公司）两级评价为基础，以状态评价中心复核为保障的工作体系。评价结果包含定性和定量两个方面，其中定性结果包括严重、异常、注意、正常，定量指标根据具体设备监控信息确定。

1）定期评价。设备定期评价指每年为制定下年度设备状态检修计划，集中组织开展的电网设备状态评价、风险评估和检修决策工作。定期评价每年不少于一次。

2）动态评价。设备动态评价指除定期评价以外开展的电网设备状态评价、风险评估和检修决策工作，动态评价适时开展。主要内容包括如下几个方面：

a.新设备首次评价：基建、技改、大修设备投运后，综合设备出厂试验、安装信息、交接试验信息以及带电检测、在线监测数据，对设备进行的评价；

b.缺陷评价：包括运行缺陷评价和家族性缺陷评价。运行缺陷评价指发现运行设备缺陷后，根据设备相关状态量的改变，结合带电检测和在线监测数据对设备进行的评价；家族性缺陷评价指上级发布家族性信息后，对运维范围内存在家族性缺陷设备进行的评价。

c.不良工况评价：设备经受高温、雷电、冰冻、洪涝等自然灾害、外力破坏等环境影响以及超温、过负荷、外部短路等工况后，对设备进行的评价。

d.检修评价：设备经检修试验后，根据设备检修及试验获取的状态量对设备进行的评价；

e.特殊时期专项评价：各种重大保电活动、电网迎峰度夏、迎峰度冬前对设备进行的评价。

（3）分析及改进。各专业管理部门按照评价结果，基于设备状态评价结果制定检修策略，开展状态检修，编制下一年度检修计划、年度安措计划。按照相关要求，对监测出来的问题和隐患根据紧急程度有计划地提出改进提升措施并组织实施。

1）检修策略。以设备状态评价结果为基础，运维检修部门参考风险评估结果，考虑电网发展、技术更新等要求，综合考虑检修资金、检修力量、电网运行方式、供电可靠性、基本建设等情况，对设备检修的必要性和紧迫性进行排序，科学确定检修策略，包括检修类别、检修项目和检修时间等内容。

2）检修计划。检修计划应依据设备检修策略而制定，包含年度状态检修计划与年度综合停电检修计划。年度状态检修计划作为年度综合停电检修计划的编制依据。

a.年度状态检修计划根据状态检修综合报告中设备评价结果、设备风险评估结果、设备检修策略以及设备试验基准周期要求编制，包括检修内容、检修等级、检修工期、实施部门、费用预算、可靠性指标等内容。

b.年度综合停电检修计划应在年度状态检修计划基础上，结合反措、可靠性预控指标和基建、市政、技改工程的停电要求编制。应统筹考虑输电与变电、一次与二次等设备停电检修工作，统一安排同间隔设备、同一停电范围内的设备检修，避免重复停电。

3）检修实施。检修计划实施是状态检修的执行环节，应依据年度综合停电检修计划组织实施，按照统一计划、分级管理、流程控制、动态考核的原则进行。

4）绩效评估。绩效评估是对状态检修体系运作的有效性、策略适应性以及目标实现程度进行的评价，查找工作中存在的问题和不足，提出改进措施和建议，持续改进和提升状态检修工作水平，包括可靠性指标实现程度、效益指标实现程度等评估指标。

【延伸阅读】

根据《资产全寿命周期管理体系规范》（Q/GDW 1683—2015）的要求，资产全寿命周期资产管理应建立能够真实反映资产和资产集状态的监测机制。状态监测应满足：

a.确定资产和资产集状态监测指标，明确监测方式、监测频率、数据来源、采集方法、统计分析要求等，满足定性及定量分析的要求；

b.记录监测信息，保证数据质量；

c.状态监测结果开展问题成因分析，为纠正和预防措施及持续改进提供支撑；

d.定期编制状态监测报告，并在合适范围内发布；

e.对状态监测成效进行评估；

f.与资产和资产集绩效评价相衔接，为其提供重要指标和分析结果。

第二节 绩 效 监 测

一、绩效监测的内涵

（一）绩效监测的定义

绩效监测是指在整个绩效周期内，管理者采取恰当的方式，预防或解决绩效周期内可能发生的各种问题，以更好地帮助下属完成绩效计划，以及记录工作过程中的关键事件或绩效信息，为绩效评价提供依据的过程。

在资产全寿命周期管理中，绩效是指在一定的资源、条件和环境下，组织对资产／资产集进行管理的可衡量的结果。绩效监测是指以数据或信息等形式描述、评价企业预期目标实现程度的检测行为。它包括了绩效指标体系的建立，对绩效指标体系内指标的监测，还包括对资产和资产集状态的评价。

（二）绩效监测的分类

绩效监测按照监控的阶段、监控方式是否主动、监控层级大小有着不同的分类方式，具体如下：

（1）按照监控阶段来分可分为过程监测和结果监测，其中过程监控指对重要流程节点执行情况的监测，结果监测指对体系运行阶段性结果的监测。

（2）按照监控方式的主被动性分为主动监测和被动监控。主动监控指对计划和已计划的实施安排及时进行例行及定期监测，来确定与资产管理体系要求的一致性，并搜集那些通过被动监测不能发现的资产管理体系问题的证据；被动监测指由一系列结构化响应组成，这些响应是对资产管理体系、资产或资产集的缺陷或者故障迹象做出的。这些迹象可以是资产的故障，或者资产未能按预期要求运行导致的，也可以是与资产管理体系本身不足的相关证据。

（3）按照监控层面分为公司级资产管理绩效监测、部门级资产管理绩效监测和岗位级资产管理绩效监测。其中，公司级资产管理绩效监测是对公司资产管理整体绩效开展全过程、全方位监测，评价公司资产管理整体绩效及资产管理体系的有效性；部门级资产管理绩效监测是对公司资产管理绩效开展全过程、全方位监测，对业务执行效率及工作质量进行定量评估，为公司资产管理体系完善、整体流程优化及业务改进提供依据；岗位级资产管理绩效监测是对部门重要业务流程节点执行情况进行常态监控，为部门资产管理流程优化及业务改进提供依据。

二、绩效监测的意义

监测资产管理绩效的总体目的是评价资产管理目标的执行情况和风险控制措施实施的有效性，并识别提高资产管理绩效的机会。具体来说，绩效监测主要有以下三个目的：

1.实现资产高效管理

随着我国经济的发展，国家电网公司在电网建设及改造上投入大量资金，电网资产也不断快速增长。因此，迫切需要建立一套适应发展前景及战略的完整、科学、高效的监控体系，对资产进行管控及评价，以提升资产管理安全、效能、周期成本的综合管理绩效。

2.提升资产运营效率

目前国内电网资产虽增速较快，但资产运营效率及质量距离国际先进水平仍有较大差距。而提升输变电设备资产质量并延长其使用寿命，必须从源头提高设备和系统的可靠性，从资产规划、设计、采购、建设、运行、检修、技改、报废全过程业务管控出发，建立相应的全过程管控及绩效评价体系，监控并完善全过程业务活动。

3. 完善资产管理评价体系

传统的评价体系注重指标结果，倾向于领导、专业条线视角，重结果、轻过程，对指标缺乏过程监控、管控分析及风险揭示，缺乏纵横向、跨条线业务的因果分析。造成相同的问题年年整改、年年依旧，而事后监管、整改也给国家及企业带来很大损失。通过绩效监测可以发现问题并制定对应措施，促进资产管理评价体系的持续完善。

三、绩效监测在资产管理中的应用

（一）绩效监测的要求与方法

1. 绩效监测的要求

绩效监测要熟练掌握运用监测工具，处理好顶层绩效目标与部门绩效目标的关系，做好数据的监测与归档处理。具体地，绩效监测要遵循如下要求：

（1）通过主动监测和被动监测两种方式对各层级进行全过程全方位的监测。在资产管理绩效指标公司级监测工作中，应明确资产管理绩效监测频率、数据来源、采集方法、统计分析要求，对公司资产管理全过程进行全面、实时、在线监测。在资产管理绩效指标部门级监测工作中，需对部门资产管理绩效指标、业务流程执行效率以及工作质量进行监测。电力企业各下属单位根据资产管理绩效部门级指标体系开展岗位级监测，对部门资产管理绩效指标及其明细数据、业务流程执行效率以及工作质量进行监测。

（2）应基于绩效监测趋势分析，提出持续改进电力企业资产管理整体绩效及资产管理体系的有效性的建议和要求。各业务部门按照要求及时提供相关专业分析意见，解决本专业相关异动和问题，对电力企业资产管理整体绩效及资产管理体系的有效性进行评价，编制并发表公司级资产管理绩效分析与评价（评估）报告。指标责任部门定期监测认责指标结果，对发现的问题制定纠正和预防措施，并做相关记录。

2. 绩效监测方法

（1）绩效指标体系建立和关键指标的选取。绩效指标体系包括公司级指标（顶层指标）和部门级指标（顶层指标分解）。其以企业目标、计划为导向，了解和掌握资产全寿命周期管理现状，指明持续改进和调整的方向，助力于资产全寿命周期管理的安全、效能、成本的综合最优。

绩效指标体系的来源是多方面的，应包括环境指标、战略目标、职业健康安全指标、经济性指标、技术性指标等方面。指标体系的建设有一套系统的方法，确保指标体系是完整的、层次清晰的、覆盖业务过程和结果的。通常是将企业战略通过目标设定落实到计划，再结合资产特点、业务范围、管理职能等层层分解，从及时性、效益性、合规性三方面加以量化，最终得到兼容统一的指标。

为了将绩效监测得到的各类指标更合理和科学地运用于绩效评估中，会选取几个关键的绩效指标，并将对绩效的评估简化为对几个关键指标的考核，将目标值当作评估标准，把极小值与目标值做出比较。关键绩效指标必须符合 SMART 原则，反映最能有效影响企业价值创造的关键驱动因素，并逐步扩展到相关影响因素。

从资产全寿命周期管理目标决策的便利性和可操作性角度考虑，绩效评估的维度不是越多越好，而应该选取关键的绩效指标开展绩效评估。指标不是越多越好，指标过多有时会造成某些关键点的弱化，更可能出现指标之间的对立和矛盾的情况，从而影响全寿命周期管理目标的实现。

基于上述原因，电力企业依据国家电网 SEC 指标体系，通过"关键成功因素"定位支撑资产管理目标实现、风险管控的举措选取指标，形成部门级资产管理指标，并通过正式文件发布予以明确。各部门、各单位通过部门级（单位）资产管理指标再分解落实至相关岗位（班组），对部门重要业务流程节点执行情况进行常态监控，为部门资产管理流程优化及业务改进提供依据。

（2）绩效评价方法。资产全寿命周期管理绩效评估是系统理论、动态评价理论、量化评价理论等的综合资产全寿命周期管理，既要对管理的成效进行评估，也要对执行方法的先进性和执法过程的及时性、规范性进行评估。绩效评估将绩效指标纳入评估模型，并采用数学评估方法进行评估。

评估模型的建立需考虑指标的设置、数据和信息的预处理、数据的统一规范化、不同量纲指标的折算，通过历史数据的验证，尽量使计算结果具备一定的物理意义及趋势指挥作用。除此以外，模型需要重点考虑权重的确定，权重反映不同指标对资产全寿命周期管理体系影响的大小和作用。权重确定方法有很多，可分为主观赋权法和客观赋权法两大类。主观赋权法主要有专家评判法、层次分析法。客观赋权法主要有变异系数法、相关系数法、坎蒂累赋权法等。其中，专家评判法和层次分析法较为常用。下面介绍这两种方法。

1）专家评判法。专家评判法通过收集整理专家对备选指标和因素的重要程度给出的主观判断信息，来确定权重。其分为两步，第一步先请专家各自独立地对每个评价指标赋予权重，然后求出每个指标权重的平均值和方差。通过均值和方差的分析，可以得到专家意见的离散程度。如果第一次专家意见过于分散，则再次进行，直至专家意见接近一致，并以最后一次各专家权重的平均值为依据，进行归一化处理，得到最终的评价指标权重。

2）层次分析法。层次分析法分三步：首先建立有序的指标体系，将指标两两比较构造判断矩阵；然后对判断矩阵进行一致性及数字处理；最后计算判断矩阵的特征根，得到各个指标的权重值。在资产全寿命周期管理中，还有一些阶段性评估方法也具有绩效评估的作用，可以将其纳入绩效评估的范畴。比如以下三种：

a.工程施工评价方法。工程施工评价是在固定资产建设阶段，对建设管理单位、监理单位、施工单位、设计单位等参与单位，从施工项目、项目管理、安全管理、质量管理、造价管理、技术管理等维度进行评价的一种方法。

b.同业对标方法。同业对标方法是指不断寻找和研究同行一流电力企业的最佳实践，并以此基准与本企业进行比较、分析、判断，从而使自己的企业不断改进，进入赶超一流电力企业、创造优秀业绩的良性循环过程。

c.项目后评估方法。项目后评估是对项目的建设运行、实施过程、技术经济、环境影响、社会效益等进行评价。项目后评估主要衡量项目目标实现程度和可持续性，可采用权重打分法、模糊层次分析法、对比法和逻辑框架法、综合评价等方法。

（二）绩效监测的管理流程

资产管理绩效监测是保障资产管理工作顺利开展而建立的管理体系，支撑资产管理总体目标、策略、计划的制定及实施，以保障资产管理总体目标的实现。资产管理绩效监测包含绩效指标的修订发布、绩效指标监测、绩效改进，是全面掌握公司资产全寿命管理业务过程中异动与问题的动态监测及预警过程。

（1）绩效指标修订发布。由公司运营监测部门组织，各部门、市公司配合，每年一季度根据公司资产管理总体目标、策略及计划的变化，结合上年度公司资产管理绩效评估结果、参考同业对标结果，组织开展资产管理绩效指标体系修订工作，并经资产管理委员会审批后下发执行。

在修订绩效监测指标时，应确定指标监测方式、监测频率、数据来源、采集方法、统计分析要求等。

（2）绩效指标监测。由省公司本部、市公司运营监测部门依据《国家电网公司运营监测（控）工作管理办法》采用信息采集、阈值预警、关联监测、比对监测、穿透查询等监测方法开展资产管理绩效指标公司级监测工作，每季编制《运营监测部门数据质量分析报告》、《公司资产全寿命绩效监测报告》，分析公司上季度整体资产管理绩效情况并在一定范围内发布。

运营监测部门每月通报异动和问题解决的落实情况，对相关业务部门反馈的异动分析和改进措施进行跟踪评价和督办等闭环管理。

运营监测部门不定期开展资产管理专题分析工作，重点分析与公司资产管理密切相关的重大问题，形成相关分析报告并在一定范围内发布。

（3）绩效改进。由运营监测部门组织，各部门配合开展全过程、全方位监测，对公司资产管理整体绩效及资产管理体系的有效性进行评价，每年年底编制并发表公司级《资产管理绩效指标体系分析报告》。

运营监测部门基于绩效监测趋势分析，提出持续改进公司资产管理整体绩效及资产管理体系的有效性的建议和要求，编制《公司资产全寿命绩效改进报告》，作为管理评审内容之一提交公司资产管理办公室及公司领导层。

（三）绩效监测内容

资产管理绩效监测实行分层分级管理，公司级资产管理绩效监测是对公司资产管理整体绩效开展全过程、全方位监测，评价公司资产管理整体绩效及资产管理体系的有效性。部门级资产管理绩效监测是对公司资产管理绩效开展全过程、全方位监测，对业务执行效率及工作质量进行定量评估，为公司资产管理体系完善、整体流程优化及业务改进提供依据。岗位级资产管理绩效监测是对部门重要业务流程节点执行情况进行常态监控，为部门资产管理流程优化及业务改进提供依据。

运营监测部门开展绩效监测数据一致性核查工作，定期通报各部门及下属各单位的数据质量、组织开展数据质量整改提升工作；各业务部门负责本专业资产管理绩效指标数据提供及数据质量管理工作，确保绩效监测数据及时、完整、准确提供；公司下属单位按照绩效指标体系规定的数据频度和维度做好指标数据、事件、报告等报表资料的报送工作，并对本单位指标数据质量负责，配合上级主管部门开展专业数据质量提升工作。

【延伸阅读】

根据《资产全寿命周期管理体系规范》（Q/GDW 1683—2015）的要求，资产全寿命周期资产管理应建立资产、资产集及资产管理体系绩效的监控机制及指标体系，监控、衡量、分析、评价资产、资产集、资产管理体系的效率及效益。绩效监测应满足：

a. 建立资产管理绩效指标体系，明确监测方式、监测频率、数据来源、采集方法、统计分析要求等，满足定性及定量分析的需求；

b. 逐步开展对业务执行效率及工作质量的定量评估，建立资产管理业务过程重要流程监测指标体系，确定监测阈值和标准，并对重要流程节点执行情况进行常态监控，为资产管理流程优化及业务改进提供依据；

c. 记录监测信息，保证数据质量；

d. 开展问题成因分析，为纠正和预防措施及持续改进提供支撑；

e. 定期编制资产、资产集及资产管理体系绩效监测分析报告，在合理范围内发布。

第三节 事 件 管 理

一、事件的内涵

（一）事件的定义

资产全寿命周期管理中，事件是指在资产规划、计划、采购、建设、投运、运维、改造、报废处置等资产管理活动中，出现的任何与工作标准、制度、程序、法规、管理体系等的偏离即不符合项。直接或间接造成人身伤亡、设备损坏、损失负荷，或者直接经济损失等的严重后果的组合，除达到特定等级的故障、事故统称为事件。

其中，不符合项是指任何与工作标准、惯例、程序、法规、管理体系绩效等的偏离，其结果能够直接或间接导致伤害或疾病、财产损失、工作环境破坏或这些情况的组合。不符合项包括一般不符合项和严重不符合项。一般不符合项指轻微的、偶发的问题，局部的不符合，易于纠正，未对整个体系造成影响；严重不符合项指系统性的问题，频发的或很严重问题，造成了严重的后果或影响。

事件管理内容如图 5-4 所示。

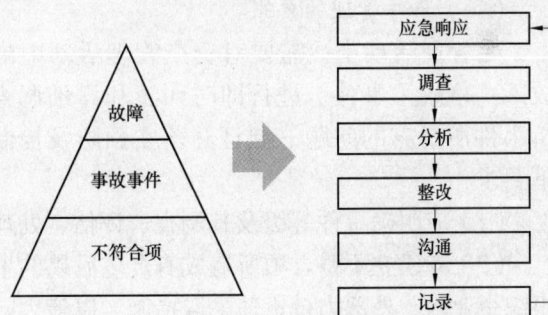

图 5-4 事件管理内容

（二）事件的分类

在复杂事件处理领域，按组成结构可将事件划分简单事件和复杂事件。简单事件是基本事件，它可能是物理事件的一次发生，例如红外线测温仪检测到温度超标，也可能是状态的一次改变，例如灯由开着的状态变成了关闭的状态。复杂事件由多个原子事件组合而成。例如 2008 年的汶川大地震、机器人跳舞等等。按事件发生的持续时间可将事件划分为瞬时事件和区间事件。瞬间事件是指发生在某个时间点的事件；区间事件是指发生在某个时间段内的事件，这类事件都有一个开始时间和一个结束时间，而瞬间事件也可以看作一次区间事件，它属于特例情况，开始时间和结束时间相等。

在资产全寿命周期管理中,事件按照性质可分为安全事件和质量事件。安全事件由人身、电网、设备和信息系统四类事故组成,分为一～八级事件,其中一～四级事件对应国家相关法规定义的特别重大事故、重大事故、较大事故和一般事故;质量事件是指在电网规划、设计、建设、运行、供电服务等工作中违反有关法律法规和技术、服务标准,对电网安全、可靠运行和优质服务造成危害和影响的事件。质量事件划分为设备质量、电能质量、工程建设质量和服务质量四类。

二、事件管理的意义

对于资产全寿命周期管理中的资产规划、计划、采购、建设、投运、运维、改造、报废处置等事件的管理,主要能够实现以下几方面的效用:

(1)资产全寿命周期管理中的各事件往往会呈现出因果关系、聚合关系、时序关系等状态,基于此结合现有的状态条件,能够有效推断出其他事件的状态,为资产管理活动中的各环节决策提供一定依据。

(2)事件管理可以根据初始状态和即将进行的动作来预测结果状态,从而有利于资产全寿命周期管理中的预判性行为。根据所需的效用和目的,选择不同的模式来处理事件。

(3)事件管理有助于追寻资产全寿命周期管理的问题根源。资产管理活动中,事件管理的目标是通过对事件进行及时纠正和详细调查,查找事件发生的根本原因,剖析事件所暴露的问题,制定并落实预防及控制措施,消除引发异常情况的根源,防止同类情况的再次发生或进一步升级。

三、事件管理在资产管理中的应用

资产全寿命周期管理中,应建立事件管理机制,明确事件管理的责任部门、要求、方法、内容及信息,指导各层级开展事件管理工作,对资产管理事件开展调查、分析、整改,以缓解其导致的后果。

(一)事件管理的要求

在管理活动中,需要对资产管理活动中出现的不符合项所造成有严重后果的事件及故障、事故(事件)进行即时纠正和详细调查,通过调查分析事件发生的根本原因、剖析事件所暴露的问题,制订并落实预防及控制措施,消除引发异常情况的根源,遵循如下要求:

(1)应明确事件等级及其调查、评估、处理的相应职责、权限;

(2)应建立不符合项所造成有严重后果的事件及故障、事故(事件)时的应急响应机制,组织企业内、外部力量迅速采取措施、以最大限度缓解相关事件引发的不利影响;

(3)应建立不符合项所造成有严重后果的事件及故障、事故(事件)的调查内容和流程,包括组织调查团队、确定调查范围和方法、调查执行和总结汇报等关键环节。

根据调查结论确认引发相关事件的根本原因,组织相关方制订预防及控制措施,以避免类似情况再次发生,并在一定周期内对预防和纠正措施落实情况进行监督和对其必要性及有效性进行评估。通过检查、抽查、整改、整改反馈、管理评价、调查规范总结修订等实现事件的闭环管理。

(二)事件管理的内容

1.事件管理的流程

事件及不符合项调查管理流程如图5-5所示。

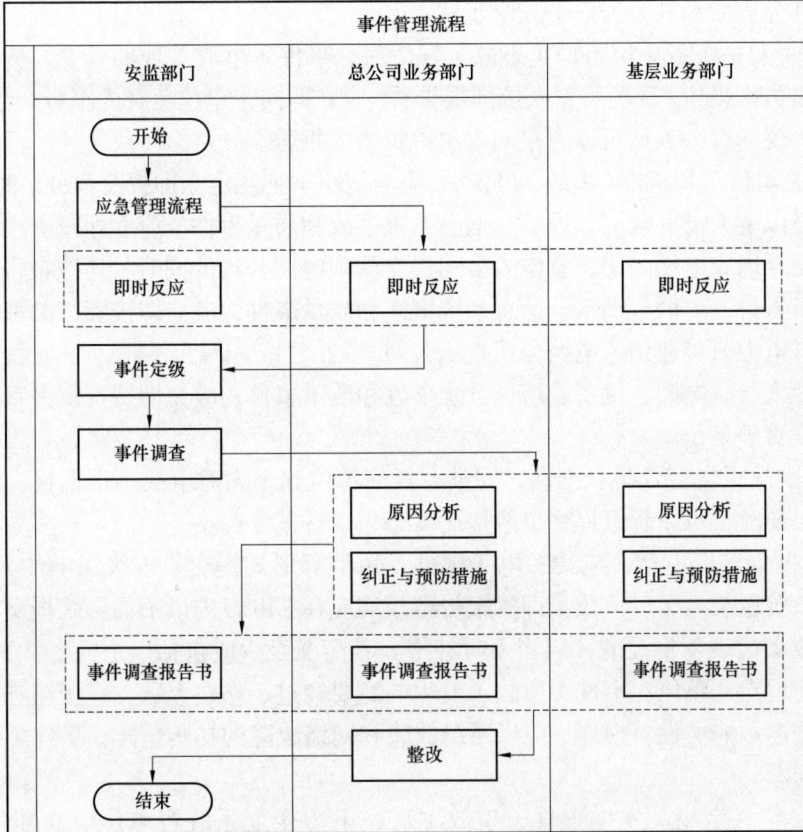

图 5-5 事件及不符合项调查管理流程

2.事件管理的具体步骤

电网事件管理包括事件预防管控措施及事件发生后的调查、分析和处置。根据不符合项所造成的严重后果，启动相应的应急预案，组织企业内、外部力量及时采取措施，最大限度缓解事件及故障、事故（事件）带来的不良后果和影响。

电力企业需要明确事件等级及其调查、评估、处理的相应职责、权限；从经济损失、对电网的影响等角度评价安全事件和质量事件等级；建立不符合项所造成有严重后果的事件及故障、事故（事件）的调查内容和流程，包括组织调查团队、确定调查范围和方法、调查执行和总结汇报等关键环节；根据调查结论确认引发相关事件的根本原因，组织相关方制订预防及控制措施，以避免类似情况再次发生，并在一定周期内对预防和纠正措施落实情况进行监督，并对其必要性及有效性进行评估；通过检查、抽查、整改、整改反馈、管理评价、调查规范总结修订等实现事件的闭环管理。

（1）事件调查。事件调查着重于发现资产全寿命周期管理活动或电网设备本身的改进或薄弱点，衡量当前检测、运维、检修、更新、改造策略的有效性。电力企业可将调查结果与外包商及相关业务部门进行讨论，在基于资产风险的基础上，科学制定纠正预防措施，并明确整改重点、顺序、期限、负责等，通过持续改进，降低事件及不符合项发生的概率，实现"五不、六防、控四成"资产风险管理的目标。对于纠正预防措施的实施及管理能力的提升效果，通过定期开展综合分析以评估其有效性。

事件调查分析活动共分为以下几个步骤：

1）电力企业系统各单位事件（事故）发生后，事件（事故）现场有关人员应当立即向本单位现场负责人报告，现场负责人接到报告后，应立即向本单位负责人报告；情况紧急时，事件（事故）现场有关人员可以直接向本单位负责人报告。

2）各有关单位接到事件（事故）报告后，应当依照下列规定立即提交事件（事故）情况：

发生五级以上人身、电网、设备、信息系统事故和质量事件，应立即按资产关系或管理关系逐级提交至国家电网公司；省电力公司提交国家电网公司的同时，还应报告相关分部。

发生六级人身、电网、设备、信息系统事故和质量事件，应立即按资产关系或管理关系逐级提交至省电力公司或国家电网公司直属公司。

发生七级人身、电网、设备、信息系统事故和质量事件，应立即按资产关系或管理关系提交至上一级管理单位。

3）安全事故报告应及时、准确、完整，任何单位和个人对事故不得迟报、漏报、谎报或者瞒报。必要时，可以越级提交事故情况。

4）即时报告可以电话、电传、电子邮件、短信等形式提交。五级以上的人身、电网、设备和信息系统以及六级以上质量即时报告事故均应在24h以内以书面形式提交，即时报告后事件（事故）出现新情况的，应当及时补报。其简况至少应包括以下内容：事件（事故）发生的时间、地点、单位；事件（事故）发生的简要经过、伤亡人数、直接经济损失的初步估计；电网停电影响、设备损坏、应用系统故障和网络故障的初步情况；事件（事故）发生原因的初步判断。

（2）采取应急措施。发生事件（事故）后，电力企业系统各单位应立即采取故障设备隔离、现场保护、启动应急预案等措施，避免事件（事故）进一步扩大或升级。

（3）调查分析。

1）调查组织。电力企业系统各单位根据事件（事故）等级的不同组织调查，上级管理单位可根据情况派员督查。具体原则如下：

一般（四级）以上人身、五级以上电网、较大（三级）以上设备事故、五级信息系统事件和五级以上质量事件由国家电网公司或其授权的分部、省电力公司、国家电网公司直属公司组织调查。

五级人身、六级电网事件，一般（四级）设备事故和五级设备事件，六级信息系统事件和六、七级质量事件由省电力公司（国家电网公司直属公司）或其授权的单位组织调查，国家电网公司认为有必要时可以组织、派员参加或授权有关单位调查。六级人身、七级电网、六级设备、七级信息系统事件和八级质量事件由地市供电公司级单位（或其授权的单位）或事件发生单位组织调查，上级管理单位认为有必要时可以组织、派员参加或授权有关单位调查。七级人身、八级电网、七级设备和八级信息系统事件由事件发生单位自行组织调查，上级管理单位认为有必要时可以组织、派员参加或授权有关单位调查。八级人身和设备事件由事件发生单位的安监部门或指定专业部门组织调查。

人身事故调查组由相应调查组织单位的领导或其指定人员主持，安监、生产（生技、基建、营销、农电等）、监察、人力资源（社保）、工会等有关部门派员参加。其他事故调查组由相应调查组织单位的领导或其指定人员主持，按事故的不同等级和性质，安监、调度、生技、基建、营销、农电、信息、监察等有关部门人员和车间（工区、项目部）负责人参加。调查组可根据事故的具体情况，指定有关发、供电单位参加。

产权与运行管理相分离的，由运行管理单位组织调查，也可由资产所有单位组织调查。性质严重或涉及两个以上单位的事故，上级管理单位应指派安监人员和有关专业人员参加调查或组织调查。

初步认定事故发生由质量原因造成时，可组成安全和质量事故调查组，按有关规定开展联合调查。

2）事故调查程序。

a. 保护事故现场。事故发生后，事故发生单位必须迅速抢救伤员并派专人严格保护事故现场，安监部门或其指定的部门应立即对事故现场和损坏的设备进行照相、录像、绘制草图、收集资料。未经调查和记录的事故现场，不得任意变动。如因紧急抢修、防止事故扩大以及疏导交通等，需要变动现场，必须经单位有关领导和安监部门同意，并做出标志、绘制现场简图、写出书面记录，保存必要的痕迹、物证。

b. 收集原始资料。事故发生后，安监部门或其他指定的部门应立即组织当值值班人员、现场作业人员和其他有关人员在下班离开事故现场前分别如实提供现场情况并写出事故的原始材料，并及时将有关材料移交事故调查组。事故调查组在收集原始资料时应对事故现场搜集到的所有物件（如破损部件、碎片、残留物等）保持原样，并贴上标签，注明地点、时间、物件管理人，并及时整理出说明事故情况的图表和分析事故所必需的各种资料和数据。所有原始资料包括：发生事件、地点、气象资料的记录，有关运行、操作、检修、试验、验收的记录文件，系统配置和日志文件，以及事故发生时的录音、故障录波图、计算机打印记录、现场影像资料、处理过程记录等。

3）调查事故情况。

a. 人身伤亡事故应按以下规定执行：查明伤亡人员和有关人员的单位、姓名、性别、年龄、文化程度、工种、技术等级、工龄、本工种工龄等；查明事故发生前伤亡人员和相关人员的技术水平、安全教育记录、特殊工种持证情况和健康状况，过去的事故记录，违章违纪情况等；查明事故发生前工作内容、开始时间、许可情况、作业程序、作业时的行为及位置、事故发生的经过、现场救护情况；查明事故场所周围的环境情况（包括照明、湿度、温度、通风、声响、色彩度、道路、工作面状况以及工作环境中有毒、有害物质和易燃、易爆物取样分析记录）、安全防护设施和个人防护用品的使用情况（了解其有效性、质量及使用时是否符合规定）。

b. 电网、设备事故应按以下规定执行：查明事故发生的时间、地点、气象情况，以及事故发生前系统和设备的运行情况；查明事故发生经过、扩大及处理情况；查明与事故有关的仪表、自动装置、断路器、保护、故障录波器、调整装置、遥测、遥信、遥控、录音装置和计算机等记录和动作情况；查明事故造成的损失，包括波及范围、减供负荷、损失电量、用户性质，以及事故造成的设备损坏程度、经济损失；调查设备资料（包括订货合同、大小修记录等）情况以及规划、设计、制造、施工安装、调试、运行、检修等质量方面存在的问题。

c. 信息系统事件应按以下规定执行：查明事故发生前系统的运行情况；查明事故发生经过、扩大及处理情况；调查系统和设备资料（包括订货合同、维护记录等）情况以及规划、设计、建设、实施、运行等方面存在的问题；查明事故造成的损失，包括影响时间、影响范围、影响严重程度。

此外，事故调查还应了解现场规章制度是否健全，规章制度本身及其执行中暴露的问题；了解各单位管理、安全生产责任制和技术培训等方面存在的问题；事故涉及两个以上单位时，应了解相关合同或协议。

4）分析原因责任。

事故调查组在事故调查的基础上，分析并明确事故发生、扩大的直接原因和间接原因。必要时，事故调查组可委托专业技术部门进行相关计算、试验、分析。

事故调查组在确认事实的基础上，分析是否人员违章、过失、违反劳动纪律、失职、渎职；安全措施是否得当；事故处理是否正确等。

根据事故调查的事实，通过对直接原因和间接原因的分析，确定事故的直接责任者和领导责任者；根据其在事故发生过程中的作用，确定事故发生的主要责任者、同等责任者、次要责任者、事故扩大的责任者；根据事故调查结果，确定相关单位承担主要责任、同等责任、次要责任或无责任。

（4）制定纠正和预防措施。事件（事故）调查组根据调查结论确认引发事件（事故）的根本原因，提出防止同类事故发生、扩大的组织（管理）措施和技术措施，并提出人员处理意见。被调查部门、单位按制定措施进行整改，并对事件（事故）已完成措施进行抽查，开展效果评估工作。电力企业安监部门每年对电力企业系统内所发生的资产事件（事故）进行统计分析，与同期进行比较，归纳事件（事故）成因，编写事故（事件）报告汇编，并监督整改措施的有效落实。电力企业各相关部门根据统计分析结果，制定相应的纠正和预防措施，并组织实施。

（5）编制调查报告。由政府有关机构组织的事故调查，调查完成后，编制调查报告，由事故发生单位留档保存，并逐级提交至国家电网公司。

（6）沟通与协同。事件（事故）调查完成后，调查组根据事故原因，进行风险分析和识别，识别的风险需按要求填入资产管理风险信息库。安监部门形成事故（质量事件）调查报告书，下发至各基层单位对基层单位员工开展培训和宣贯。此外，事故调查报告书应交人资部门，作为绩效考核的依据。质量调查报告书应交物资管理部门，作为供应商和制造厂家评价依据，同时送发展、运检、建设、营销、农电、信息管理部门和调控部门，作为电网设备规划、设计、建设、运行、检修、农配网和信息系统安全管理的依据。

电力安全事件的发生是无法规避的，电力企业通过建立、改善电力安全生产风险管理体系可以减少电力安全事件发生。随着电力安全生产风险管理体系的完善，电力安全的问题会越来越少，但是永远不会被消灭，而电力安全事件的发生最常见的就是电力供应的终止，电力企业对电力供应突发事件处理必须把客户放在最重要的位置，要以人为本，依法处理，应对及时，快速反应，统一领导，分级响应，整齐划一，分工明确，责任到人，防控结合、总结经验，避免使电力供应突发事件演变成电力危机。

此外，电力供应突发事件处理一定要注意妥善处理政府、媒体、电力企业、发电厂、客户等相关主体的利益，加强沟通并使其达成一致意见，迅速恢复电力供应正常状态。客户的信任是企业经营立足的基础，突发事件时尤其要维护客户的利益，争取客户的信任，而如何有效、合理应对突发事件会直接影响客户的信任、社会民众的态度以及企业经营。

【延伸阅读】

根据《资产全寿命周期管理体系规范》（Q/GDW 1683—2015）的要求，资产全寿命周期资产管理应建立事件管理机制，对资产管理活动中出现的不符合项所造成有严重后果的事件及故障、事故进行即时纠正和详细调查，确定事件发生的根本原因，制订并落实预防及控制措施，消除引发异常情况的根源。事件管理应满足：

a. 明确事件等级及其调查、评估、处理的相应职责、权限；

b. 建立应急响应机制，确保事件发生时能够组织企业内、外部力量迅速采取措施，最大限度缓解事件引发的不利影响；

c. 明确各类事件调查内容和流程，包括组织调查团队、确定调查范围和方法、调查执行和总结汇报等关键环节；

d. 根据调查结论，组织相关方制订预防及控制措施，避免类似事件再次发生，并在一定周期内对预防和纠正措施落实情况进行监督，对措施的必要性及有效性进行评估。

第四节 审 核

一、审核的内涵

审核主要是指对管理体系（如成本管理体系、质量管理体系和环境管理体系等）的符合性、有效性和适宜性进行的检查活动和过程。

资产全寿命周期管理的审核是指为获得资产全寿命周期管理体系活动和其有关结果的证据，对其进行客观地评价，以确定满足资产全寿命周期管理体系审核准则的程度所进行的系统的、独立的并形成文件的过程。

资产全寿命周期管理体系依据的审核准则是特定的，包括：资产全寿命周期管理方针和目标、管理手册、程序、作业文件、法律法规等。资产全寿命周期管理体系审核必须是一种系统的、独立的并形成文件的活动。它的对象是资产全寿命周期管理体系，用于体系评价，确定体系满足审核准则的程度。

审核框架如图 5-6 所示。

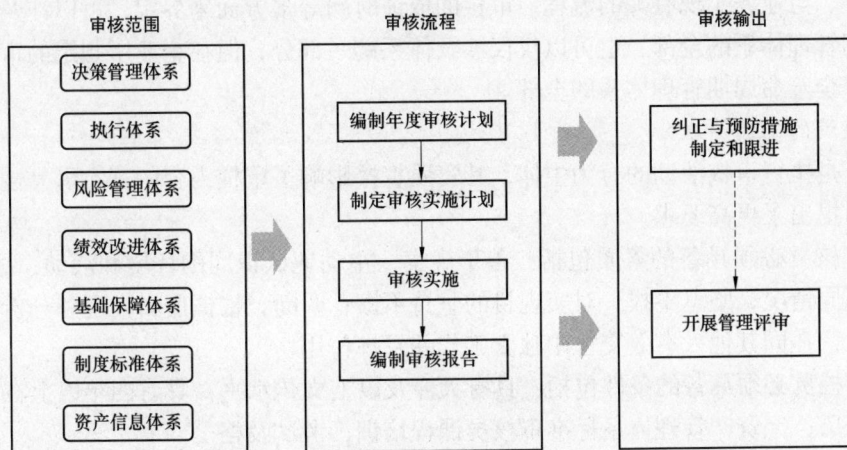

图 5-6 审核框架

二、审核的意义

企业初步建立资产全寿命周期管理体系并试运行一段时间后，为了验证体系是否符合标准，需要审核工作。当企业的资产全寿命周期管理体系已建立且已正常运行后，则需要通过经常性的体系审核来验证体系是否持续满足规定的目标要求且有效运行。当企业需要评价对国家有关法律、法规及行业标准要求的符合性时，同样需要开展审核工作。

审核的目的是确定企业建立的资产全寿命周期管理体系与标准的符合性及实施保持的有效性，是对资产全寿命周期管理体系进行评价的重要手段。它作为一项重要的管理手段，可以起到对资产全寿命周期管理体系进行自我诊断和自我完善的作用，有利于及时发现问题、分析原因、制定改进措施加以实施，从而使体系不断完善和改进。

三、审核在资产管理中的应用

（一）审核的要求

1.审核工作的原则

审核是为了提供管理体系满足标准和技术法规等特定要求的客观证明，要为后续的纠正预防、持续改进和管理评审提供真实、有效的结果。所以，审核员要以公平、公正、客观的方式开展审核活动，以真诚的态度和规范的做法对待审核对象，通过科学的手段、严禁的作风、规范的程序、专业的能力、优质的服务和可靠的结果取得各方的信任。为了确保审核的真实性和有效性，审核工作应当遵从以下原则：

（1）坚持诚信、正直、保守秘密和谨慎为原则；

（2）审核发现、审核结论和审核报告能真实和准确地反映审核活动；

（3）解决在审核过程中遇到的重大障碍，保证在审核组和受审核方之间没有分歧意见；

（4）审核员应独立于受审核的活动，并且不带偏见，没有利益上的冲突；

（5）审核员在审核过程中保持客观的心态，以保证审核发现和结论仅建立在审核证据的基础上。

2.审核范围的要求

审核范围可理解为确定所审核的资产全寿命周期管理体系覆盖的业务、流程和场所。首先，审核的范围主要依据审核方案所规定的范围界定。其次，审核范围的界定与具体审核的目的有关，审核目的不同，审核范围就会有差异。审核的范围常常通过审核所涉及的场所、部门、业务、与业务实现有关的流程、审核的取证时间等多方面来界定，可以涉及企业资产全寿命周期管理体系的全部，也可以仅仅涉及体系的一部分，但在企业所制定的审核方案内应包括资产全寿命周期管理体系的全部。

3.审核员的资质要求

审核员是执行审核活动的行为主体，其资质直接影响了审核内容的真实可靠性，这对审核员的能力提出了更高要求。

（1）审核员必须具备的素质包括：善于观察，主动地认识周围环境和活动；适应力强，容易适应不同情况；坚忍不拔，对实现目的的坚持不懈；明断，根据逻辑推理和分析及时得出结论；自立，在同其他人有效交往中独立工作并发挥作用。

（2）审核员必须具备的条件包括：具有大专及以上文化水平；具有四年以上在本电力企业的工作经历；经资产管理体系标准审核员课程培训，考试及格。

（3）审核员必须具备的知识和技能包括：根据不同的审核内容，恰当地运用审核原则、程序和技术，确保审核实施的一致性和系统性的能力；理解管理体系各组成部分之间的相互作用，以及其在不同组织中的应用的能力；理解电力企业组织的运作情况，如组织规模、结构、职能和相关关系的能力；理解电力企业适用的法律、法规和其领域相关的其他要求，并在这些要求的范围内开展工作的能力；理解资产管理体系的术语和原则等，熟练运用体系相关工具开展工作的能力。

（4）审核员培训的要求包括：企业协会与本部各部门、基层单位协商一致后提出审核员培训名单；企业协会统一安排审核员培训，各部门与基层单位也可以另行安排单独培训。

（5）参加培训人员经培训合格取得资格证书后，由企业协会报电力企业管理者代表批准授权，聘为审核员。

4.审核的时机和频次

在资产全寿命周期管理体系刚建立时，第一次审核时机往往选择在体系文件已全部编制完成、颁布实施，而且已经运行一段时间，各项资产管理活动均已有记录可查之时。此时审核的主要目的就是要对刚刚建立的资产全寿命周期管理体系的符合性及有效性做出评价。

当资产全寿命周期管理体系建立并试运行一段时间之后，常规审核按预先编制的年度计划进行。审核方式为滚动式和集中式，原则上每年应覆盖所有部门至少一次。审核频次可根据审核中发现问题的程度、多少以及企业的实际情况来决定，且每年可以调整。

当出现以下情况时，可追加审核。

（1）发生严重的资产管理问题或用户有重大投诉；

（2）企业的领导层、隶属关系、内部机构、产品、资产管理方针和目标、生产技术及装备以及生产场所等有较大改变或变动；

（3）即将进行第二、三方审核或法律、法规规定的审核。

在这几种情况下，往往需要临时追加进行资产全寿命周期管理体系审核。这些审核可以是有针对性的。

（二）审核的内容

1.审核流程

基于审核的六项原则，审核本身具有系统性和独立性的特点。系统性是指被审核的管理体系中所有要素都应在审核工作中覆盖；独立性是指审核活动不受被审核对象的影响，保持其公正和客观。因此，资产管理体系审核活动需要一个系统、独立的流程，主要包括：制定计划及审批，审核准备，审核实施，编制审核报告、审批及发布，纠正和预防措施制定、实施及验证，资料归档六个过程。

审核管理流程如图5-7所示。

2.审核工作的开展

（1）审核工作先决条件。

1）领导重视是做好审核工作的关键。审核对一个企业的资产全寿命周期管理体系的改进和工作质量的提高具有重要的作用。但是要做好审核工作，关键在于领导的重视。领导的管理意识不应仅表现在控制不合格产品，使之不能出厂，或者是出了不符合事件后及时采取措施，更重要的还在于全面建立和实施一个合乎标准要求的资产全寿命周期管理体系，预防不符合事件的发生。其中尤其重要的是要充分运用审核这个重要的管理手段和改进机制，使体系得到保持和改进。领导对审核工作的重视主要表现在领导层中认真研究如何建立审核

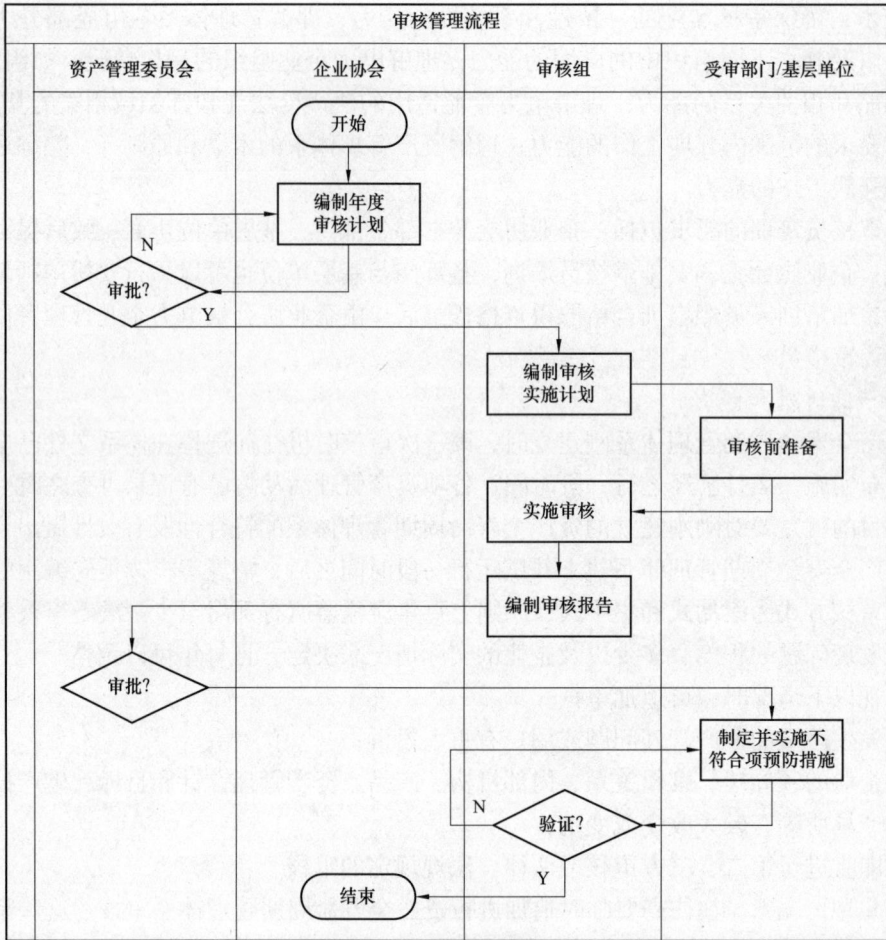

图 5-7　审核管理流程

的组织机构，组成审核组，确定其职责。

2）管理者代表要亲自抓审核工作。管理者代表是由最高管理者指定并授权的管理人员。管理者代表应确保按照标准建立、实施和保持资产全寿命周期管理体系，应当通过一个职能部门建立审核的组织和程序、培训内审人员、制订审核计划、组织实施审核和报告审核结果。当审核组与被审核部门发生争执时，应由管理者代表或通过管理者代表报请最高管理者来进行仲裁。

3）审核的具体工作需要专门职能部门来管理。审核是一项长期的正规工作，需要有一个常设机构来负责进行，而不能由一个临时性机构来从事此项工作。这些机构可能还有许多其他的质量管理工作，但审核工作应是该部门的一项重要任务，审核完全可以与其他工作，如建立体系、编制手册和程序等结合进行。

4）组建一支合格的审核员队伍。审核需要一批合格、称职的审核员，因此对审核员进行培训、再培训和实施评价是一项重要的工作。应在组织内与资产全寿命周期管理有关的部门中选择一批熟悉组织的业务、了解资产全寿命周期管理的基本知识、有一定的学历、职称和工作经验、有交流表达能力和正直的人员进行培训，使之成为审核员。审核员要有一定的数量，足以完成例行的和特殊的审核任务。所有经过一定培训的审核员需经考核后由企业领导正式任命，授予进行审核的权力。

5）审核需要有一套正规的程序。为此，管理者代表应组织编制资产全寿命周期管理体系审核程序，明确审核的目的、范围、执行者的职责以及具体的实施方法。

（2）审核的工作方法。

1）审核计划管理。

a. 计划制定。每年初，由审核归口部门依据受审核方业务重要程度和风险评估报告、前期审核结果、纠正和预防措施执行记录，编制本单位《资产管理体系年度审核工作计划》。

b. 审批计划。审核归口部门将《资产管理体系年度审核工作计划》报资产管理委员会批准，通过后下发给各相关部门。如属特殊情况下的追加审核，由审核归口部门提出审核申请，制订附加审核计划，报资产管理委员会批准后下发给受审核方。

2）审核准备。

a. 编制审核方案。审核前至少两周，由审核组组长根据《资产管理体系审核年度工作计划》组织编制《资产管理体系审核工作方案》并报资产管理委员会批准。《资产管理体系审核工作方案》包括审核目的、范围、审核组成员、审核准则、审核日程安排（包括首、末次会议时间及参加对象）等内容。

b. 审核通知。审核归口部门至少提前一周向资产管理委员会和受审核方发送《资产管理体系审核工作方案》。

c. 审核检查表编制。首次审核时，审核组组长根据《资产管理体系审核工作方案》组织审核员按分工依据《电力公司资产全寿命周期管理体系评价标准》编制各自的审核检查表。审核检查表可在后续的审核中沿用，有必要时，可进行修改完善。

d. 成立审核组。审核前两周，由管理者代表任命审核组组长，审核组组长选择审核组成员，成立审核组，审核工作按回避原则进行任务分工。审核员必须是经过培训且考核合格、有四年及以上专业管理岗位工作经历，熟悉电力企业资产管理体系业务及相关制度规范，熟悉所承担的审核任务涉及专业知识的人员。

3）审核实施。

a. 首次会议。由审核归口部门主持召开首次会议，审核组人员及受审核方负责人参加。首次会议主要内容包括：介绍审核组成员及分工；明确审核的目的、范围、依据和审核的时间安排；介绍实施审核的方法、程序和工作纪律；澄清《资产管理体系审核工作方案》中不明确的内容。

b. 现场审核。审核员依据《资产管理体系审核检查表》对各自所负责的审核项目进行审核。通过对受审核方开展材料评价、员工访谈、资产信息验证、现场验证等方式进行追溯，查阅相关证据的完整性、准确性，记录审核结果。

c. 末次会议。审核全部结束后，由审核归口部门主持召开末次会议，出席范围与首次会议相同。会议内容主要包括：审核组长公布审核工作的完成情况、查出的不符合项及审核结论；提出制定纠正和预防措施等后续工作的要求；受审核方对实施纠正和预防措施的承诺；审核归口部门将《资产管理体系不符合项报告表》登记发放给相关受审核方。

4）审核报告管理。

a. 编制审核报告。审核结束一周内，审核组完成《资产管理体系审核报告》的编制工作，并将审核报告提交资产管理委员会审批。

b.审核报告发布。经资产管理委员会审批通过后的审核报告发布至各资产管理相关部门和单位。

5）纠正和预防措施管理。

a.制定纠正和预防措施。审核归口部门建立和保存《资产管理体系审核不符合项纠正和预防措施状态控制表》。审核中发现的不符合项，由受审核方在末次会议结束后的十个工作日内提出纠正和预防措施计划，并填写在《资产管理体系不符合项报告表》提交给审核归口部门。

b.实施纠正和预防措施。受审核方开展纠正预防落实工作，确保在规定期限内完成整改，并向审核归口部门反馈实施效果。若在期限内无法完成整改，需及时向审核组组长解释，由审核组组长判断是否延长整改期限。若同意，按调整后的计划执行，并及时向审核归口部门备案。

如属体系文件不符合，由实施部门提出证据，资产管理委员会组织修改体系文件。

如属体系不适宜，由审核组提出改进资产管理体系的意见，报审核归口部门备案。审核归口部门向资产管理委员会汇报，组织专题会议研究解决或提交管理评审。

c.纠正和预防措施验证。审核归口部门组织原审核组人员对纠正预防措施实施结果的有效性进行验证。遇特殊情况，由审核归口部门指定其他审核员实施验证。纠正措施有效性的验证结果由验证人员填写在《资产管理体系不符合项报告表》及《资产管理体系审核不符合项纠正和预防措施状态控制表》相应栏目中。已实施的纠正和预防措施由审核组人员进行跟踪检查，对有效性验证后在《资产管理体系不符合项报告表》上签字验证。审核报告和所采取的纠正措施以及实施效果信息提交管理评审。

6）资料归档。审核归口部门对审核全过程记录进行整理汇总并归档。

（3）审核的工作内容。资产审核管理包括：制（修）订资产管理体系审核程序文件；编制电力企业年度资产管理体系审核计划；统一调配电力企业资产管理体系审核资源，成立审核组；制定审核方案，组织开展审核工作；培训审核员；将审核报告提交电力企业资产管理委员会；监督审核结果的纠正及持续改进措施的落实；归档电力企业资产管理体系审核资料。

企业协会牵头建立资产管理体系审核机制，对资产管理体系进行定期审核。资产管理体系审核内容为体系建设、体系实施全过程中各业务部门的资产管理活动。电力企业体系审核工作由企业各部门自查、各基层单位自查和审核小组评价的形式开展，具体业务活动与工作内容如下：

1）编制年度资产管理体系审核计划并得到决策层的审批，审核计划包括年度计划编制和附加性审核计划。"资产管理体系审核年度计划"的内容包括审核的目的、范围、准则、频次和方法。"资产管理体系审核年度计划"的制定应考虑：各部门与基层单位业务的重要程度、风险评估结果、以往审核结果；当发生重大资产事故、资产管理体系有较大变更、客户和相关方有重大投诉或其他需要时可安排附加性审核。

2）统一调配资产管理体系审核资源，成立审核组，培训审核员，将资产管理要求细化到各个资产管理业务部门（各专业岗位），制定审核方案。"资产管理体系审核实施计划"的内容包括：审核的目的、范围；审核组成员；审核准则；审核日程安排（包括首、末次会议时间及参加对象）；受审核部门及审核内容；发放范围；企业协会编制"资产管理体系审核实施计划"，管理者代表批准。

3）组织开展审核工作，通过业务访谈、现场验证、资料检查三种形式了解各专业实际业务情况，并收集相应的佐证资料。

4）编制审核报告并提交资产管理委员会，审核报告中需分析资产管理目标、策略及执行的一致性情况，法律法规符合性情况及各项措施实施的有效性情况。"资产管理体系审核报告"的内容包括：审核日期；审核目的和范围；审核准则；审核组成员；审核情况综述；审核结论；主要建议；发放范围。

5）根据上一年体系审核结果，修编体系审核业务要求清单（完善实施情况、跟踪改进措施及实施计划等），监督审核结果的纠正及持续改进措施的落实。

6）归档资产管理体系审核资料。其他资产管理相关业务部门负责业务范围内相关组织和协调审核的实施。

【延伸阅读】

根据《资产全寿命周期管理体系规范》（Q/GDW 1683—2015）的要求，资产全寿命周期资产管理应建立审核机制，明确审核准则、范围、频次和方法；通过对资产管理体系进行定期审核，验证资产管理体系运行的有效性和符合性。审核应满足：

a. 基于资产管理活动的风险评价结果及上期的审核结果，制定审核方案；

b. 对资产管理体系全部内容进行审核，关注资产管理目标、策略及执行的一致性，法律法规符合性，措施有效性等；

c. 对审核中发现的不符合项开具不符合报告，提出纠正与预防措施，并验证其有效性；

d. 记录审核结果，编制审核报告，及时向管理者报告；

e. 培训具有适当能力和资质的人员承担审核工作，同时确保审核过程的客观公正。

第五节 合 规 性 评 价

一、合规性评价的内涵

（一）合规性评价的定义

合规性评价，是组织对其活动、产品和服务的管理现状对照法律法规、规章条例以及其他要求，分析并找出差距进行整改，从而实现规避风险、自我改进的一种管理措施。合规性评价周期一般为一年，在合规性评价开展前要求已经完成法律法规的识别更新工作，资产管理体系发生重大变化等情况时要按需开展合规性评价工作。

合规性评价框架如图 5-8 所示。

（二）合规性评价的特征

（1）规范性。合规性评价包括识别、应用、评价、持续改进等各项工作，评价内容要严格按照规章制度一一对应。

（2）系统性。在企业各专项管理全面开展合规性评价，能够覆盖企业资产管理的各

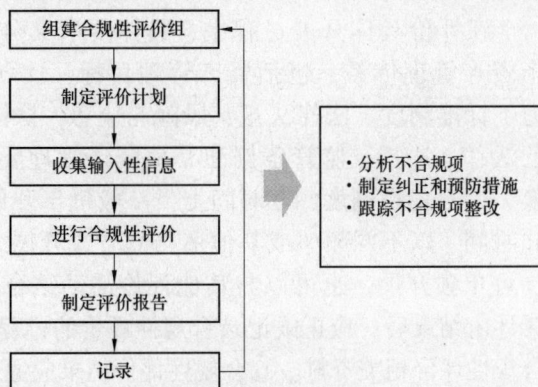

图 5-8 合规性评价框架

个方面，有效防止适用于各个管理专业活动、产品和服务的漏缺项。

（3）协同性。合规性评价工作从单一的环境管理体系中运作，扩大推广至企业内部各个专项管理，成为管理工作的共同要求。

二、合规性评价的意义

具体工作中，各级管理者会考虑法律法规及其他要求的贯彻落实。但是，只依赖管理者的个人考虑与有意识、有计划地开展合规性评价工作相比，存在明显差异。一是没有将这种与法律法规符合性的要求上升到一定的认识高度和管理高度，仅作为企业管理的"自选动作"，因人而异；二是缺乏系统性、规范性和科学性；三是由于法律法规及其他要求识别不够全面，极易导致法律风险的隐患存在，主动防范的意识不强、措施不力。因此，在资产全寿命周期管理中推行合规性评价工作很有必要。通过全面开展合规性评价，有利于提高普法工作绩效，促进学法与用法的密切结合；有利于提高各方面的满意度，进一步提升企业形象；有利于增强企业防范法律风险能力，更好地维护企业权益。

三、合规性评价在资产管理中的应用

（一）合规性评价的要求

开展合规性评价工作要建立规范的制度，掌握应用合适的评价方式，同时不断更新改进评价方法，具体要求如下：

（1）规定适当评价的时间、时机和频次。定期评价应考虑企业不同活动、产品和服务的类型与周期，不仅应考虑常规的活动、产品和服务的合规性评价的时间与时机，还应考虑非常规活动、产品和服务的合规性评价的时间与时机。

（2）灵活选择评价方式。企业应根据自身的运作模式、法律法规和其他要求的数量、种类以及各项管理的性质等，确定有效的评价方式。

（3）建立全面开展合规性评价的工作规范。明确包括法律法规和其他要求适用条款的识别、采用、实施，到合规性评价的全流程职责分工，以及评价流程、评价报告编写、问题改进等，做到统一规范，统筹协调。

组织方面，全面开展合规性评价必须得到领导的重视。从法律法规和其他要求的具体适用条款的识别，到对企业内部规章制度与法律法规和其他要求的文本符合性检查，再到具体条款的实际执行，最后到执行情况的自我评价，直至发现问题的整改和风险控制的策略选择，是一项需要投入一定人力、财力并调整工作思路的系统工程，需要决策者慎重决策。没有企业主要领导的真正重视，既无法得到所需要的资源，又难以发动各方面的力量防范风险。

在评价具体开展过程中，具体要求又分以下几点：①合规性评价的范围应覆盖整个资产管理体系，包括资产管理目标、计划、过程管控、绩效评价、改进、组织、能力、标准制度、法律法规、风险与应急、协同、信息改进的全过程。②应关注对已识别的法律、法规、监管条例和其他资产管理要求的运用情况，包括在内部直接引用或转换为内部规章制度。③时间上，一般每年开展一次合规性评价。也可以对单个要求在不同时间、以不同频率或其他适当的方式开展合规性评价。④具体开展过程中，合规性评价可单独开展，也可以与其他评价活动结合进行，如管理体系审核、专业工作检查等。⑤评价结束后，应正式记录合规性评价的过程及结果，形成合规性评价计划表，整理归档合规性评价相关资料。⑥合规性评价结果应通过纠正和预防措施进行整改，实现闭环管理。⑦应符合持续改进的要求，对评价结果进行回顾和评审，并作为管理评审的关键输入。

（二）合规性评价的管理流程和职责

1.管理流程

合规性评价工作由法律部门牵头组织。法律部门组织成立评价组，制定检查表。受评方整理数据形成报告，评价组进行遵循情况的评价，审批形成并发布总体报告。地市公司部门及受评方进行制定并执行纠正预防实施计划，最后由法律部门整理评价资料并归档。

合规性评价管理流程如图 5-9 所示。

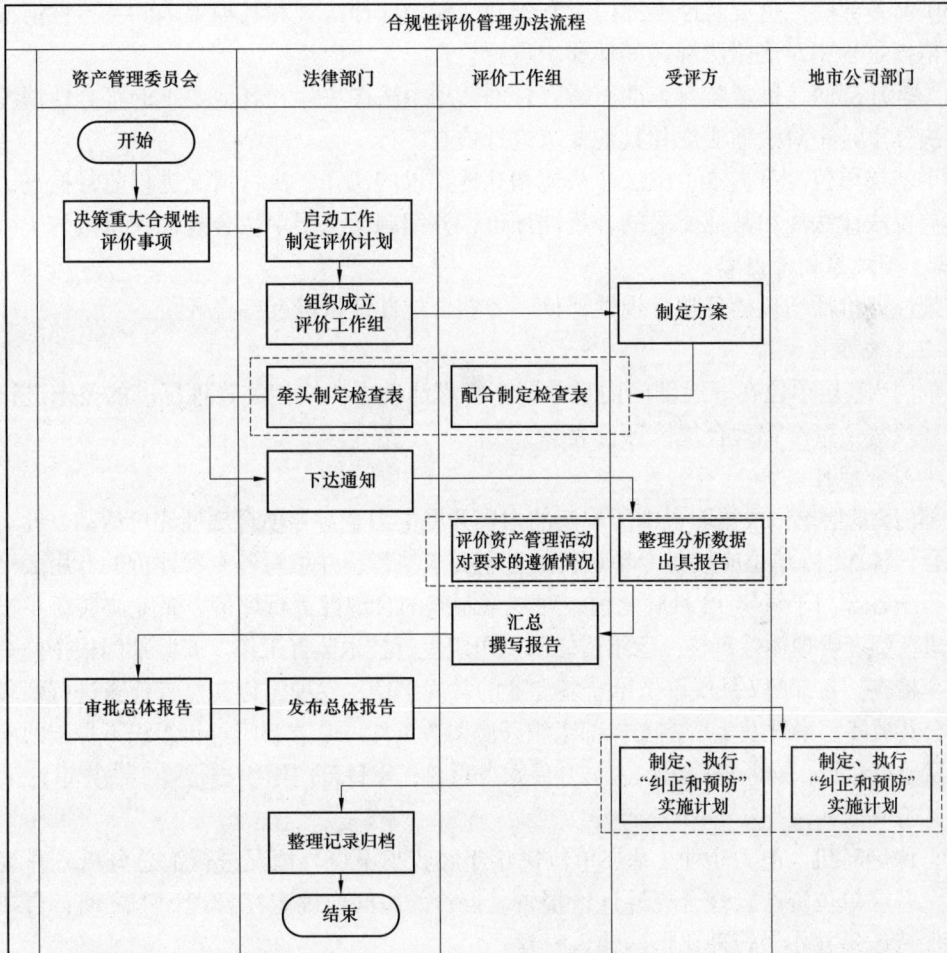

图 5-9 合规性评价管理流程

2.部门职责

（1）法律部门。负责监控本部门所有资产管理活动中法律法规和其他要求的符合性情况；负责组织电力企业本部合规性评价的具体工作，建立并保持合规性评价的文件和资料；负责汇总各基层单位合规性评价报告和电力企业本部各部门合规性评价表，并编制《国家电网××市电力公司合规性评价报告》；负责规章制度合规性检查。

（2）企业协会。负责监控本部门所有资产管理活动中法律法规和其他要求的符合性情况；负责通过审核的形式，对电力企业遵守和执行法律法规及其他要求的情况进行监督检查。

（3）运维检修部门。负责监控本部门所有资产管理活动中法律法规和其他要求的符合性情况；负责技术监督过程中对法律法规和其他要求进行检查。

（4）安监部门。负责监控本部门所有资产管理活动中法律法规和其他要求的符合性情况；负责安全检查、安全性评价、隐患排查、反违章工作及故障事件调查过程中对法律法规和其他要求进行检查。

（5）基建部门。负责监控本部门所有管理活动中法律法规和其他要求的符合性情况；负责基建工程安全质量检查过程中对法律法规和其他要求进行检查。

（6）财务部门。负责监控本部门所有管理活动中法律法规和其他要求的符合性情况；负责财务稽核过程中对法律法规和其他要求进行检查。

（7）审计部门。负责监控本部门所有管理活动中法律法规和其他要求的符合性情况；负责竣工决算审计中对法律法规和其他要求进行检查。

（8）基层单位。负责本单位法律法规和其他要求的遵守、执行情况进行监督检查；负责组织本单位法律法规和其他要求的合规性评价，并编制《基层单位合规性评价报告》。

（三）合规性评价内容

合规性评价活动包括日常合规性评价、专项合规性评价以及综合评价。

1. 日常合规性评价

各部门/基层单位在开展部门内日常资产管理活动中，按相关管理标准的要求进行闭环管理，并填写《资产管理合规性评价表》。

2. 专项合规性评价

各部门/基层单位根据职责中所规定的内容开展电力企业专项合规性评价活动，针对发现的不符合，各部门/单位应按各专项评价的管理要求执行，并填写各专项评价的专用表格。法律部门组织各部门于每年12月底之前，对规章制度的合规性进行评价。企业协会每年根据审核计划进行资产管理体系审核。运维检修部门组织进行技术监督工作。安监部门根据检查方案组织安全检查。各部门/基层单位结合各专业的常规工作、专项工作和监督检查进行隐患排查工作。公共故障、事件发生后，安保部组织开展调查工作。基建部门每年组织不少于两次基建安全质量检查执行；财务部门组织人员开展财务稽核；审计部门组织进行竣工决算审计工作。

3. 综合评价

（1）评价时机。电力企业/基层单位每年年底收集不符合情况进行汇总分析，并编制电力公司及基层单位资产管理合规性评价报告。评价的时间应确定在管理评审之前，合规性评价均应保持记录并作为管理评审的输入材料；

（2）组织评价。法律部门每年年底收集各部门资产管理合规性评价表，对各部门提交的合规评价表进行抽样，并到现场核实汇总表内容的真实性。一旦确定相关信息是真实可靠的，法律部门应组织相关部门和人员编制合规评价汇总表。

法律部门每年对电力企业须遵守的重点法律法规，结合电力企业规章制度的落实要求，组织人员检查电力企业相关业务的合规性情况。

基层单位每年年底自行组织进行本单位合规性评价，并确认相关合规性评价记录的真实性。

法律部门针对各基层单位资产管理合规性评价报告和电力企业本部合规性评价表，邀请内部了解评价对象的专家或管理人员参与，以会议的形式开展研讨分析。分析内容应包括：

总体合规情况、不合规原因分析、不合规情况对业务的影响及其风险等。

（3）评价报告的撰写。各基层单位编制《基层单位合规性评价报告》，并报送法律部门进行汇总，作为电力企业合规性评价的依据和管理评审的输入。

法律部门根据汇总分析结果，编制《国家电网××电力公司合规性评价报告》，报送资产管理办公室，发送至各相关部门／单位并提交管理评审。

（四）合规性评价常见的问题与解决措施

在开展合规性评价的过程中，往往在组织人员，开展规范性以及态度上存在着一些问题。合规性评价开展中可能存在的问题如下：

（1）没有对合规性评价过程进行有效的策划和组织，形成适合企业的评价体系，基本上由体系主管部门或人员独自完成。

（2）有关人员不了解应如何进行"合规性评价"，组织的领导不清楚评价结果。

（3）大部分组织合规性评价结论全部为"符合"，没有发现不符合或改进之处，评价为符合的也没有证实性的记录。

（4）还有一些组织为了认证，提供只写有"经评价各种过程符合法律法规和其他要求"简单评语的报告。

（5）合规性评价记录收集、保存不够全面，甚至有些还不能提供。

（6）缺少对组织提供的产品、服务造成的环境影响方面的评价，以及员工精神损害方面的评价。

（7）缺少对"其他要求"遵循情况的评价。

针对开展过程中可能出现的问题，组织应该在流程内容规范性、重视度等方面寻找对策，具体方法如下：

（1）应建立一个或多个相关评价程序，确保持续按建立的程序进行定期评价，并保存相关记录。

（2）根据要求的不同，可确定不同的定期评价的频次。

（3）可根据自身特点（规模、类型和复杂程度）、以往的合规性情况及所涉及的具体要求，确定适用的评价方式和频次。

（4）应协调组织各部门参与合规性评价，不要体系主管部门或人员包办，要让更多熟悉业务有能力的人参与，包括利用各种外部资源。

（5）一定要保存评价的记录，以提供遵守法律法规和其他要求的证据。

（6）应确保在体系建立初期，对所有要求进行逐条全面的评价，了解组织基础情况，为之后的评价活动提供依据。

（7）虽然合规性评价结果要提交管理评审，但组织高层管理者一般没有那么多时间一一翻看各种评价形成的资料。因此，在说明评价目的、范围、依据、评价过程的同时，需要对收集、评价形成的资料进行汇总分析，并重点说明管理过程中不符合法律法规和其他要求的问题，确保及时消除不符合（不合规）现象。

【延伸阅读】

根据《资产全寿命周期管理体系规范》（Q/GDW 1683—2015）的要求，资产全寿命周期资产管理应建立合规性评价机制，通过对企业遵循法律法规、外部监管规定及企业相关规定进行定期评价，发现不足并进行整改，保证资产管理体系各项业务符合法律法规及相关要求。合规性评价应满足：

　　a. 明确评价内容和频次；

　　b. 针对合规性评价发现的问题，提出纠正和预防措施，及时整改落实，实现闭环管理；

　　c. 对整改落实情况进行评审，作为管理评审的关键输入；

　　d. 合规性评价结果应正式记录并归档。

第六节　纠　正　与　预　防

一、纠正与预防的内涵

（一）纠正与预防的定义

纠正和预防管理活动可分成纠正、纠正措施、预防措施三个方面。纠正是指对已存在的不符合或事件所采取的补救措施。纠正措施是指在不符合或事件发生后，为防止其再次发生而采取的行动。预防措施是在可能不符合或事件发生之前，预先采取的根除手段防止其发生。

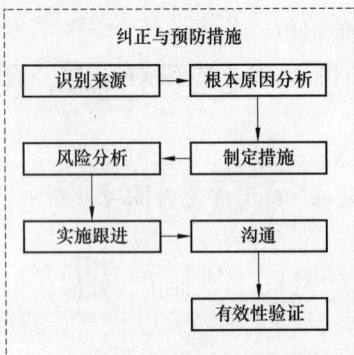

图 5-10　纠正与预防管理框架

采取纠正的依据主要是检验和试验报告、产品不合格报告、内审或外审不符合项报告等。采取纠正措施的依据可能是顾客的反馈意见、产品不合格品报告（重大的或经常发生的）、过程或活动中反复发生的问题、内审或外审中不符合项报告，服务部门报告的重大缺陷或现场发生的质量事故以及分承包方交付的不合格品等。采取预防措施的主要依据是利用适当的信息来源，如不符合品评审记录、内部审核结果、让步的记录、质量成本分析报告、统计图表、服务报告、顾客的申诉意见、分承包方的业绩评价、设计评审记录和检验及试验报告等。

纠正与预防管理框架如图 5-10 所示。

（二）纠正与预防的特征

（1）针对性。纠正和预防是针对发生的不符合项，考虑并分析问题严重性及技术经济性，平衡风险和成本，确定是否采取措施以及采取措施的时间，举一反三，制定短期或长期的纠正措施。

（2）可操作性。对将要实施的纠正和预防措施必须进行风险识别和评估，确认纠正预防措施的风险是否在可接受的范围内并根据风险级别决定操作措施的优先次序。

（3）可验证性。通过建立实施效果的分析评估方法，在实施纠正和预防措施后，通过跟踪并验证纠正和预防措施，确保已经清除不符合项、潜在不符合项、潜在风险的根源，及时与相关方沟通纠正和预防措施的执行情况，以持续改进纠正和预防措施。

（4）记录性。纠正和预防措施的实施全过程应详细记录并归档用于对其有效性的验证。

二、纠正与预防的意义

在企业管理中纠正和预防往往是随着不符合或事件的发生出现的。纠正和预防是指各部门针对业务范围内不同的管理活动，通过资产管理体系内部审核、专项合规性评价、日常管理活动（包括各种监督、检查、验收、总结分析报告、数据分析活动等）、资产绩效监测和数据分析的结果和趋势判断结果、客户和利益相关方的投诉、建议、满意度调查结果、未完成的目标、指标等来源，发现和预测其管理缺失和偏差，识别不符合项、潜在不符合项、潜在风险，并制定和实施纠正和预防措施，以确保资产管理体系运转的有效性。

纠正和预防系统是电网企业必须抓好的重点工作，真正体现了安全管理持续改进和闭环管理的思想和原则。要注意完整性，突出有效性，落实分层、分级、部门职能管理对不符合项的报告、审核、汇总、审批、处理及评估及反馈的职责，在日常生产经营工作中发现问题或隐患，采取控制、减少、防止或避免的方法纠正不符合的行为和条件、更有效地发挥纠正与预防集中性管理的效能，实现安全生产"零违章、零事故"的目标。

三、纠正与预防在资产管理中的应用

（一）纠正和预防的方法

纠正和预防措施的实施均建立在原因分析的基础上。一个不符合可能会有若干个影响因素，这些因素的作用和影响程度不同，这就要求我们要善于识别，找出对不符合的产生起主要作用的因素，同时分析所采取的措施与不符合所产生影响是否相适应。借鉴事故预防安全对策等级的概念，可以更有助于我们把握实施纠正和预防措施的技术途径。

1. 消除

采取措施，彻底消除不符合原因。如针对某一不符合现象，从整个管理流程和支持过程的各种影响因素进行分析，逐一采取措施。

2. 预防

针对已知的薄弱环节和事先策划，以及可能发生的情况提出应对措施，加强控制，建立预案，提高质量保证的裕度。如某模具在工作 3000 次左右不合格品呈增长趋势，则通过修编管理制度，要求在 2000 次后加强监测，2500 次后更换模具。

3. 减弱

虽不能全部消除不符合原因，但通过一定的技术手段可大大减小不符合程度或减少不符合发生的频次。如某线路下用户经常发生电压低于正常值的情况，经改增加公变布点，使该用户低电压情况大幅减少。

4. 隔离

在没有条件消除不符合原因的情况下，采取隔离措施，阻断因果关系。如某厂家生产的设备存在家族性缺陷且无法修复，导致安全性降低，则通过更换该厂家同类设备，提升安全性。

5. 监测

不能或不能全部消除不符合原因，但可通过监测手段的应用及时发现控制参数的异常，启动保护装置。如某设备在规定的电流电压下方可保证稳定的生产能力，为防止波动对产品质量的影响，通过采样监测，一旦超标则自动跳闸并报警提示。

6. 警告

对不符合原因缺乏有效的技术措施予以消除和控制的情况下，通过设置警示标志引起注意。如部分停电设备的检修现场隔离工作区域，挂设警示标志，引起工作人员注意。

纠正和预防措施的上述六种技术途径可单独或组合使用，应根据我们对事物的认识程度、不符合影响评价以及经济性考虑，来选择适宜的手段。

（二）纠正与预防的内容

1.纠正与预防的流程及部门职责

（1）纠正与预防措施流程。纠正与预防管理流程如图5-11所示。

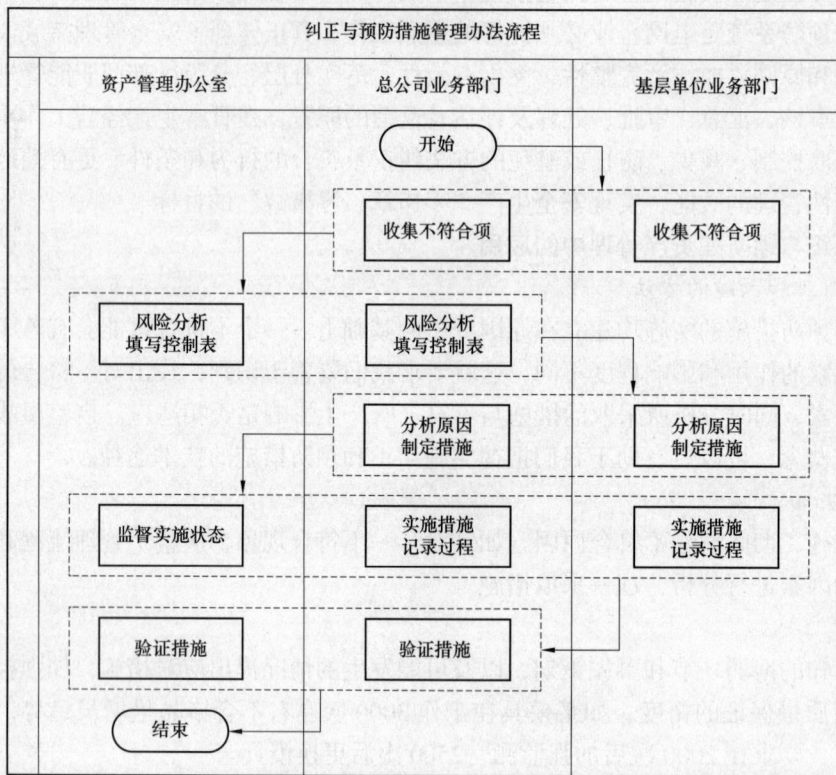

图5-11 纠正与预防管理流程

（2）部门职责。

1）运维检修部门。负责监控电力企业纠正和预防措施执行的总体情况；负责本部门内相关资产管理活动中的纠正和预防措施的管理；负责技术监督过程中的纠正和预防措施的归口管理。

2）安监部门。负责本部门内相关资产管理活动中的纠正和预防措施的管理；负责安全检查、安全性评价、隐患排查、反违章工作和故障事件调查过程中的纠正和预防措施的归口管理。

3）基建部门。负责本部门内相关资产管理活动中的纠正和预防措施的管理；负责基建工程安全质量检查过程中的纠正和预防措施的归口管理。

4）企业协会。负责本部门内相关资产管理活动中的纠正和预防措施的管理；负责电力企业资产管理体系审核提出的纠正和预防措施的归口管理。

5）法律部门。负责本部门内相关资产管理活动中的纠正和预防措施的管理；负责电力企业规章制度合规性检查过程中的纠正和预防措施的归口管理。

6）审计部门。负责本部门内相关资产管理活动中的纠正和预防措施的管理；负责财务稽核过程中的纠正和预防措施的归口管理。

7）基层单位。基层单位负责本单位资产管理方面不符合信息的收集，制定并实施本单位的纠正和预防措施。

2.纠正与预防的内容

资产管理活动中的纠正与预防包含了识别不符合项、制定针对措施、实施具体措施、验证措施的有效性、事后沟通等五个阶段，每个阶段的具体内容如下：

（1）识别不符合。

1）不符合的信息来源包括：专项合规性评价发现的不符合；日常管理活动中发现的不符合；资产绩效监测和数据分析的结果和趋势判断结果；客户和利益相关方的投诉、建议、满意度调查结果；目标、指标未完成。

2）各部门、单位收集到的不符合，应告知相关责任部门或人员，并按以下要求归口管理：属电力企业本部各部门职责的，该部门自行归口管理；属电力企业本部跨部门职责的，向同级总体归口管理部门和资产管理办公室汇报；属基层单位职责的，通知本部的归口管理部门。

3）对于发现的不符合，条件允许情况下，应立即在现场实施相关补救措施。

4）各部门/基层单位在开展部门内日常资产管理活动中，如巡检、自查等发现的不符合，按相关管理标准的要求执行纠正和预防措施。对于发现的其他不符合，按本标准要求执行，并填写"纠正和预防措施执行通知单"。

（2）制定措施。

1）本部各归口部门/基层单位应按各级职责范围组织开展不符合的原因分析和措施制定：考虑问题严重性以及技术上的可行性和经济上的合理性，平衡风险和成本，确定是否采取措施和采取措施的时间；填写"纠正和预防措施执行通知单"。记录不符合情况，交责任部门分析原因及采取措施。并不是每项不符合均需采取措施，如对偶然发生的影响微小的不符合一般不需要采取措施。

2）责任部门分析识别根本原因亟待解决的问题，针对不符合的根本原因亟待解决的问题制定纠正和预防措施。

3）制定措施后，责任部门应判断是否有新的风险产生或是造成流程、程序上的变更。如有，需填写"纠正和预防措施风险（变更）分析表"。

（3）实施措施。在实施纠正/预防措施的过程中，归口管理部门应填写"纠正和预防措施状态控制表"，确定责任者和合理的完成期限，对措施实施的状态进行监控；责任部门应填写"纠正和预防措施执行通知单"，明确具体措施及目标要求，记录措施实施的过程和结果，评价措施效果，对未达到目标要求的需继续实施或调整措施。

（4）措施验证。归口管理部门评审措施结果的有效性，即是否已经清除不符合的根源；未全部清除的，再次提出采取措施的要求，直至清除不符合根源为止。

（5）措施沟通。归口管理部门应将实施后的纠正措施和预防措施相关信息与相关人员进行沟通：

1）纠正和预防措施的制定和实施应参考现场作业人员的建议；

2）纠正和预防措施相关重要发现和建议应提交管理层，作为管理评审的输入内容之一；

3）纠正和预防措施中获得的相关成功经验应推广至整个电力企业。

【延伸阅读】

根据《资产全寿命周期管理体系规范》（Q/GDW 1683—2015）的要求，资产全寿命周期资产管理应针对资产管理活动中发生不符合或事件做出响应，适当时采取措施进行控制和纠正；针对潜在的不符合或风险进行识别和评估，适当时采取预防措施。纠正措施、预防措施应与不符合、事件或风险的影响程度相适应，并满足：纠正、纠正措施、预防措施。纠正是对事的，后两个是针对原因的；

a. 针对不符合、事件、风险进行原因分析，制定纠正措施或预防措施进行控制或纠正；

b. 明确措施的内容，包括职责、进度、资源配置、沟通等要求，确保措施可操作；

c. 在采取措施前，进行风险识别和评估，确保措施可行；

d. 对纠正措施和预防措施的实施效果进行评估，确保措施有效。

第七节 持 续 改 进

一、持续改进的内涵

任何一家企业在实际的生产经营中，或多或少都要对自己的产品、过程和管理进行改进，这些改进可以称为质量改进。但是，大多数企业进行的质量改进是自发的、不自觉的、无计划的、不系统的。当企业通过广泛开展质量改进活动，形成自觉的、有计划的、系统的质量改进时，持续改进随之出现。

在资产全寿命周期管理体系中，持续改进就是为了提高资产管理水平，以满足企业资产管理要求而采取的一系列业务能力提升举措的循环活动。根据企业战略目标、资产及资产管理绩效指标评测的结果，以及内外部环境和上级企业的要求，结合资产管理新的技术、管理方法与工具，分析评价现状，识别改进机会，明确改进目标，提出改进措施，并评估技术上的可行性和经济上的合理性，综合平衡风险、效能和成本，开展优先级排序，实施改进措施，测量、分析、评价实施的效果，实现资产管理体系的持续优化。

持续改进框架如图5-12所示。

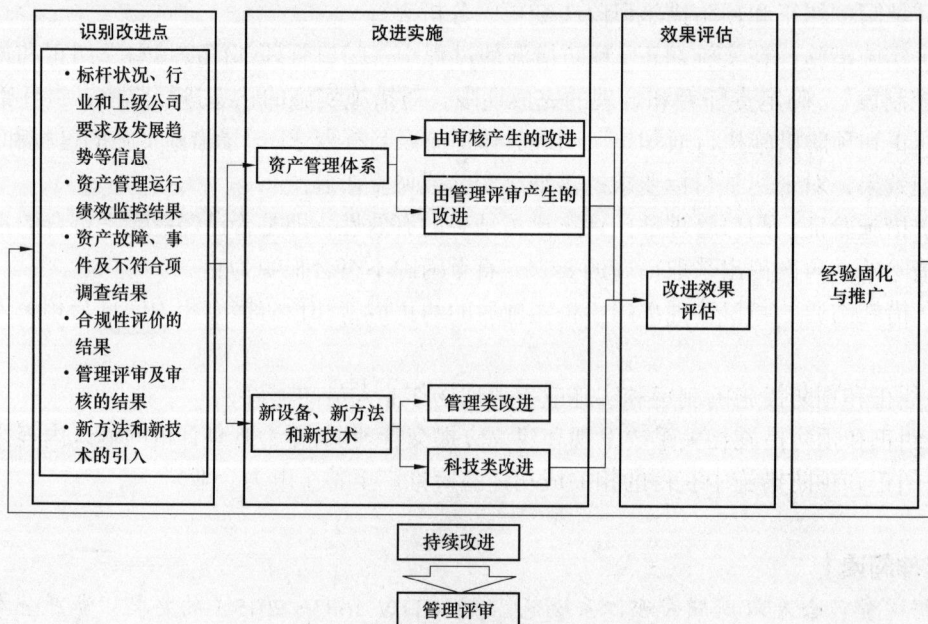

图5-12 持续改进框架

二、持续改进的意义

在资产全寿命周期管理体系中，持续改进就是为了提高资产管理水平，而采取的一系列业务能力提升举措的循环活动，其在企业资产管理中的效用主要体现在以下几点：

（1）持续改进是实现资产全寿命周期管理战略目标、不断增加价值和增强企业活力的有效手段，是打造优秀的管理团队和改善、优化、整合资源配置的先进方法，是实现电力企业永续发展的活力源泉和不竭动力。

（2）持续改进是资产管理目标的具体体现和实现方式，持续改进就是电力企业实施目标管理的管理支持系统，能够体现企业的管理思路，是在各电力企业各部门目标管理基础上的深化、具体化和创新，最终形成的持续改进工作法是一套价值体系。

（3）通过持续改进实施，可以实现在资产全寿命周期内，资产和资产集之间的成本、风险、绩效关系的综合最优及资产管理体系绩效的持续提升。

三、持续改进在资产管理中的应用

建立资产全寿命周期管理体系持续改进机制，主要是通过收集相关信息，开展现状分析，识别持续改进机会并对识别的改进机会进行审核。根据重要程度排定优先级，合理配置资源，将其纳入资产管理改进计划。进一步细化后，制定持续改进项目实施计划纳入电力企业下一年度综合计划、管理计划等，并开展实施工作。对持续改进实施活动需要进行正式记录归档、发布。项目完成后开展实施项目效果评估及后续改进工作。定期对企业外包活动情况进行统计与分析，审核外包活动的效能、风险及成本，并根据审核结果持续改进外包活动管理。

（一）持续改进的机会识别

应当说，对大多数企业而言，改进的机会随处可见。任何企业在运行中总会出现各种问题和矛盾，这些问题和矛盾开始时可能引不起人们的注意，但日积月累，发展到一定时就会爆发，给企业造成重大损失。因此，对企业来说，只有不断地寻求改进的机会，将问题和矛盾消灭在萌芽状态，才能避免突然爆发所造成的损失。

1.从状态监测和绩效监测中去寻求改进机会

将状态监测和绩效监测的结果与相应的标准进行比较，如果某一项未能达到相应标准的规定，那么就可以对其进行改进。如果判定为不符合，那么更应当立即进行改进，及时采取纠正措施，以防止不符合的再发生。即使判定为合格，也应找出存在的差距，采取必要的措施，使其缩小与"相应标准"的差距或超过"相应标准"的规定。

为了充分利用状态监测和绩效监测的结果，企业应当有一套监测信息的管理制度，及时将状态监测和绩效监测中发现的问题向相关人员传达，以促使他们加以改进。

2.从审核和合规性评价中去寻求改进机会

鉴于持续改进的主要对象是管理，因此要特别注重审核（包括内部审核和外部审核）的结果。审核和合规性评价对管理体系的符合性、有效性和适宜性进行了系统性的检查，能够把状态监测和绩效监测中难以发现的不符合暴露出来，是一种有效的自我改进机制。

3.从广泛的信息来源头中寻求改进机会

从上述两点中获得的改进机会，往往是"不符合"。进行这样的改进虽然可以消除"不符合"，但却难以有大的提高。企业处于市场经济条件下，不仅有顾客的选择和对手的竞争，而且还有政府的管制、供方的制约以及社会舆论的影响。因此，企业应当广泛开辟信息来源，通过主动研究、调查、试用和评估等手段，收集和分析与自己有关的数据，以确定资产全寿命管理体系的适应性和有效性，并识别可以实施的改进。

　　总之，资产全寿命周期管理体系的持续改进需要通过收集和分析以下信息识别改进机会：标杆状况、行业和上级公司要求及发展趋势等信息；资产管理运行绩效监控结果；资产故障、事件及不符合项调查结果；合规性评价的结果；管理评审和审核的结果；新方法和新技术的引入等。

　　（二）持续改进的方法

　　PDCA 是管理学中的一个通用模型，最早由休哈特于 1930 年构想，并由美国质量管理专家戴明博士在 1950 年再度提出。PDCA 循环方法又称"戴明循环"，它很好地体现了资产全寿命周期管理的思想方法和工作步骤。在质量管理体系中，PDCA 循环是一个动态的循环，它可以在一个组织的每一个过程中展开，也可以在整个过程的系统中展开。质量改进按照 PDCA 循环的四个阶段、八个步骤去进行，就可以取得活动的效果，并保持持续改进的趋势，从而使质量逐步提高。

　　1. Plan—计划阶段

　　P 阶段的工作主要是找出存在的问题，通过分析，制定改进的目标，确定达到这些目标的措施和方法。其内容又可包括四个步骤：

　　（1）分析现状，找出存在的质量问题。可通过原始记录的分析、现场收集数据、应用统计的计算与分析来了解质量问题，也可用标准对照、与国内外先进产品对比来寻找自己的差距等等。

　　（2）分析产生质量问题的原因。对产生质量问题的原因加以分析，常用因果分析图。逐个问题、逐个因素详加分析，尽可能将产生问题的各种影响因素都罗列出来。

　　（3）找出影响质量问题的主要原因。对于管理问题，其影响因素是多方面的，例如管理者、被管理者、管理方法、使用的管理工具、人际关系等。每项大的影响因素中又包含许多小的影响因素。在这些因素中，可用排列图、散布图进行分析抓出主要的直接影响质量的因素，以便从主要原因入手解决存在的问题。

　　（4）针对找出的影响质量的主要原因，制定措施计划。这一步骤很重要，所制定的措施计划要具体，切实可行并预计其效果。计划和措施的拟定过程必须抓住以下几个要素：制定各项计划或措施原因；由哪个部门负责在什么地点进行；要达到的目标；措施的主要负责人；完成措施的时限；措施的内容。

　　2. Do—实施阶段

　　这个阶段只有一个步骤：实施计划。即按照制定的计划和措施，严格地去执行。实施中如发现新的问题或情况发生变化应及时修改措施计划。

　　3. Check—检查阶段

　　这个阶段只有一个步骤：检查效果。根据所制定的措施计划，检查进度和实际执行的效果，是否达到预期的目的。可用排列图、直方图、控制图等方法和工具进行分析和验证。检查效果要对照措施计划中规定的目标来进行，要实事求是、不得夸大，也不得缩小，未完全达到目标也没有关系，可以为进一步改进提供机会。

　　4. Action—处理阶段

　　这个阶段包括两个步骤：

　　（1）总结经验、巩固成绩。根据检查的结果进行总结，把成功的经验和失败的教训纳入有关的标准、规定和制度，防止再发生。在涉及更改标准、程序、制度、文件时应慎重，必要时还应进行多次 PDCA 循环加以验证。

（2）遗留问题，转入下一个循环。根据检查未解决的问题，找出原因，转入下一个 PDCA 循环中，作为下一个循环计划制定的资料和依据，对遗留问题应进行分析。

（三）持续改进的内容

1.持续改进的流程与职责

（1）持续改进的管理流程。持续改进管理流程如图 5-13 所示。

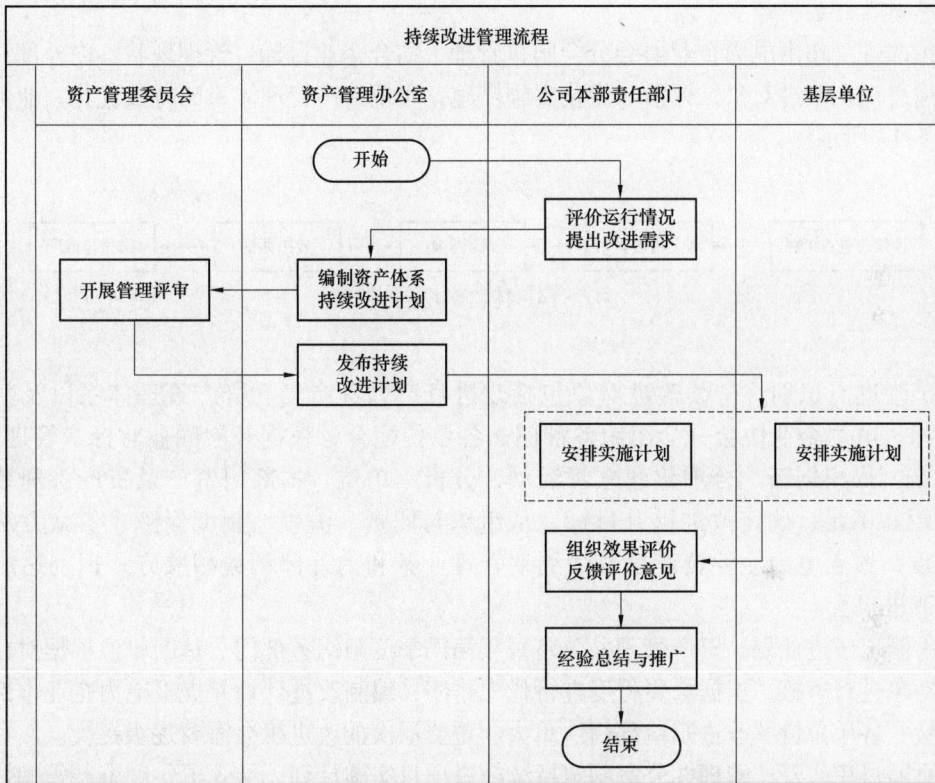

图 5-13 持续改进管理流程

（2）持续改进的部门职责。

1）企业协会。企业协会是持续改进工作的归口管理部门，具体职责包括：

a.负责制定（修订）资产管理持续改进管理办法；

b.负责本部门相关信息收集、现状分析，识别持续改进点；

c.负责制定持续改进年度计划，并提交资产管理委员会审批；

d.负责指导、监督和检查持续改进计划执行情况；

e.负责组织评估持续改进任务实施后的效果，出具年度评估报告。

2）资产管理委员会。资产管理委员会负责电力企业持续改进管理的规划、组织、协调等工作，具体职责包括：

a.负责重大改进事项的决策；

b. 负责审批资产管理持续改进的重要计划、方案、报告等。

3）办公室、发展策划部门、人资部门、财务部门、安监部门、运维检修部门、基建部门、营销部门、信息管理部门、物资部门、审计部门、法律部门、外联部门、运营监测中心、调控部门的职责包括：

a. 负责相关信息收集、现状分析，识别持续改进点；

b. 负责编制持续改进计划，并提交归口管理部门；

c. 负责编制持续改进实施方案，并组织实施；

d. 负责开展业务范围内持续改进评估工作，编制评估报告，提交归口管理部门。

2. 持续改进的内容

持续改进工作由电力企业协会分会归口管理，结合企业目标、管理现状、内外部环境及资源，通过识别改进对象，评估和优化实施措施，实现资产管理体系的持续优化。业务活动图如图 5-14 所示。

图 5-14　持续改进业务活动

（1）改进点识别。持续改进对象包括改进资产和资产集、资产管理体系以及新方法和新技术。电力企业协会分会组织各部门、各单位配合，根据开展同业对标、管理创新、科技创新、班组创新、合理化建立等活动，分析本单位、本部门资产及资产管理绩效目标的差距和不足，确定改进提升目标，从组织与职责、流程、制度保障、实施方法、技术等维度，覆盖电力企业资产全寿命周期管理业务和内外部利益相关方，识别达成提升目标的改进机会。

（2）制定改进计划。资产管理办公室每年第四季度组织各部门、基层单位根据对已识别的改进对象进行审核，根据重要程度进行优先排序，编制改进计划并提报电力企业本部企业协会分会、各单位持续改进归口部门。重大、重要层次的改进机会需要逐级提交。

审批通过后，资产管理办公室制定持续改进项目实施计划，纳入下年度资产管理持续改进计划，并实施发布。

1）相关业务部门及基层单位根据已识别的持续改进点编制持续改进计划，并提报运维检修部门。

2）运维检修部门根据本部门已识别的持续改进点编制持续改进计划，并审核汇总并制定电力企业年度持续改进计划，提交资产管理委员会审批。

3）资产管理委员会对电力企业年度持续改进计划进行审批。

4）运维检修部门发布审批后的电力企业年度持续改进计划。

（3）组织实施。相关业务部门及基层单位根据发布的电力企业年度持续改进计划制定实施方案，审核后，按照实施方案组织实施。运维检修部门负责指导、监督和检查持续改进计划执行情况。

资产和资产集的改进实施：由项目承担单位根据下达的综合计划，安排项目实施计划，并按项目实施计划组织实施；

资产管理体系的改进实施：根据审核中发现的不符合项，企业协会组织相关责任部门进行整改；

新方法和新技术的改进实施：由项目承担单位根据下达的综合计划，安排项目实施计划，并按项目实施计划组织实施。

（4）效果评估。相关业务部门及基层单位对实施后的持续改进任务进行自评估，并提报运维检修部门。运维检修部门组织对年度持续改进计划的执行情况进行效果评估；根据效果评估结果编制电力企业年度持续改进效果评估报告，提交资产管理委员会审批；发布、归档审批后的年度持续改进计划效果评估报告，并作为次年持续改进的依据之一。

1）资产和资产集的改进效果评价：项目完成后，由责任部门组织相关人员对改进效果进行评价，并反馈评价意见；

2）资产管理体系的改进效果评价：企业协会组织原审核组人员对纠正措施实施结果的有效性进行验证；

3）新方法和新技术的改进效果评价：项目完成后，由责任部门组织相关人员对改进效果进行评价，并反馈评价意见。

（5）固化与推广。根据改进效果评价，进一步开展持续改进项目的经验固化与推广。

对于改进实施后，改进效果达到"标杆"状况的项目，由项目相关部门、基层单位总结典型经验，并进行固化推广；推荐管理类改进项目成果参加国家电网电力企业和外部机构创新成果发布，获奖项目由企业协会会同各专业部门进行推广应用。

持续改进成果的沟通方式、频率等具体按照《电力公司资产全寿命周期管理沟通管理办法》执行。将持续改进的成果形成通告文件、访谈记录、会议纪要，保证持续改进成果被广泛了解及应用。

对于资产与资产集、资产管理体系、新方法与新技术引入类的外包活动，按照归口管理部门计划实施，由归口业务管理部门负责本专业范围内外包活动持续改进效果的评价和反馈，并进一步开展持续改进项目的经验固化与推广。对于改进实施后，改进效果达到相关要求的项目，通过与各业务部门沟通后进行经验固化和成果推广。

【延伸阅读】

根据《资产全寿命周期管理体系规范》（Q/GDW 1683—2015）的要求，资产全寿命周期资产管理应建立资产管理持续改进管理机制，通过识别改进机会，评估和优化实施措施，实现资产管理体系的持续优化。持续改进应满足：

a. 结合管理现状、内外部环境及资源，对资产管理及资产管理体系绩效开展持续改进；

b. 通过主动研究、调查、试用和评估等手段识别相关的改进机会，寻找并获得资产管理相关新技术和实践方法，并评估其可为企业带来的潜在效益；

c. 对识别的改进机会进行审核，根据重要程度排定优先级，并合理配置资源，纳入资产管理改进计划；

d. 定期对企业外包活动情况进行统计与分析，审核外包活动的效能、风险及成本，并根据审核结果持续改进外包活动管理；

e. 对持续改进实施活动进行正式记录并归档；

f.将持续改进成果与管理层、员工及其他相关方进行沟通，保证持续改进成果被广泛了解及应用；

g.建立周期性的资产管理持续改进机制，按照改进计划组织实施持续改进活动，并对实施的效果进行评估。

第八节 管 理 评 审

一、管理评审的内涵

（一）管理评审的定义

管理评审是高层管理者为评价管理体系的适宜性、充分性和有效性所进行的活动。管理评审的主要内容就是组织中的高层管理者就管理体系的现状、适宜性、充分性和有效性以及方针和目标的贯彻落实及实现情况对组织进行一系列的综合评价。

（二）管理评审的分类

按照评审实施的主体不同，可将管理体系评审分为内部评审和外部评审两大类。

管理体系内部评审，又称第一方评审，是企业自己对自身管理体系所进行的评审，以检查体系是否有效运行，及时发现存在的问题，采取纠正、预防或改进措施，使体系得到不断地完善。

外部管理体系评审，又可分为第二方评审和第三方评审。前者是需求方（顾客）派出评审员按合同规定要求对供应方的管理体系进行评审，以确认供应方具有提供合格的管理能力。后者是由公正的、有权威认证的第三方来对申请评审的企业进行管理体系审核，以确定管理体系是否符合标准的规定的要求。第三方评审可以由权威认证机构进行，也可以由其他公正的第三方进行。为了确保评审的有效性，负责管理体系评审的人员应具备相应的学历、职称、工作经验和素质等。外部评审的程序一般可分为以下几个阶段：①提出评审；②文件评审；③评审准备；④实施评审；⑤编写评审报告；⑥对纠正、预防或改进措施实施验证；⑦监警评审。

管理体系的内部评审是企业根据内审的计划安排而开展的评审活动，故一般没有"提出评审""文件评审"和"监督评审"三项内容。评审的实施过程基本与外部审核过程一致。

企业的资产全寿命周期管理体系的管理评审一般可采用内部评审方式，通常可通过设置资产管理办公室来归口管理资产管理评审工作，建立管理评审机制，并对资产管理体系进行定期评审。

二、管理评审的意义

作为高层管理者为评价管理体系的适宜性、充分性和有效性所进行的活动，管理评审在资产全寿命周期管理中主要表现为以下几方面作用：

（1）管理评审有助于找到资产管理体系的改进方向。管理评审通过评价活动来总结出管理体系的业绩情况，并用当前的业绩情况与预期目标进行对比，从而找出差距，同时还应考虑任何可能存在的改进机会，并在分析研究的基础上，找出管理体系的改进方向。

（2）管理评审为资产管理目标的实现保驾护航。通过管理评审，管理者能够对资产全寿命周期管理的一系列体系的适宜性、充分性、有效性进行系统、科学评价。针对其是否满足资产管理要求，制订资产管理体系改进措施，确保资产管理目标的实现。

三、管理评审在资产管理中的应用

（一）管理评审的流程图及分工

1.管理评审的流程图

管理评审流程如图 5-15 所示。

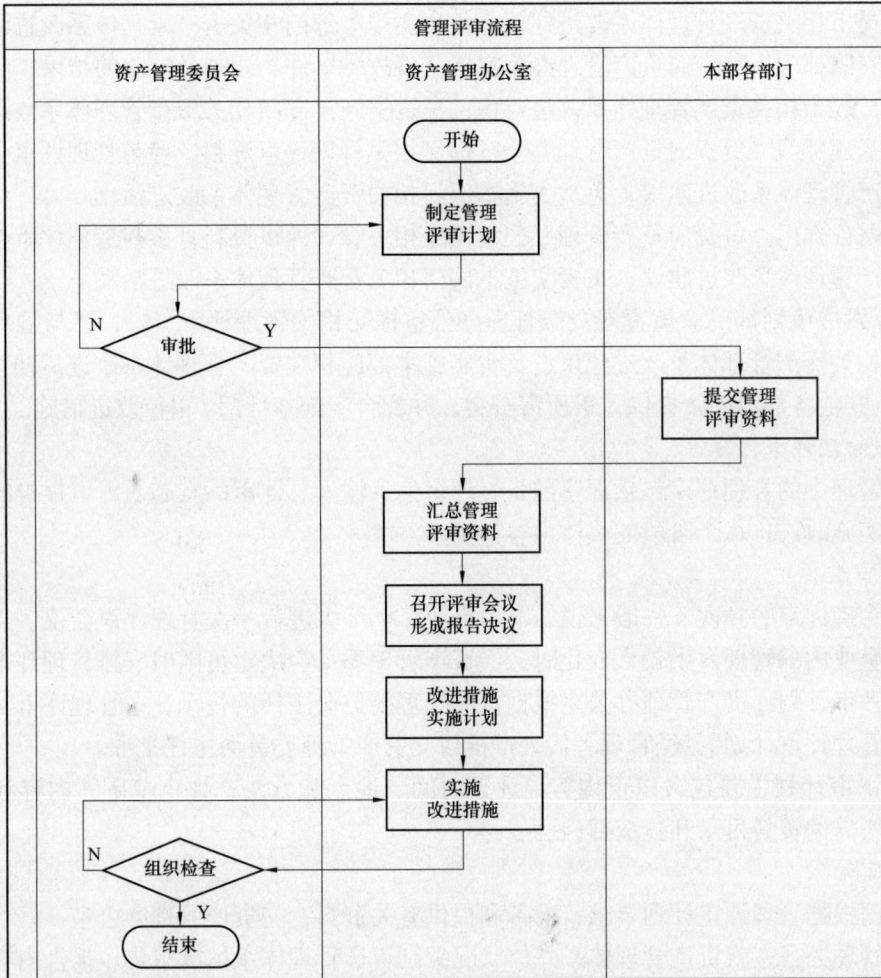

图 5-15　管理评审流程

2.职责分工

在资产管理中的管理评审中，各责任主体的具体职责如下：

（1）资产管理办公室。负责编制管理评审计划，汇集评审所需资料，报告资产管理体系状况；负责起草管理评审报告，评价改进措施的效果。

（2）资产管理委员会。负责主持管理评审活动，批准评审计划和评审报告。

（3）管理者代表。负责报告管理体系运行情况，组织实施管理评审计划及评审后改进措施效果的跟踪检查。

（4）法律部门。负责向资产管理办公室提交电力企业遵从适用的法律要求及其他要求的合规性评价结果；参与管理评审会议，提出相关资产管理体系改进建议；负责实施本部门相关资产管理体系改进活动。

（5）企业管理协会。负责向资产管理办公室提交电力企业资产管理体系审核结果；参与管理评审会议，提出相关资产管理体系改进建议；负责实施本部门相关资产管理体系改进活动。

（6）运维检修部门。负责向资产管理办公室提交资产管理过程执行的情况；参与管理评审会议，提出相关资产管理体系改进建议；负责实施本部门相关资产管理体系改进活动。

（7）安监部门。负责向资产管理办公室提交事故（事件）调查及整改的结果；参与管理评审会议，提出相关资产管理体系改进建议；负责实施本部门相关资产管理体系改进活动。

（8）基建部门。负责向资产管理办公室提交相关管理评审资料；参与管理评审会议，提出相关资产管理体系改进建议；负责实施本部门相关资产管理体系改进活动。

（9）财务部门。负责向资产管理办公室提交相关管理评审资料；参与管理评审会议，提出相关资产管理体系改进建议；负责实施本部门相关资产管理体系改进活动。

（10）发展策划部门。负责向资产管理办公室提交相关管理评审资料；参与管理评审会议，提出相关资产管理体系改进建议；负责实施本部门相关资产管理体系改进活动。

（11）其他各部门配合提供评审所需资料，并配合实施本部门/单位改进措施。

（二）管理评审内容

资产管理中的管理评审包括评审准备、评审信息输入、评审的实施、评审报告的形成以及活动的实施改进，每个阶段的具体内容如下：

1.评审准备

（1）管理评审的频次。一般来说，电力企业每年至少进行一次管理评审会议。当经营环境或电力企业内部管理发生较大变化时，经资产管理委员会决定可随时安排管理评审。

（2）评审计划。资产管理办公室根据资产管理委员会主任的指示，在管理评审实施前两周拟订"管理评审计划"，经管理者代表审核后交资产管理委员会主任批准。

管理评审计划主要包含以下内容：评审时间、地点和方法；评审范围、内容和重点要求；评审所需的资料目录和提交部门。

2.评审输入

各部门根据管理评审计划要求，准备和提供有关资料，交资产管理办公室。

资产管理办公室就资产管理体系总体状况编制资产管理体系情况报告。报告内容包括：①审核报告；②对遵从适用的法律要求及其他要求的合规性评价结果；③目标完成情况；④企业资产管理绩效评价结果；⑤客户投诉及满意状况；⑥来自员工和其他相关方的沟通、参与和协商的结果，包括投诉、抱怨；⑦生产运行和服务过程执行状况及符合性分析（目标及各项经济、技术安全指标）；⑧企业客观环境的改变情况，包括与资产相关的法律法规及其他要求和技术革新；⑨事故、事件调查、处理、预防、纠正和改进措施的执行情况；⑩上一次管理评审措施的跟踪。

资产管理办公室研究提出有待评审决策和采取措施的主要事项，交资产管理委员会、管理者代表参考。

3.评审实施

管理评审活动采用会议形式进行，会议由电力企业资产管理委员会主任或管理者代表主持。

管理评审会议的议题应包括下列内容：电力企业组织机构和资源的适宜性和充分性；电力企业制定的资产管理总体目标、策略、计划的适宜性及满足程度；电力企业供电质量及服务满足社会和用户需求的程度；电力企业资产管理满足法律法规和相关方要求的程度；电力企业资产管理体系及其过程的适宜性、充分性和有效性；纠正、预防和改进措施实施结果的有效性；其他需评审的内容。

管理评审会议可按下列议程进行：资产管理办公室报告资产管理体系运行状况；各部门/基层单位可就本部门/单位的管理体系运行情况、绩效和改进机会作补充陈述；管理者代表报告管理体系总体运行情况的评价意见和主要改进需求；会议就资产管理体系与经营环境是否适应，是否持续地满足用户和相关方的需求，资产管理体系是否适宜、充分和有效以及改进机会和措施等事项进行讨论；资产管理委员会主任做出评审结论，提出后续改进措施要求。

4. 评审报告

资产管理办公室根据评审会议记录，在管理评审会议后五个工作日起草"管理评审报告"，管理者代表审核，资产管理委员会主任批准。

管理评审报告包括以下内容：管理评审日期；管理体系运行现状的综合评价；管理体系的后续改进要求；改进措施、实施部门和时间要求，以及责任部门；措施实施效果的检查评价部门。评审报告发放范围为资产管理委员会主任、管理者代表、各部门。

5. 实施改进活动

由资产管理办公室根据管理评审报告填写改进措施实施计划，提出要求，经管理者代表批准后发至责任部门。管理评审后提出的改进活动涉及的范围可包括：修订电力企业的管理体系总体目标、策略和计划；调整组织机构或职责；对现有资源进行调整和补充；输变电运行和检修、电能质量、供用电服务的改进；资产管理的持续改进；增加或修改体系文件，进一步完善文件化管理体系。

改进措施的实施部门，在接到"改进措施实施计划"十个工作日内制订具体的措施计划，并协调配合部门共同完成各项措施。资产管理办公室根据"改进措施实施计划"规定的进度，组织检查评价各部门的实施效果。

【延伸阅读】

根据《资产全寿命周期管理体系规范》（Q/GDW 1683—2015）的要求，资产全寿命周期资产管理应建立管理评审管理机制，对资产管理体系进行定期评审，确保其适用性、充分性及有效性，并评估资产管理体系调整的必要性；管理评审的结果应与企业战略规划相关联，为企业最高管理层制定和调整战略规划提供依据。管理评审应满足：

a. 企业最高管理层应定期制定管理评审计划，并召集资产管理各相关部门召开会议，对资产管理运行结果进行评审：

（a）内部审核结果和合规性评价的结果；

（b）与员工及相关方的沟通、参与和协商的结果；

（c）企业资产管理绩效的记录或报告；

（d）策略、计划及目标实现的程度；

（e）事故调查、预防措施、纠正措施的执行情况；

（f）前期管理评审的后续行动；

（g）环境的改变情况，包括与资产管理相关的法律及其他相关要求的变化和技术革新。

b.管理评审应基于持续改进的要求，对以下方面进行调整：

（a）资产管理目标、策略、计划；

（b）资产管理绩效要求；

（c）资产管理所需资源；

（d）资产管理体系其他改进内容。

第六章

组织与能力

第一节　组　　织

一、组织的内涵

（一）组织的定义

组织是为了达到某些特定目标，经由分工与合作及不同层次的权利和责任制度，而构成的人的集合，是被管理者用来完成特定目标的工具，是人们群体活动的主要形式，人的社会性的重要表现。

在资产管理中，建立电力企业资产管理组织架构，明确其职责范围，协调各单位各部门间资产管理工作，发挥整体大于部分之和的优势，使有限的人力资源形成最佳的综合效果。

（二）组织的结构类型

组织架构是指一个组织整体的结构，是企业内部组织资源、搭建流程、开展业务、落实管理的基本要求，是企业的流程运作、部门设置及职能规划等最基本的结构依据。常见的组织架构形式包括直线制、职能制、直线职能制、事业部制以及矩阵制等。

（1）直线制是一种最简单的集权式组织结构，又称为军队式结构。其领导关系按垂直系统建立，不设专门的职能机构。这种结构具有简单清晰、责权关系明确、信息沟通迅速、管理效率较高等优点，但缺乏专业化的管理分工，经营管理主要依赖于少数人员，这就要求领导者具有较为全面的管理才能。而企业规模较大时，管理工作将会超出个人能力所限，因此这种结构只适于规模较小或业务较简单的企业。

（2）职能制是按职能进行专业化分工的管理结构。这种结构要求将相应的职责与权利交给对应的职能机构，各职能机构有权在分管业务范围内对下属进行指挥。这种结构能够更好地适应复杂而细致的现代管理工作，但存在协调工作量大、培养全面管理者难、不易统一指挥等问题。这种结构适用于产品种类单一或需专业化管理的企业。

（3）直线职能制是在直线制和职能制的基础上，结合两种形式的优点而建立起来的。这种结构是把管理机构和人员分为两类：一类是直线领导机构和人员；另一类是职能机构和人员。直线领导机构和人员在责权范围内有一定的决定权和对下属的指挥权，并对所管部门的工作负全部责任。而职能机构和人员，则是直线指挥人员的参谋，只能对其进行业务指导，而不能直接发号施令。这种结构综合了直线制和职能制的诸多优点，目前在我国的中型企业、学校和医院中被广泛采用。

（4）事业部制是由美国通用公司提出的一种高度集权下的分权管理体制，它遵循"集中决策，分散经营"的原则，也就是在集中决策指导下实行分散经营，其根据产品、地区和顾客等因素将企业分为若干相对独立的事业部，各事业部可根据自身需要设置相应的职能部门。这种组织形式有利于风险控制、内部竞争、专业管理和人才培养，是目前国外大型企业中较为常见的一种组织形式。

（5）矩阵制是为了改进直线职能制横向联系差、缺乏弹性等缺点而形成的一种组织形式。在结构上，它既有按职能划分的垂直领导关系，又有按产品（项目）划分的横向领导关系。这种组织形式的机动性、灵活性很强，同时对人员素质的要求也很高，因此比较适用于创新任务多、生产经营情况复杂多变的企业，如软件公司、项目管理公司等。

资产全寿命周期管理的组织架构是专指与资产管理相关的管理机构的设置、各管理机构职权的分配以及各机构间的相互协调。

资产全寿命周期管理体系贯彻整体资产观念，自上而下推进管理体系的构建，并进行相应的组织机构设置与职权匹配。在组织架构方面，贯穿以决策层、管理层、执行层为框架的三级管理模式，分级明确相应职责并下达企业资产全寿命周期管理工作的各级岗位权限、工作目标和职责要求，逐层落实责任目标，逐层评价考核，实现决策层的决策能落实到执行层的每一个员工，执行层的信息和需求能及时反馈到决策层。此外，为确保资产管理体系能够高效、常态地运转，电力企业对建立的资产全寿命周期管理体系应以正式文件形式颁布执行，其中需明确管理体系中决策层、管理层、执行层的职能、职责和权限。组织层级架构如图 6-1 所示。

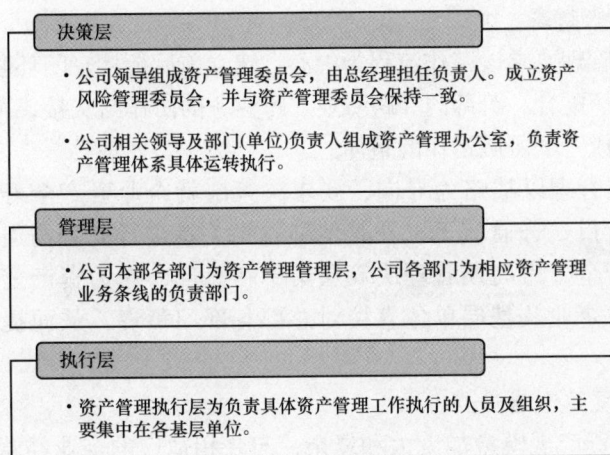

决策层
- 公司领导组成资产管理委员会，由总经理担任负责人。成立资产风险管理委员会，并与资产管理委员会保持一致。
- 公司相关领导及部门(单位)负责人组成资产管理办公室，负责资产管理体系具体运转执行。

管理层
- 公司本部各部门为资产管理管理层，公司各部门为相应资产管理业务条线的负责部门。

执行层
- 资产管理执行层为负责具体资产管理工作执行的人员及组织，主要集中在各基层单位。

图 6-1 组织层级架构

决策层：定位为资产全寿命周期管理的决策者，由企业资产全寿命周期管理的决策者组成。职责是按照企业整体发展战略，结合企业实际情况，从全局利益出发，对整体工作实行统一指挥和系统管理，制定企业资产全寿命周期管理战略，明确企业资产全寿命周期管理的总体目标、方向和原则。

通常电力企业可以组建资产管理委员会和资产管理办公室来作为资产管理的决策层。资产管理委员会一般是由电力企业的总经理和相关副总经理组成。资产管理委员会行使电力企业资产管理体系的总体决策职能；负责资产管理总体目标、策略、绩效目标的审批、发布；审核资产管理体系改进计划；负责主持开展管理评审工作，批准评审计划和评审报告；对资产管理工作的重大问题做出决策；为资产管理活动提供资源保障。

电力企业资产管理办公室一般由主管副总经理、副总工程师以及各部门主要负责人组成，办公室主任由副总经理担任，日常工作由资产管理专业部门归口负责。资产管理办公室负责资产全寿命周期管理体系建立、组织实施及持续改进的总体推进和协调；负责资产管理总体目标、策略、绩效目标的归口管理；负责资产管理体系内各要求的一致性审核；协调各业务部门解决关键资产及重大风险管理问题；负责资产管理绩效指标体系的汇总、审核；归口管理资产管理体系改进计划、资产管理体系的管理评审。

管理层：定位为资产全寿命周期管理标准的制定者、资产全寿命周期管理体系的推动者、管理绩效的设计者、管理活动的协调者。管理层由资产全寿命周期管理的相关职能部门组成。职责是按照决策层制定资产战略，基于资产状态评估结果、围绕规划计划、采购建设、运维检修、退役处置四个阶段和相应工作流程、评估考核和保障机制，制定执行任务指标、具体实施方案，合理分配资源，跟踪任务指标的执行情况，评价工作质量，制定纠正偏离目标的措施等。

执行层：定位为企业资产全寿命周期管理的执行者。执行层由负责具体执行的人员及组织组成，主要集中在各基层单位。职责是按照管理层下达的具体任务和完成指标制定相关业务详细解决方案并执行，及时准确将相关数据和信息记录、上报，完成工程建设、设备安装、设备调试、运行操作、试验检测、维护检修等任务。

（三）组织架构的特点

1. 扁平化程度越来越高

资产全寿命周期管理要求以工作流程为中心，建立前后衔接、闭环联动的组织架构，实现业务流程之间的密切配合。跨部门、跨专业、跨业务的协作与交接，可将资产管理各个阶段有机结合起来，形成一个协调运作的整体。

资产全寿命周期管理以战略为导向，要求决策层就企业资产全寿命周期管理的定位和规划与中层管理人员、普通员工以及其他利益相关者进行充分沟通，通过组织扁平化管理，将企业的资产全寿命周期管理决策层集中在总部，作为资产全寿命周期管理战略决策中心，各分电力企业及基层单位直接对总部各部门负责，从而提高组织运作效率和沟通质量。

2. 专业化分工程度越来越强

随着企业管理的资产规模愈加庞大和复杂，与之相适应的企业经营管理体系也日趋复杂，专业化分工越来越细致，企业资产全寿命周期管理更加体现出专业化的特点。

企业资产从规模直至报废，寿命周期大多在数十年以上。由于企业资产全寿命周期管理的环节越来越多，企业更加强调各专业职能分工明确，以便专业化开展资产全寿命周期管理的各项工作。

3. 标准化程度越来越高

根据资产全寿命周期管理战略目标，管理的执行过程更加强调建立统一的运行和安全标准，定义清晰明确的职责和沟通渠道，实现集中的资源调配。

同时，资产全寿命周期管理更加强调构建标准化的管理制度，通过对管理职能进行划分、展开、分配和落实，对各项工作的标准、程序作出规定，对各个过程、环节进行分析、补充和完善，确保资产全寿命周期管理思想和实践的统一。

4. 更加强调专业间横向协同

资产全寿命周期管理更加强调各个业务的目标统筹。企业若未通过统一管理来实现管理目标，往往会导致电力企业及其下属控股子公司与分公司在经营上各自为政。由于电力企业对子公司缺少有效管理，其对分公司或子公司控制便成为空白，在子公司或分公司之间便缺少应有的横向协调。

当前企业的资产全寿命周期管理活动涉及业务、环节及专业部门较多，管理链条较长，横向协同难度较高。各专业、各部门在目标一致的基础上相互合作与配合，实现互补和动态协调，是提高资产全寿命周期管理质量和效率的基础。

二、组织的意义

组织是社会人进行活动的重要载体,组织结构设计是否规范、组织分工是否合理对企业的发展有着重大的影响。组织对企业的意义有以下几点:

(1)组织是达成最后目标的途径。组织将资源集合在一起,实现特定的目标,为所有者、顾客和员工创造价值;

(2)组织可为创新提供动力,提高工作效率;

(3)组织适应并影响着迅速变化的环境。许多电力企业都设有专门的部门负责监视外部环境并找出适应或影响环境的方法;

(4)组织适应多样化、伦理、协调等方面的变化,激励员工是组织的目标。

三、组织在资产管理中的应用

(一)组织的设计方法

组织的设计通常包括了工作的划分、部门的建立、管理跨度的确定、职权制定以及不断修正改进五个阶段,每个阶段的具体内容如下:

1.工作划分

根据目标一致和效率优先的原则,把达到组织目标的总任务划分为一系列既不相同又互相联系的具体工作任务。

2.建立部门

把相近的工作归为一类,在每一类工作之上建立相应的部门。这样,在组织内根据工作分工建立了职能各异的组织部门。

3.决定管理跨度

所谓管理跨度,就是一个上级直接指挥的下级数目。应该根据人员素质、工作复杂程度、授权情况等合理地决定管理跨度。相应地,也就决定了管理层次和职权、职责的范围。

4.确定职权关系

授予各级管理者完成任务所必须的职务、责任和权利,从而确定组织成员间的职权关系。

一是上下级间的职权关系——纵向职权关系。上下级间权利和责任的分配,关键在于授权程度。

二是直线部门与参谋部门之间的职权关系——横向职权关系。直线职权是一种等级式的职权,直线管理人员具有决策权和指挥权,可以向下级发布命令,下级必须执行。而参谋职权是一种顾问性质的职权,其作用主要是协助直线职权去完成组织目标。参谋人员一般具有专业知识,可以就自己职能范围内的事情向直线管理人员提出各种建议,但没有越过直线管理人员去命令下级的权利。

5.修改和完善组织结构

组织设计不是一蹴而就的,而是一个动态的不断修改和完善的过程。在组织运行中,必然暴露出许多矛盾和问题,也获得某些有益的经验,这一切都应作为反馈信息,促使领导者重新审视原有的组织设计,并进行相应的修改,使其日臻完善。

(二)组织的管理内容

1.组织机构的管理流程与职责

(1)组织机构的管理流程。组织机构管理流程如图 6-2 所示。

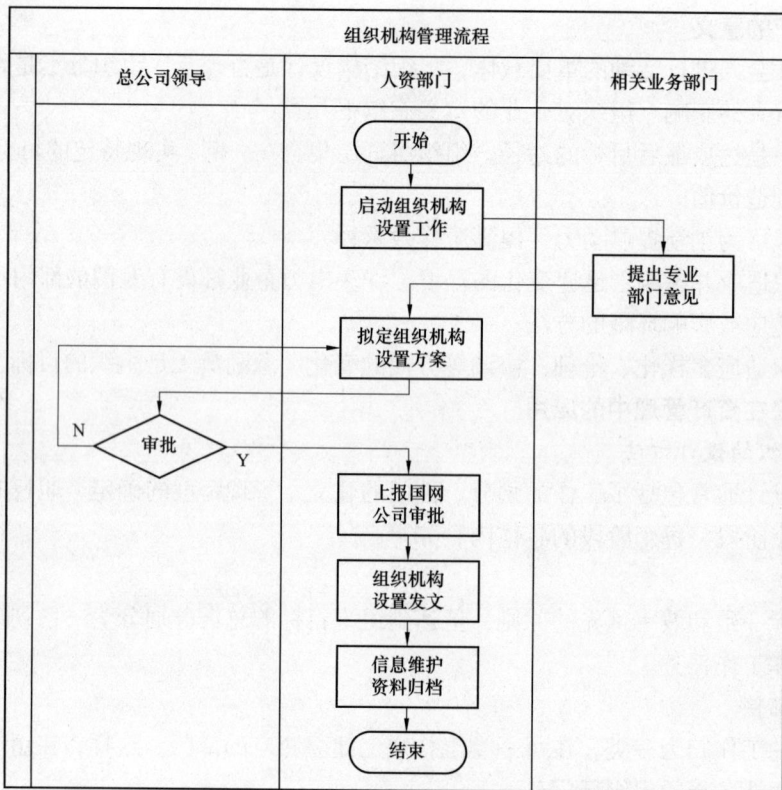

图 6-2 组织机构管理流程

（2）组织机构管理的相关职责。

1）省级公司。

a.分管领导。指导、检查和督促电力企业组织机构、岗位管理工作；审批电力企业本部部门机构设置方案和岗位设置方案；批准省级公司本部职能部门内设机构、县级供电企业、市/县级供电企业本部职能部门及二级机构设置方案。

b.人资部门。归口电力企业组织机构、岗位管理工作；贯彻执行国家电网公司有关组织机构、岗位管理的制度、要求和办法等；组织制定电力企业组织机构、岗位管理标准、制度等；编制省级公司本部机构和岗位设置方案。

c.业务部门。提出本部门内设机构、岗位设置的建议，并组织落实；拟订本部门各岗位的工作标准。

2）市县级公司部门工作职责参照省级公司执行。

2.组织机构的管理内容

（1）省级公司人资部门。根据国家电网公司有关要求，结合自身实际，省级公司人资部门启动组织机构设置工作。

省级公司相关业务部门对组织机构设置提出专业部门意见；省级公司人资部门编制省级公司本部职能部门、市/县级供电企业新设或调整建议方案；经省级公司分管领导同意后执行或报国家电网公司审批。

组织机构设置方案审批通过后，省级公司人资部门做好组织机构新设、变更发文并报上级单位备案，同时做好 ERP 系统信息变更流程维护。

（2）省级公司本部职能部门。省级公司相关业务部门对本部职能部门内设处室设置提出专业部门意见；省级公司人资部门编制省级公司本部职能部门内设处室新增或调整建议方案；经省级公司分管领导审批。

（3）市 / 县级供电企业本部职能部门。根据省级公司有关要求，结合自身实际，市 / 县级供电企业提出本单位组织机构设置调整建议。

市 / 县相关业务部门对组织机构设置提出专业部门意见；市 / 县人资部门编制本单位本部职能部门、二级机构新增或调整建议方案，经市 / 县分管领导同意，报省级公司审批。

组织机构设置方案审批通过后，市 / 县人资部门做好组织机构新设、变更发文并报省级公司人资部门备案，同时做好 ERP 系统信息变更流程维护。

（4）市 / 县级供电企业班组设置管理。根据省级公司有关要求，结合自身实际，市 / 县级供电企业提出班组设置调整建议。

市 / 县相关业务部门对班组设置提出专业部门意见；市 / 县人资部门编制本单位班组新增或调整建议方案，报本单位分管领导审批。

班组设置方案审批通过后，市 / 县人资部门做好班组新设、变更发文，同时做好 ERP 系统信息变更流程维护。

【延伸阅读】

根据《资产全寿命周期管理体系规范》（Q/GDW 1683—2015）的要求，资产全寿命周期资产管理根据资产管理体系要求，建立包括决策层、管理层、执行层在内的不同层级的组织架构并明确相关职责，支撑资产管理体系各项业务的有效运作，并满足：

a. 任命决策层中的一名成员牵头负责资产管理体系的总体设计、日常维护、定期监控及持续改进；任命若干成员负责并确保资产和资产集能够实现资产管理政策、策略、目标和计划的要求。

b. 决策层负责资产管理体系的设计、颁布、实施及改进，以及资产管理总体目标的贯彻和实施，相应的职能、职责和权限应被合理分配到管理层及执行层的部门或单位，管理层将其分解到执行层每个岗位。

c. 决策层、管理层、执行层的资产管理职能、职责和权限应以正式文件形式颁布执行。

d. 组织应：

（a）明确并监控利益相关方的要求和期望；在其有可能影响到企业的资产管理时，及时采取相应的措施；

（b）推进资产管理总体目标、策略、计划的制定和实施，确保一致性与可行性，同时监控工作的整体进度，实现资产全寿命周期业务流程的闭环管理；

（c）评估并协调资产管理工作与企业其他业务之间的影响关系以确保企业整体最优；

（d）确保可以识别、评估和监控资产管理相关的风险，并且这些风险已包括在企业整体风险管理框架中；

（e）为资产管理活动配置足够的资源。

第二节 人 员 能 力

一、人员能力的内涵

人员能力通常是指一个人能够发挥的力量、潜能、才能、技能，它直接影响着一个人做事的质量和效率。人员能力包括计划和执行能力、判断和决策能力、沟通能力、领导能力、影响力、人际交往能力、专业知识技能等一系列的能力。人员能力主要体现在知识与技能两个方面。知识分为基础知识与专业知识，技能分为基本技能和专业技能。基础知识和技能属于最基本的通用范畴；专业知识和技能是各专业领域或者保障工作顺利完成而需要的其他知识技能，体现了专业和工种特征。

二、人员能力测评的意义

（1）人员能力测评是电力企业人力资源开发与管理的科学手段。目的在于谋求资产管理活动中"人"与"事"之间的恰当配合，并调整"人"与"事"之间的相互关系，以促使员工负起责任，激发其对工作的兴趣，服从纪律，建立自信，真正做到人适其事，事得其人。另一方面，有利于电力网企业人力资源合理开发利用，人尽其才，才尽其用，所以人员能力评定在人力资源开发利用能够更有效地推进资产全寿命周期管理。

（2）人员能力测评是人力资源配置科学化的根本保证。人力资源配置以人员测评为基础，以能位匹配为原则。一方面对资产管理人员组织结构确定的各类职位进行分析，明确担负这些工作所应具备的素质和所需要的知识和技能，以此为根据配备各类人员，即人员的结构和数量要与其岗位和数量相适应，人员的素质和能力要与其所担负的职责相匹配；另一方面，以人员测评结果为依据，全面了解每个人员的素质和特点，在资产全寿命周期管理中的擅长安排与其相适应的工作岗位，使每个人既能胜任现有职位工作，又能充分发挥其内在的潜力，避免出现人才能力不足或能力过剩，造成人才浪费现象。

（3）人员测评为电力企业人力资源开发提供可靠依据。电力企业中传统的人事管理对人力资源属于物化式管理，只是人员显性的信息，并没有显现出素质上的差异，容易造成人才的积压和浪费。而人员素质测评能够将人员潜在的深层的属于个体特征的信息科学地评价出来，有助于为资产全寿命周期管理中人力资源的开发提供可靠依据。

（4）人员能力测评能够起到组织内部的激励效用。人员素质测评能够促使个体素质的培养与修养行为向着资产全寿命周期管理所需求的方向发展，不断强化自身，将外部激励转化为内部动机，使其在资产管理组织团队中处于积极向上的激活心态，从而产生动力、压力与活力，推进电力企业资产管理活动的各个环节的落实。

三、人员能力在资产管理中的应用

（一）人员能力评价方法

依据岗位工作标准中对岗位任职资格的要求，资产全寿命周期管理对各岗位的要求以及员工职业生涯规划需求对电力企业决策层、管理层及执行层员工进行能力分析评价。评价对象为电力企业决策层、管理层及执行层员工；评价依据是结合岗位工作标准中对岗位任职资格的要求，资产全寿命周期管理对各岗位的要求以及员工职业生涯规划需求。

根据电力企业的业务特点和价值链分析，结合国家电网公司对岗位管理的要求，将知识和技能要求相同或相似的岗位归并，划分岗位族群和序列，将所有岗位分为管理、专业支持、规划、建设、电网运行维护、营销6个族群，族群又细分为27个序列和73个专业。

在此基础上，根据专业知识、沟通/协调、解决问题能力、贡献/领导能力、业务领域影响五个维度，划分并建立了员工职业生涯路径的阶梯（能力层级）。

员工职业生涯体系借鉴国际企业能力管理的最佳实践，并结合电力的具体情况，采用事实评价法作为能力评估的工具，实现对员工能力评估的量化。在评价员工的能力时，由能级认证委员会根据员工提供的事实陈述，评价员工是否达到某项能力的展现要求。在实际的评审过程中，采取事实评价法结合现场技术问答、仿真机测试、无领导小组讨论等手段，实现对能力评估的量化。

在知识与技能中，知识分为基础知识与专业知识，技能分为基本技能和专业技能。基础知识是该序列通用的最基本的知识；专业知识是根据该序列特点而构建的专业知识或者保障工作顺利完成而需要的其他知识；基本技能是该序列通用的基本技能；专业技能是根据该序列工作特点，体现专业和工种特征的重要技能。对于序列知识技能，采取指导下应用、独立应用、精通、技能权威的衡量标准描述，由员工直接上级领导评价的方式进行评价，每三年开展一次。

电力企业根据能力模型的评价结果对各层级的员工能力进行分析，提出能力提升需求，作为培训需求的输入，实现能力评价工作的闭环和员工能力的持续改进。根据电力企业资产管理要求的变化，动态调整各级资产管理岗位的能力要求。同时，针对能力管理工作本身进行评价，每三年对管理机制中存在的问题进行完善和优化，实现能力管理机制的持续改进。

（二）人员能力管理的内容

1.人员能力要求

通常我们可以将企业员工的能力要求分为三大块，即业务能力、执行能力和管理能力。业务能力强调专业和熟练，执行能力强调实干和精神，管理能力强调领导魅力。从组织架构看，企业中的员工基本可以分为高层管理者、中层管理者和基层员工，分别对应企业的决策层、管理层和执行层。对于不同层级的员工，能力的要求是不同的。企业对基层员工的能力要求主要在于执行能力和业务能力，而对管理者的能力要求在于业务能力、执行能力和管理能力。

基层员工能否胜任资产管理岗位，首先需要注意的是其业务能力。业务能力包括业务知识、教育培训经历、从业经验和基本素养等。业务知识是指员工对企业相关管理的业务与技能的了解与掌握；教育培训经历和从业经验是指员工在相关管理方面的教育、培训和工作经历、经验；基本素养是指员工在工作中的沟通能力、学习能力、团队精神等综合素质。其次要通过实践来检验其执行能力，主要包括责任感、积极性和实干精神等方面。

中高层管理岗位的能力要求相比基层岗位，还要再增加一项，即管理能力。管理能力包括组织能力、策划能力和领导能力等等。组织能力是指准确、高效地协调企业内外部各方面的人员与资源来完成任务的能力；策划能力是指为完成某个目标而做出的有计划、有步骤的系统性思考，同时主导制定一系列具体的战略与计划的操作过程；领导能力是指带领团队、管理团队和指导团队完成工作任务的能力。

虽然在能力要求上，企业对中高层管理岗位都表现在业务能力、执行能力和管理能力三方面，但各自对三者的要求是有差异的。通常情况下高层管理岗位对管理能力要求的更多，而中层管理岗位则更多地要求执行能力。不管怎样，业务能力是基本能力，管理能力是高级能力，而执行能力是检验其他两项能力能否落实到位的关键能力，三者是相辅相成的，均不可或缺。

另外，相关工作对人员的能力要求并非一成不变的，它是会随着企业内外部情况变化而变化的，因此还需对相关体系进行定期的动态评估，以发现相关工作对人员能力要求的变化，从而能及时更新岗位能力要求。

2. 员工能力提升

员工能力提升方法包括：网络培训、各培训机构培训、各类岗位调考、技术技能竞赛，岗位业务竞赛包括技能竞赛，知识竞赛和专业调考、各类生产技能人员技能鉴定、各类技术管理人员职称评定、各类专业专家评审。

新进员工均需制定具体培训计划，为其甄选带教师傅，并统一组织培训和任职资格认证、技能等级鉴定等方面的培训，采用现场培训、在岗自学和网络学习方法来提升在岗员工知识和专业能力。除采用各类培训和任职资格认证、技能等级鉴定等方法之外，电力企业还常态化地开展各项员工能力提升工程。

人才培养：按照"缺什么，补什么"的原则，各级人才所在单位分析人才素质结构，制定并实施生产技能人才与重点专业后备人才培养计划，对于未达到选拔条件规定学历要求的通道人才，制定个性化的素质提升方案。

对从事专业工作 5 年及以上且具有高级专业技术职称或高级技师技能等级职业资格的员工，进行选拔，培养国家电网公司级和公司级专业领军人才。

对青年干部主要采用党校培训、专题培训研讨的形式进行，同时加强干部的实践锻炼，结合电力企业实际情况把现岗位锻炼、岗位轮换、重点项目锻炼、重大事件锻炼等作为实践锻炼的主要形式。

电力企业和各基层单位分别建立国家级、国家电网公司级、公司级和基层单位级等四级，以及经营、管理、技术和技能等四类人才体系，实行公司和基层单位两级管理，明确人才管理工作职责，鼓励员工实现能力提升。

针对技能人员开发并实践基于能力的任职资格体系，实现能力提升与职业生涯发展，认证申报条件、流程、证书管理等；针对生产一线的技师、高级技师，发放技师、高级技师津贴。

鼓励员工业余时间参加学历教育及职业资格培训，学历申请、费用申报。

3. 分包队伍培训提升机制

施工企业建立分包队伍教育培训体系，充分保障分包培训资金投入，建立分包人员培训的长效机制。

施工承包商负责劳务分包人员、督促专业分包商常态开展入场三级安全教育培训；监理项目部监督检查分包商安全教育培训台账；凡增补或更换作业人员，在上岗前必须通过安全教育考试。

施工项目部组织分包人员参加安全活动和工程月度例会，传达学习安全质量管理文件、安全通报、技术标准、规程规范等并监督贯彻执行。

施工承包商组织劳务分包人员、督促专业分包商开展安全、质量、标准化施工作业等各类教育培训活动。

施工企业必须将分包商主要人员纳入年度安全质量教育培训计划，并建立培训台账。

4. 服务供应商能力评估

建立服务供应商资格和能力预审制度，制定外包服务供应商资格预审流程，对外包商的企业资质、人员资格、人员技能要求、装备要求等资质能力进行预审。

依据对服务供应商所有施工人员及技术人员培训需求调查，针对能力差距进行培训，建立服务供应商施工人员及技术人员专项教育名册。省级公司安监部组织服务供应商施工人员参加至少每两年一次的基建安全培训，并取得培训合格证书后方可上岗工作。

服务结束后，省级公司各业务部门负责开展服务供应商能力后评估工作，对其服务质量、人员技术能力、装备情况等进行评估并建立服务供应商能力档案。

【延伸阅读】

根据《资产全寿命周期管理体系规范》（Q/GDW 1683—2015）的要求，资产全寿命周期资产管理应对资产管理各岗位（含服务供应商）能力提出明确要求，确保相关从业人员的能力符合岗位要求，通过科学合理的方法定期对员工能力进行评价，并满足：

a. 明确资产管理相关岗位所应具备的知识和能力要求；

b. 确保从事资产管理相关活动的人员具备相应的教育培训经历、从业经验等要求；

c. 明确员工能力评价方法和流程，定期评价人员能力，评价结果应与相关方进行沟通，并作为培训需求制定的依据；

d. 动态评估现在或者未来资产管理体系对能力的要求以及变化，并更新岗位能力要求。

第三节　培　　训

一、培训的内涵

培训指的是一种有组织的知识传递、技能传递、标准传递、信息传递、信念传递、管理训诚行为。培训以技能传递为主要目的，服务于人员能力管理的要求，通过一定的教育训练技术手段，使员工达到预期的水平提高目标。

在资产管理中，企业中的人资部门牵头建立资产管理培训机制，主要工作内容包括培训需求识别、培训计划管理、培训实施管理及培训效果评估。通过建立培训管理机制明确各岗位职责、权利和义务，确保员工在从事资产管理相关活动时具备与其岗位相适应的意识及能力。

二、培训的意义

通过建立资产管理培训机制，制订相应培训计划，定期对企业员工实施有针对性的岗前培训、岗位培训等培训，同时对培训过程及考核结果进行记录，建立员工个人培训档案，对培训效果进行评价，并开展相应改进措施，可以不断提高员工的资产全寿命周期管理意识及能力，确保员工熟悉资产管理的要求，并胜任其在资产管理体系内的职责。

员工队伍素质对电力企业发展具有决定性作用。加强对员工的职业教育和岗位技能培训，既是提高员工队伍整体素质、促进电网企业全面协调可持续发展的有效途径，又是企业的法定义务和基本职责。电网企业各单位必须将员工教育培训作为优先发展的重要任务来落实。

三、培训在资产管理中的应用

（一）培训流程图

培训管理机制如图6-3所示。

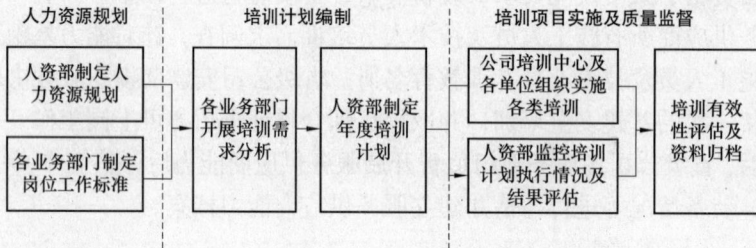

图6-3 培训管理机制

（二）培训管理体制和职责

1. 整体要求

电网企业教育培训工作按照统一规划、统一标准、分级管理、分级负责的原则，实行电网企业、企业下属供电公司等其他基层单位两级管理体制。各级组织体系为：在教育培训委员会领导下，人资部门归口管理、业务部门协同配合、培训机构负责培训项目实施。

应该采取切实有效措施，加强教育培训管理组织建设，完善组织机构设置，配强配齐培训管理人员，为确保全员培训和提升培训效果提供坚强的组织保障。

2. 部门职责

人员的培训是整个电网企业的系统性工作，需要各个部门承担一定的职责，具体涉及电力公司教育培训委员会、人资部门、人事董事部、电力技术与管理学院和基层业务部门等。培训组织体系结构示意图如图6-4所示。

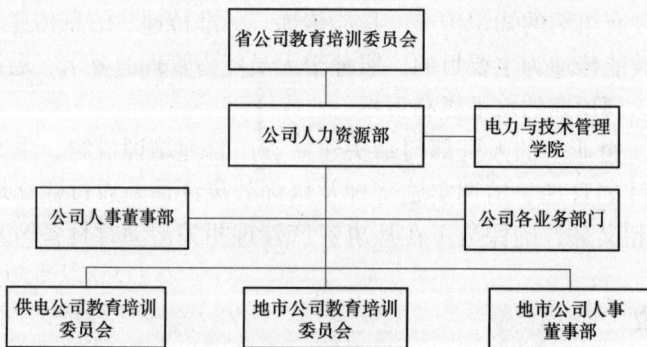

图6-4 培训组织体系结构示意图

（1）电力公司教育培训委员会是公司教育培训工作最高领导机构，负责决策电网企业教育培训工作中的重大事项；审核、批准教育培训规划和年度培训计划及预算；负责评估电网企业教育培训工作的整体成效。

（2）电网企业人资部门是电力公司教育培训委员会下设的日常工作机构，也是电网企业教育培训工作的归口管理部门，其主要职责为：

1）贯彻落实电网企业有关教育培训工作的方针、政策和法规，制定电网企业教育培训工作的有关规章制度。

2）编制电网企业中长期教育培训规划、电网企业年度教育培训计划。

3）对各业务部门和基层单位的教育培训工作进行指导、检查和评估；对承担电网企业各类教育培训项目实施的机构进行资质审定；对技术与管理学院的工作进行指导和评估。

4）归口管理电网企业教育培训经费和各类工程项目中的专项培训费，汇总审核电网企业系统各单位的教育经费预算，编制电网企业直接组织实施的培训项目经费预算。

5）对电网企业教育培训资源的优化整合进行宏观指导；审核电网企业培训基地更新改造项目、培训设备设施添置及预算。

6）归口管理电网企业各类专家库建设和优秀人才的评选，组织电网企业级技能竞赛、技术比武和调考等活动；组织参加上级单位举办的各类技能竞赛和技术比武。

7）负责建立员工的培训档案，管理各类教育培训证书。

（3）电网企业人事董事部是电网企业管理领导干部和本部员工管理的归口部门，负责制订电网企业管理领导干部、本部员工的年度培训计划，并负责实施。

（4）电网企业是公司各类培训项目的主要实施单位。其主要职责为：

1）组织和实施电网企业下达的各类培训项目，并按规定进行项目管理。

2）协助电网企业人资部门开展培训需求调研。

3）授权管理和使用电网企业系统各类培训基地。

4）负责组织编写各类培训标准、培训大纲、培训教材、电子课件等。

（5）电网企业本部各业务部门是员工岗位培训的主要责任主体，负责提出电网企业系统本专业的年度培训需求计划，负责开展本专业人员的在岗培训，组织本专业人员参与相关培训项目的实施。各部门要确定1名部门负责人分管培训工作和1名培训工作联络人。

（6）各基层单位执行电网企业教育培训管理的有关规定，制订本单位的教育培训管理制度；根据电网企业教育培训规划、计划，结合本单位的生产实际和员工队伍素质能力现状情况提出培训需求；落实电网企业年度培训计划，组织人员参与电网企业的培训项目，按电网企业计划做好兼职培训师选派工作。

（三）培训机制内容

人员培训包括了识别培训需求、制定培训计划、实施培训计划、效果评估和改进四大方面，各方面紧密联系，构成了完整的培训体系。

1. 培训需求识别

省级公司人资部每年5~7月组织开展培训需求调查，调查对象包括：电网企业及基层单位各部门所有管理人员及技术人员和服务供应商所有施工人员及技术人员；调查内容包括：组织机构要求、岗位职务需求、新技术新发展、与项目相关的业务内容要求、业务流程和范围以及员工能力要求及水平差距、员工能力现状等；调查方式包括：开展理论和技能测试、岗位考核、查阅绩效记录、访谈领导及员工征求意见、现场跟踪观察、问卷调查等。

根据培训需求调查由培训中心与基层单位人资部协助省级公司人资部编制下年度需求分析报告，明确培训对象与能力差距。

培训中心与基层单位人资部门负责组织与需求部门进行需求目标、需求时间、需求内容的沟通与确认，确保培训的必要性与实效性。

人资部门依据培训需求分析报告与沟通确认情况，根据需求的紧急程度和重要程度对培训需求进行审核，确定年度培训需求。

2.培训计划制定与内容

各级专业部门根据年度培训需求分析报告和电网企业发展战略规划，结合年度工作重点，编制年度培训项目计划，并报由人资部门审核。培训计划提报单位在通过审核后可以编制培训计划可行性说明书，内容包括：培训项目的规模、资源、时间及费用预算等。培训计划可行性说明书经培训计划提报单位主管部门审核后，提交电网企业本部人资部门审定，经审批通过后输入项目储备库。

在项目储备库基础上，由电网企业人资部门根据电网企业业务发展及年度工作要求，从培训项目储备库中遴选出优先项目，报由电网企业主管部门审批，并根据反馈的调整意见，对计划进行修改调整后再次报批，再次审批通过后则可下达年度培训计划。此外，公司人资部门还需负责监督和检查培训中心与基层单位培训主管部门对所下达的年度培训计划的执行情况。

培训中心与基层单位培训主管部门可依据自身实际情况，在规定时间内向公司本部人资部门提出计划调整申请，经批准后方可进行计划调整。

3.培训计划实施

在年度培训计划的基础上，培训中心与基层单位培训主管部门编制培训实施方案。实施方案的内容可包括培训目标、课程设置、教材选定、课程大纲确定、培训师配置、培训方式、培训周期、质量要求评估等。具体培训实施方案需根据公司相关规定和自身需求情况来制定与执行。

培训实施方案经公司人资部门审核批准后，即可通知各单位，组织人员报名并汇总至培训中心与基层单位培训主管部门。

培训中心与基层单位培训主管部门在培训实施过程中需对整个培训项目进行监督和检查，及时收集和归档项目实施过程中的相关资料，包括考核结果、员工个人培训信息等。

4.培训效果评估

（1）学员培训期间的评估。建立学员在训情况反馈制度，及时向学员所在单位反馈学员的受训纪律、学习状态等情况；培训项目结束时，培训师制定培训课程考核内容，对学员进行水平测试，形成培训课程成绩单，结合培训前的能力水平进行对比，考量学员培训成效，并维护到员工个人培训及职业能力档案中。培训师的评估。通过与学员座谈、学员填写"课程教学质量调查表"和建立培训督导部门听课制度等对培训师的培训效果进行评估，将评价结论及时反馈给培训师和培训管理部门，并计入培训师业绩考核。公司系统举办的培训班均应进行培训质量的一级评估。公司重点监控项目或培训方案有明确要求的须进行培训质量的二级评估。对公司重大培训项目或培训方案有明确要求的须进行培训质量的三级评估，三级评估在二级评估的基础上进行。对公司生产经营和科技进步影响较大、培训成本较高的培训项目，一般应做四级培训质量评估，四级评估在三级评估基础上进行。

（2）学员所在单位的评估。培训项目实施结束后，由学员用人单位人资部门对学员培训前后工作行为和能力进行对比，做出培训效果的评估，提出改进建议，对培训出现的偏差予以调整，实现对培训项目质量的闭环管理。

（3）培训效果评估分反应评估（一级）、学习评估（二级）、行为评估（三级）和效益评估（四级）四个层次。反应评估和学习评估由培训承办单位在培训结束时组织实施，分别形成《培训反应评估及改进意见书》《培训学习评估和改进意见书》；行为评估和效益评估由省级公司人资部组织学员所在单位在培训结束后1~6个月内实施，分别形成"培训行为评估和改进意见书""培训综合评估和改进意见书"。针对不同性质的培训进行不同等级的培训效果评估。

【延伸阅读】

根据《资产全寿命周期管理体系规范》（Q/GDW 1683—2015）的要求，资产全寿命周期资产管理应建立资产管理培训机制，识别培训需求，编制培训计划并实施，确保员工从事资产管理相关活动时具备与其岗位相适应的意识及能力，并满足：

a. 结合业务发展、岗位能力、职业发展及专业要求等，识别员工培训需求；

b. 根据培训需求制定培训计划、设置培训课程并实施；

c. 评估培训成效，确保员工已具备并持续具有资产管理所需的知识和能力；

d. 对培训过程及考核结果进行记录，并建立员工个人培训档案。

第七章

法律法规与标准制度

第一节　法　律　法　规

一、法律法规的内涵

（一）法律法规的定义

法律法规是指现行有效的法律、行政法规、司法解释、地方规则、地方规章、部门规章及其他规范性文件。企业的制度管理是一切企业有组织、有目的的生产经营活动不可缺少的职能，建立健全企业内部规章制度，是实现依法管理企业的需要。

资产管理中，法律法规具体指的是法律、行政法规、地方性法规、规章与由监管机构、上级单位、工会等提出的要求，以及其他与资产管理相关的企业必须遵从的强制性标准。法律法规及其他相关要求要融入资产管理的体系中，资产管理体系要体现并符合法律法规及其他要求，要确保在建立、实施资产管理体系时，对这些要求加以考虑。

（二）法律法规的分类

法律可划分为基本法律和普通法律，其中基本法包括刑法、刑事诉讼法、民法通则、民事诉讼法、行政诉讼法、行政法、商法、国际法等；普通法律包括商标法、文物保护法等。法律是整个社会关系调节器的中心，在构建和谐社会的进程中居于支配地位，起着关键作用。

电力企业资产的全寿命周期管理的相关法律一般包括电力、资产、全寿命等要素，适用的法律有《中华人民共和国电力法》《电力设施保护条例实施细则》《中华人民共和国企业国有资产法》《中华人民共和国安全生产法》等。

电力法总则阐述了该法制定目的是保障和促进电力事业的发展，维护电力投资者、经营者和使用者的合法权益，保障电力安全运行。

国有资产法总则阐述了该法制定目的是维护国家基本经济制度，巩固和发展国有经济，加强对国有资产的保护，发挥国有经济在国民经济中的主导作用，促进社会主义市场经济发展。

安全生产法总则阐述了该法制定目的是加强安全生产工作，防止和减少生产安全事故，保障人民群众生命和财产安全，促进经济社会持续健康发展。

从相关法律可以看出电力企业资产的全寿命周期管理是为保障电力安全运行、保护国有资产、减少安全事故、促进市场经济发展服务的。

二、法律法规的意义

法律法规是法律、行政法规、地方性法规、规章与由监管机构、上级单位、工会等提出的要求，在资产全寿命周期管理中能够发挥重要效用：

（1）法律法规是资产全寿命周期管理体系中各环节规范、高效运行的有效保障。实现资产操作和使用及管理的有效组织、计划、控制、指导，最终实现最佳经济效益。

（2）法律法规为工作人员在资产管理活动中的工作提供规范、准确的指导。法律法规的运用是为了资产全寿命周期管理体系建设的健康安全良性发展，引导操作者在操作和使用及管理资产过程都能遵守适用的法律法规。

（3）落实法律法规和其他资产管理最新要求，有利于确保资产管理活动依法合规。资产管理的各项要求以文字形式归入法律法规中，有助于形成持续长效的约束、规范作用。

三、法律法规在资产管理中的应用

（一）法律法规的工作要求

在开展资产管理活动中，要注意识别并遵守业务相关的法律法规及制度要求，结合规定和业务发展的实际状况定期更新规章制度。

（1）应该按适用部门确定法律法规的识别评价部门，定期获取法律法规及其他要求，开展法律法规及其他要求所对应的工作，以资产全寿命周期管理为对象，识别法律法规时应把相关的法律法规整理在一起，然后对其进行分析、归纳，提炼出具体的、明确的要求。以资产全寿命周期管理为对象识别法律法规及应遵守的其他要求，有利于确定这些要求如何应用于资产全寿命周期管理。

（2）应该正确认识遵守法律法规和其他要求承诺的实现途径，这是做好合规性评价的前提。在识别出适用于资产管理有关的法律法规及其他要求后，开展合规性评价，确定合规性评价的组成，包括建立渠道、识别、应用、评价、纠正措施、预防措施等相关活动，之后结合企业具体情况，在内部直接引用或转换为企业规章执行要求。识别法律法规的要求是过程不是目的，满足要求才是目的。

（3）应该定期组织回顾、考察相关法律法规及其他要求的有效性，通过持续改进，防范违反资产管理有关的法律法规风险，每年对法律法规及其他要求进行更新，并根据更新情况，每年发布废弃的法律法规及其他要求清单，对于存在变更的法律法规，在必要时进行内部通告。

（4）在法律法规及其他要求合规性评价完成后，应摘录适用的法律、法规和其他要求通过适当途径发布，以便普及法律法规与其他要求方面的知识。专业部门在法律法规及其他要求符合性评价完成后，在学习会议、专题活动时安排普及和培训。对公司关系重大的法律法规及其他要求进行普及培训。

（二）法律法规的工作内容

1. 法律法规的管理流程

指定专人管理，并随时跟踪法律法规及其他要求的最新信息，使各场所获得所需的适用版本的文件；负责人负责将外部要求转化为内部要求，并传达至员工，需要时告知相关方。法律法规管理流程如图7-1所示。

2. 法律法规的管理内容

法律法规是企业制定战略、发展目标和策略时必须考虑的因素之一。企业要实施法律法规管理，就应识别相关的法律法规及其他要求，应做到对企业法律法规的识别、沟通、更新工作做出指导，明确企业法律法规的工作流程，保障企业有效执行最新法律法规，实现企业的依法合规经营。

法律法规和其他要求的识别范围包括资产管理相关业务适用的法律法规、国家或行业标准、国家电网通用制度。法律法规和其他要求识别周期一般为一年，每年10月份汇总各部门识别结果，当发生特殊情况时按需开展法律法规及其他要求清单修编工作。

资产管理法律法规管理活动包括：法律法规的识别、沟通宣传、更新与执行、检查与考核4个过程。下面描述的业务活动按图7-2展开。

（1）法律法规的识别。公司识别法律法规和标准制度的途径：各级政府、电力监管机构、国家电网公司、行业协会及其他资产管理相关机构网站公告、发文。

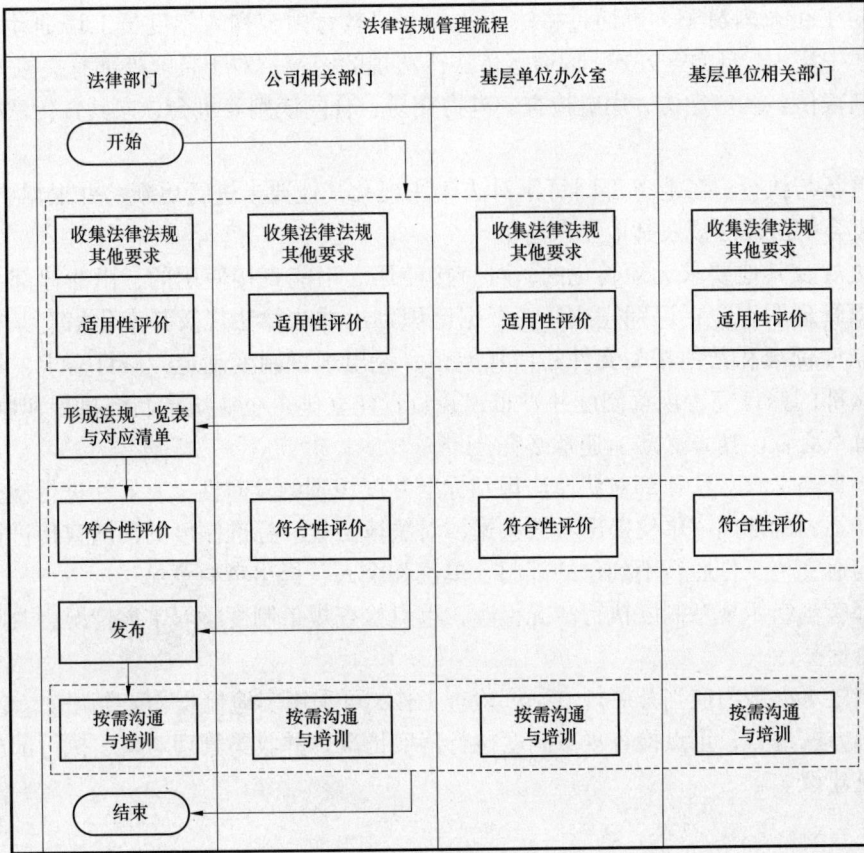

图 7-1　法律法规管理流程

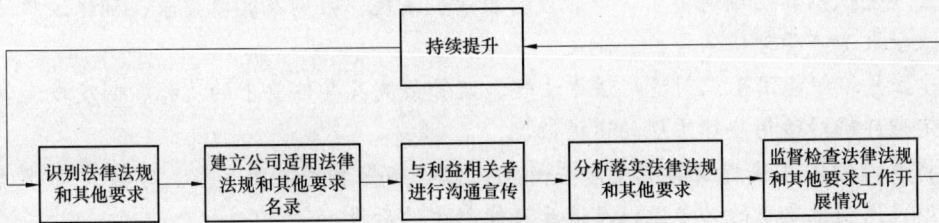

图 7-2　法律法规业务活动管理流程

　　法律部门在收集到法律法规后，进行适用性评价，通过公司内部邮件途径流转给各相关业务部门。

　　适用部门在收到法律法规后，应由部门负责人主持，在 10 个工作日内对企业是否符合法律法规要求进行符合性评价，并做好学习贯彻、调整制度和优化流程。

　　已经适用的法律法规如有重大修改的，当作新法律法规来开展识别与适用性、符合性评价。

　　（2）沟通宣传。法律部在法律法规及其他要求符合性评价完成后，摘录适用的法律、法规和其他要求通过适当途径发布，以便普及法律法规与其他要求方面的知识。

　　专业部门在法律法规及其他要求符合性评价完成后，在学习会议、专题活动时安排普及和培训；对于企业内员工，可通过将法律法规学习教育内容列入年度员工培训计划，组织员工采取集中培训、自学等方式，沟通宣传法律法规的内容；对于企业外部有关机构、人员，可利用法制宣传、客户走访、用电检查、电力交易、合同谈判等机会，向其宣传法律法规的内容。

（3）更新与执行。各业务部门每年对法律法规及其他要求进行更新，并根据更新情况，每年发布废弃的法律法规及其他要求清单。

法律法规及其他要求无须转化的，可直接使用。不能直接使用的，由法律部会同相关部门，根据管理职责，在识别完成后，根据已识别出的法律法规及其变化信息，梳理出与企业现行制度标准和其他相关文件的信息差距，提出规章制度制定、修订需求，然后由法律法规牵头部门修订完善规章制度并发布，并负责建立健全企业规章制度执行和监督机制，切实做到有章必依、执章必严、违章必究。

（4）检查与考核。法律部对法律法规和标准制度识别的及时性、有效性进行检查。对识别工作开展不力的部门、单位提出考核意见；对法律法规和标准制度的沟通宣传进行不定期检查；对沟通宣传工作履行不到位的部门、单位和个人，提出考核意见。

法律部应当组织规章制度执行情况检查，重点检查规章制度学习掌握情况，及时发现问题并进行督促整改。

规章制度承办部门应当开展规章制度检查工作，可采用实地检查、问卷调查、专家评估、专项调研等方法进行，重点检查规章制度执行落实情况，并收集管理对象、执行部门对规章制度的意见建议。

【延伸阅读】

根据《资产全寿命周期管理体系规范》（Q/GDW 1683—2015）的要求，资产全寿命周期资产管理应识别和明确适用于资产管理的法律、法规、条例及其他要求，确保法律法规的相关要求融入资产管理体系中，并满足：

a. 建立并维护能用于识别适用法律法规、监管条例及其他要求的流程、制度或者管理措施，以定期评价对适用法律法规的遵循情况；

b. 将适用的法律法规及其他要求告知相关方，确保相关人员了解、掌握、遵守适用的法律法规或强制性要求的必要性以及违反可能产生的后果；

c. 定期审查相关适用法律法规及其他要求的有效性，并进行动态更新、维护。

第二节 标 准 制 度

一、标准制度的内涵

（一）标准制度的定义

标准制度是指用人单位制定的组织劳动过程和进行劳动管理的规则和制度的总和，也称内部劳动规则，是企业内部的"法律"，主要包括有：劳动合同管理，工资管理、社会保险福利待遇等。

企业层面上，标准制度一般是针对企业产生经营活动的某个环节而制定的规则和办法，企业标准是针对企业全过程、多层次和全方位的标准化领域中需要统一协调的管理事项和工作事项，后者比前者更具有系统性和权威性。在内容要求和缩写格式上，规章制度一般没有明确的格式要求，企业标准是根据标准化领域中重复性的管理事项和工作事项，按照规范化和格式化的统一缩写规定，对文件条款不仅有定性描述，而且有量化要求。

在资产全寿命周期体系中，标准体系的建立将资产管理规范要求在规划计划、采购建设、运行维护与退役处置阶段的不同侧重进行分解，形成"资产管理业务——对应部门——实施工作要求"对应关系。明确了各个资产管理岗位的管理工作要求，涵盖规划、计划、采购、建设、运行、维护、检修、改造、退役、处置等全寿命周期各个阶段。将资产全寿命周期管理理念和要求转化为公司资产管理具体流程、具体岗位、具体工作相配套的、协调统一的规章制度，确保公司资产管理工作依据充分清晰。资产管理标准制度体系如图 7-3 所示。

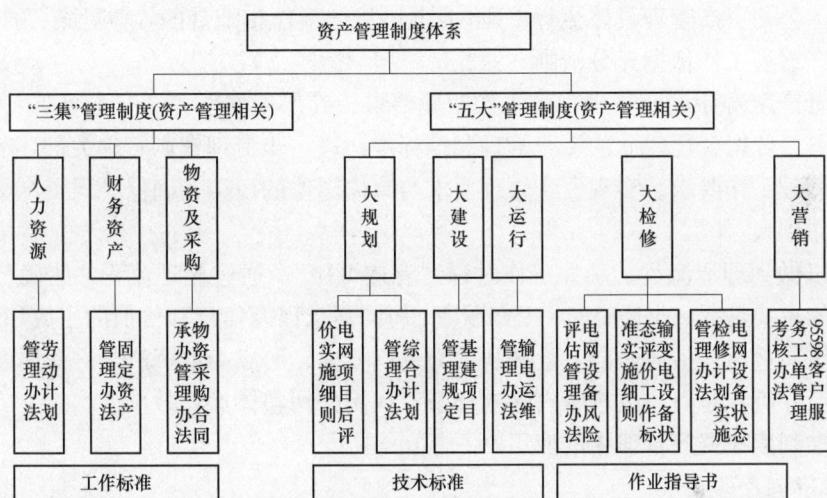

图 7-3 资产管理标准制度体系

（二）标准制度的分类

标准制度可以分为正式制度和非正式制度。

标准制度对应的就是非正式制度，尽管非正式制度不具有强制性，但由于非正式制度作为公司管理中不可或缺的重要组成部分，对员工的规范作用经常以无形的方式表现出来。

非正式制度除了影响标准制度成本外，它与标准制度之间的关系较为复杂。首先，从标准制度起源来看，先有风俗习惯、伦理道德等，然后在此基础上形成正式法律法规等各种社会制度，所以在标准制度的自然演化过程中非正式制度是正式制度产生的前提和基础。

标准制度与非正式制度的区别：

（1）标准制度要求清晰性，能够清楚地区分合规行为和违规行为，否则标准制度便形同虚设。但现实生活中有些行为其性质往往是模糊的，用标准制度来规制，难度很大，适宜用非正式制度来制约。非正式制度对清晰性的要求较低，对违规行为的制裁有较大弹性，可以很严厉，也可以很宽松，这正好适应这类行为的模糊性质。非正式制度通过对人的价值观念、工作习惯的影响，从而对标准制度的制定与执行起到至关重要的作用。人无论作为标准制度的制定者、执行者还是承受者，对标准制度的内容和形式、结构和功能等都起着决定性作用，非正式制度可以内化为人的思想和行为，从而影响标准制度。

（2）标准制度的维持成本要高于非正式制度。标准制度需要由专门的机构负责实施并对违反行为进行监督和惩处，而非正式制度借助文化传统来实施，故其维持成本较低。对于处在转型过程中的中国企业，可以引导非正式制度，去修正补足或延拓正规规则，使得不断变动的标准制度与非正式制度之间建立一种互补而非互斥的关系。

二、标准制度的意义

标准制度是企业日常经营中需要遵循的具体准则，它为工作的开展提供了规范。同时，它明确了部门和人员责任，有利于经营的有序开展。

（1）建立规章制度，可以保证围绕资产全寿命周期的管理工作活动"有章可循"。建立一套以公司资产管理手册、程序文件、支撑文件为主要内容的制度标准体系，明确资产管理规范在公司各个单位和部门在实际工作中的具体定义和要求，将资产全寿命周期管理理念和要求转化为公司资产管理具体流程、具体岗位、具体工作相配套的、协调统一的规章制度，确保公司资产管理工作依据充分清晰。

（2）对资产全寿命周期管理中的工作明确要求，确保工作任务"有责可落"。围绕资产管理核心业务，依据公司建立的资产管理制度标准，进一步梳理资产管理关键环节，细化相关岗位资产管理工作要求，实现资产管理要求与具体岗位的衔接，确保公司资产管理要求责任到岗、工作到人。

（3）可以做到理清流程，确保工作过程"有迹可循"。通过梳理流程，明确公司资产管理活动开展的主要过程、业务流向、工作顺序、协同需求以及信息和价值的生成和传递要求，以核心流程纵向贯通、横向协同、区域联动为关键要求，形成一本资产全寿命周期管理流程手册，从而消除流程断点、改进管理薄弱环节，提高公司整体运作效率。

三、标准制度在资产管理中的应用

（一）标准制度的要求

1. 标准制度的编写要求

应贯彻现行的有关标准化法律、法规及强制性标准的要求。符合国家有关法律、法规和国家标准、行业标准及地方标准有关要求。满足生产、技术和经营管理的要求，积极采用国际标准和国外先进标准。以科学、技术和经验的综合成果为基础，以达到最佳的技术要求为目的。应按照公司确定的技术标准编写模板进行技术标准的编写。

2. 标准制度的管理要求

（1）应建立一套与资产全寿命周期管理管理流程、岗位相配套的、统一协调的标准制度，旨在根据流程体系建设成果及标准制度管理规范要求，编制与标准流程相配套的标准制度体系框架，确保各项工作有标准、有要求；各规章制度之间、标准规范之间层次分明，要求相符，不存在重叠、重复定义甚至相互矛盾的情况。

（2）公司标准制度体系应保持一致，规定文件包括体系研究、计划、调研、起草、会签、审议、编码、报批、签发、备案、公布（示）、执行、反馈、清理、考核、监督等要求，对规章制度和标准进行闭环管理。当公司内部资产管理体系改进、资产管理组织机构变更时；适用法律法规、技术标准和其他要求变更时；经文件评审、认为标准制度文档需进行更改时；其他影响适应性、充分性和有效性的，以及错误的状况出现时，法律部需组织部门对文档进行更改。

（3）明确资产全寿命周期管理体系的整个构架，在梳理总结企业资产当前管理状况、制度标准文件基础上，对照资产全寿命周期管理体系标准的要求，对管理职能进行划分、展开、分配和落实，对各项工作的标准、程序作出规定，对各个过程、环节进行分析、补充和完善，必要时，还要对企业组织管理结构进行重新构思、规划和设计。

（4）明确各层级、各部门之间的工作关系，特别强调各部门间的接口和协调，规定各项资产全寿命周期管理活动的负责部门、配合部门、固化部门的岗位职责，直接规范和指导资产全寿命管理各环节、各活动的开展，实现管理的纵向贯通和横向协同。开展体系认证，对制度体系文件进行审核，对执行情况与管理制度的符合性进行评价，促进制度体系的真正建立。

3.标准制度的执行要求

好的标准制度可以用来借鉴，但不能不考虑自身特点就生搬硬套，否则适得其反。要想对企业的标准制度进行改革完善，就必须从企业所处的实际情况出发，所依赖的实际条件出发，寻找成功的途径。为了更好地挖掘标准制度的作用，可以通过以下几点进行探索。

（1）正确认识企业文化，孕育符合企业实际。非正式制度是标准制度产生的前提和基础。根据实际情况有三种形成方式：一是自然演化。企业标准制度有其产生、生存的文化土壤，什么样的土壤培育什么样的花果，标准制度也一样，只要引导、培育好企业文化，自然能形成与之匹配的标准制度；二是人为导入。对于大多数企业在未形成企业文化前，就希望建立一套长官意志的标准制度，更应该注重企业文化的孕育和培养；三是跨文化企业。跨文化大型企业或跨国公司如果不顾及文化差异，为了统一管理，推行统一的标准制度，必然导致执行困难，建议此类公司在统一框架下根据地域差异做出适应性调整。

（2）强化对标准制度执行的评价与考核。企业文化的孕育需要较长的时间，就目前而言，加强对标准制度执行的评价与考核非常必要，也能取得立竿见影的效果。受以往行为习惯的影响，人们在行动时更多按照既定的习俗和惯例规则行事，偏离了追求目标值的最大化。所以，需要对行为进行约束，评价与考核在规范行为方面比道德教化更为有效。

加强标准制度执行的评价与考核要注意以下内容：一是领导率先垂范，强化标准制度的权威与执行刚性。不将标准制度作为约束员工的工具，而是将颁布的标准制度作为企业凝心聚力、开拓事业的行动准则，只有领导率先垂范，才能知晓标准制度与企业实际的贴切程度，及时修订完善；二是加强标准制度宣贯培训，执行前完成对相关业务人员的培训，并将培训结果纳入个人考核；三是增强标准制度执行评价的规范性，公布量化的评价考核标准，建立各层级的评价体系，有必要时可以实行巡视制度，强化标准制度稽核与评价。

（3）尽可能流程化与信息化。一提到标准制度人们想到的就是装订成册的文稿。书面形式确实是标准制度的最基本表现形式，也是目前最主要的表现形式。但除此之外，越来越多的企业应用信息技术提高标准制度应用水平，将每一项标准制度细化为一个个流程，建立其相应的管理标准，将之转移到信息化系统上，增强了标准制度管理的规范性和效率。流程化与信息化将是标准制度的未来趋势。台塑集团就在其标准制度体系建设中提出："管理制度化，制度流程化，流程信息化。"台塑集团从标准制度设计、运行、监督到改善，整个流程都固化下来，实行电脑化管理。统一标准制度编号，统一设计标准制度表单，把标准制度的实施对象、解决问题、推行步骤、评价标准等内容纳入表单，分类分级编号，通过计算机上线操作。

总之，标准制度的创新和完善是一个过程。标准制度生命周期理论表明，任何时段都不存在完美无缺的标准制度形式，每一种标准制度形式都处于产生、发展和完善并最终走向衰亡的过程中。所谓最优的标准制度是不存在的，只有在某个时间段内最匹配的标准制度。一种标准制度形式可能在初期是有效率的，但当标准制度的效率曲线达到一定点时，再发展下去就会导致效率衰减，甚至可能成为公司发展的羁绊。所以，只有坚持标准制度创新，不断适时地完善标准制度及业务流程，建立相应的监督评价机制，使标准制度与公司的管理实际相匹配，与公司的管理文化相融合，才能有效克服标准制度效率递减的趋势，更好地发挥其作用，使公司管理水平迈上新台阶。

（二）标准制度的内容

1.标准制度的管理流程

标准制度管理流程如图 7-4 所示。

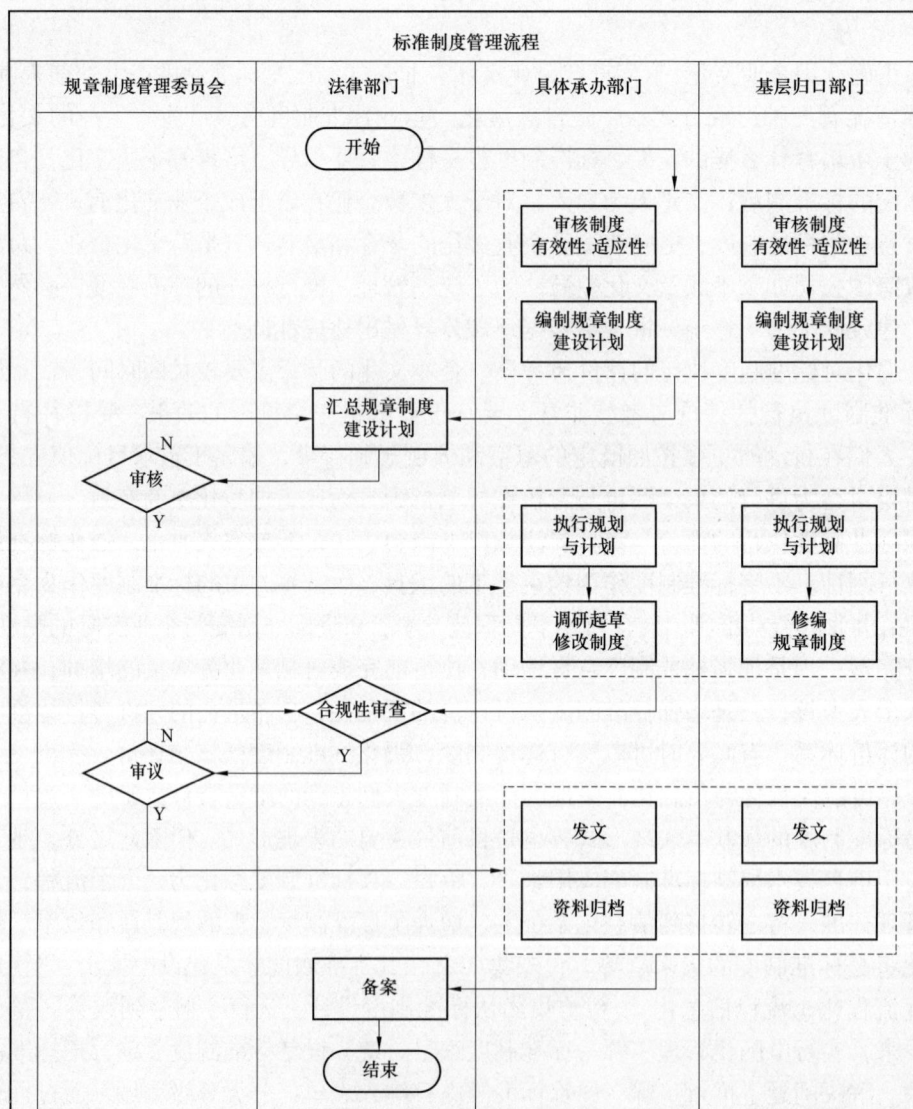

图 7-4　标准制度管理流程

资产管理活动中，标准制度的编写一般包括了制度的制定计划阶段、调研起草阶段、会签阶段、审核阶段、签发阶段以及总结改进阶段。每个阶段的具体内容如下：

（1）制定规章制度规划/计划。公司各部门根据规章制度实际执行情况和业务需要，于每年12月底之前，进行本专业、本部门制度的有效性、适应性、对应性和覆盖性分析，拟订本年度的规章制度新建、修订和废止的年度计划报法律部门。

法律部门对各部门报送的规章制度建设年度计划汇总调整，形成公司规章制度年度计划，报规章制度管理委员会批准。

职能部门提交年度计划后，遇年度规章制度编制计划需调整的情形，应提出书面申请，经分管领导批准后，交归口管理部门做相应调整，并报法律部门备案。

公司每年二月底前编制形成年度规章制度建设计划，于年中调整一次。

基层单位与公司本部同步进行规章制度的规划与计划，并在每年2月底前交公司法律部门审批。

（2）调研与起草。规章制度调研由承办部门负责组织实施，视需要由法律部门予以配合。规章制度内容涉及多个部门的，调研工作须有相关部门参与。

规章制度年度计划确定的承办部门负责牵头组织规章制度的起草工作，全面负责该制度草案的拟订工作。规章制度的内容涉及两个或以上部门的，应组织相关部门联合参加起草。

规章制度草案的撰写要求包括：

1）规章制度内容要完整，通常分总则、职责与分工、实体内容、考核和附则五大部分，对起草目的、适用范围、职责分工、管理程序、管控环节、具体要求、责任追究、执行监督部门、解释部门和施行日期等做出明确的规定。

2）规章制度要体例规范、条理清楚、结构严谨、表述准确、文字简明、标点符号正确。

3）规章制度格式按章、节、条、款、项、目结构编写，不允许采用其他格式，根据其内容情况按照以下方式确定：

a.内容广泛、程序复杂的规章制度采用章（节）、条、款、项、目格式。

b.内容单一的规章制度可直接采用条、款格式。

c.规章制度中章、节、条的序号用中文数字依次表述，章、节居中排列，条应提行；款不编序号，但需要提行；项的序号用中文数字加括号依次表述，应提行；目的序号用阿拉伯数字后缀实心点依次表述，应提行。

新制定的规章制度取代原有规章制度的，应当在草案中用专条列明本规章制度生效后废止的原规章制度名称和发文号，不得使用"其他规章制度与本办法不一致的按照本办法执行"极其相近含义表述。

新起草的规章制度必须注意与公司现行的有关规章制度相协调，避免与现行规章制度相重复、不衔接的情况。如果对同一事项的规定与其他现行规定不一致的，应在征求意见时说明理由，并在附则中注明废止现行规定有关条款。

涉及其他部门的，承办部门应将规章制度初稿征求相关部门意见；涉及下级单位的，可以征求下级单位意见；直接涉及职工切身利益的，必须公开征求职工意见。

规章制度中各项管理要求应包含操作部门、操作条件、操作程序、期限等要素，提高规章制度的可操作性，避免使用"定期"、"及时"、"一般"、"原则上"等用词。

（3）会签。拟订的规章制度起草后，承办部门审查与现行上级单位和本单位规章制度衔接和协调一致后，牵头组织相关部门会签。对会签部门提出的意见和建议，承办部门要认真考虑、组织研究、决定修改、获得认可，形成送审稿，经承办部门负责人签字后，会签所有业务涉及部门。

经会签的规章制度送审稿送法律部门进行合法性和规范性审核，并出具审核意见。

基层单位规章制度的会签参照本部执行。

（4）审查。规章制度送审稿经公司法律部门会签审查合格后形成规章制度草案，由承办部门商法律部门及办公室决定送请办公会或党委会、公司规章制度管理委员会或分管领导审议。

需经本单位职代会审议的规章制度草案，在提交规章制度决策会议审议后，由承办部门将规章制度草案并附决策会议纪要及相关说明材料，按需要数量送公司工会。

直接涉及劳动者切身利益的规章制度应按照《劳动合同法》《全民所有制工业企业职工代表大会条例》的规定，征求意见时应当与工会或者职工代表平等协商；发布前应当经职代会审议通过。这些规章制度包括：

1）劳动报酬、工资调整、奖金分配；

2）劳动保护、劳动安全卫生；

3）工作时间、休息休假、保险福利；

4）职工考核考试；

5）劳动纪律、奖励与惩罚；

6）职工绩效管理、劳动定额管理；

7）劳动合同和集体劳动合同管理；

8）职工民主管理、企务（厂务）公开；

9）其他直接涉及职工切身利益的规章制度。

依照上级单位规章制度的规定，公司规章制度应当经过上级单位审批才能生效的，应当事先经过上级单位审批。

基层单位规章制度的审查参照本部执行。

（5）签发。经审议通过的规章制度，由公司主要负责人签发；公司领导班子其他成员根据主要负责人的授权，可以签发相应规章制度。

规章制度发文公布后，起草部门应及时报法律部门备案。

基层单位规章制度的签发参照本部执性。

（6）分析总结。本部业务部门和基层单位于每年12月底前提交本单位规章制度执行情况，法律部门负责汇总。

法律部门于每年十二月底进行统计分析，形成公司整体报告，报公司总经理或规章制度决策会议，并按上级单位要求进行报告或报备。

并根据公司本年度规章制度建设情况，每年组织编制一次公司现行规章制度目录。

2.部门职责

标准制度涉及的职责部门主要有规章制度管理委员会、公司领导层、公司法律部门（产业部）、基层业务部门等，每个部门的具体工作内容和职责如下：

（1）规章制度管理委员会。审议规章制度体系、建设规划和年度计划；审议规章制度草案；协调规章制度建设和管理工作中的重要问题；上级单位和本单位部署的其他规章制度建设和管理职责。

（2）公司领导。对规章制度的内容要求提出意见和指示；审议审批规章制度草案；签发规章制度。

（3）法律部门。组织建设规章制度体系并开展动态管理；组织制定和实施规章制度的建设规划、年度计划和管理制度；负责规章制度草案的合法性和规范性审查，出具法律审核意见和建议；组织规章制度清理、汇编；组织评估考核规章制度建设情况；组织监督检查规章制度执行情况；协调处理规章制度建设和执行争议问题；承担规章制度管理委员会日常工作；上级单位和本单位部署的其他规章制度建设和管理职责。

（4）业务部门。拟订和实施本部门职责范围内规章制度的建设规划和年度计划；作为规章制度承办部门，承办本部门职责范围内规章制度的调研起草、征求意见、送交会签审议、公示报批报备、生效规章制度解释、规章制度清理等工作；视需要组织起草前的调研工作，并对其与相关制度的协调性负责；评估本部门职责范围内各业务工作规章制度建设情况，提出新建、修订和废止建议；监督检查本部门职责范围内规章制度的执行情况，并按要求进行通报、报备；上级单位和本单位部署的其他规章制度建设和管理职责。

（5）基层单位归口部门。组织建设规章制度体系并开展动态管理；组织制定和实施规章制度的建设规划、年度计划和管理制度；负责规章制度草案的合法性审查；组织规章制度清理、汇编；负责组织开展规章制度的立、改、废、修、编工作。

（6）基层单位业务部门。拟订和实施本部门职责范围内规章制度的建设规划和年度计划；作为规章制度承办部门，承办本部门职责范围内规章制度的调研起草、征求意见、送交会签审议、公示报批报备、生效规章制度解释、规章制度清理等工作；视需要组织起草前的调研工作，并对其与相关制度的协调性负责；评估本部门职责范围内各业务工作规章制度建设情况，提出新建、修订和废止建议；监督检查本部门职责范围内规章制度的执行情况，并按要求进行通报、报备；上级单位和本单位部署的其他规章制度建设和管理职责。

【延伸阅读】

根据《资产全寿命周期管理体系规范》（Q/GDW 1683—2015）的要求，资产全寿命周期资产管理应建立与流程、岗位相配套的、统一协调的规章制度和标准体系，确保各项工作有标准、有要求，制度标准相统一。

根据流程体系建设成果及制度标准管理规范要求，编制与标准流程相配套的制度标准体系框架，建立制度标准与业务流程、风险点、管控措施、岗位职责间的对应与联动关系，确保规章制度、各制度标准间不存在重叠、重复定义或者相互矛盾的情况。

第八章

风险与应急

第一节 风 险 管 控

一、风险管理的内涵

风险是对某种可预见的风险情况发生的可能性和后果严重程度两个指标的综合描述，即一个事故产生人们不希望的后果的可能性。风险不仅意味着风险的存在，还意味着风险发生有渠道和可能性。风险管理指的是在降低风险的收益与成本之间进行权衡并决定采取何种措施的管理过程。

资产全寿命周期管理涉及的风险包括资产相关和资产全寿命周期管理相关的风险，主要包括电网结构风险、设备风险、社会环境风险、自然环境风险以及因资产全寿命周期管理活动造成的安全生产风险、电力交易风险、法律合规风险、工程建设风险等。按照产生风险的源头，将风险分为电网和设备风险、管理风险、环境风险。资产管理风险范围如图 8-1 所示。

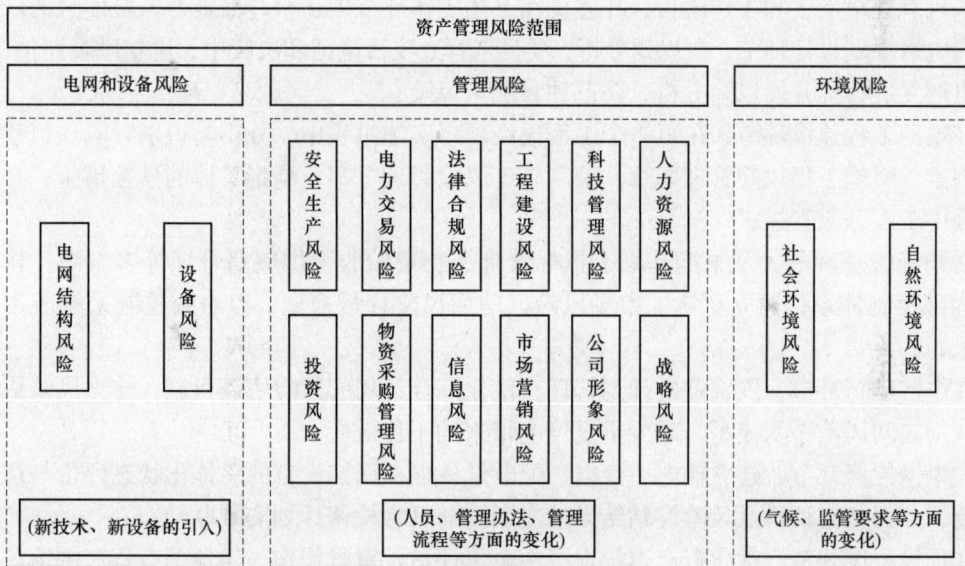

图 8-1 资产管理风险范围

二、风险管理的意义

应急管理主要指企业在突发事件的事前预防、事发应对、事中处置和善后管理，对于电力企业资产全寿命周期管理，主要体现以下几方面作用：

第一，在电力企业资产全寿命周期管理中建立必要的应对机制，采取一系列必要措施，以保障职工和公众生命财产安全，促进公司和谐健康发展。是关系企业经济运行、社会稳定和人民群众生命财产安全的大事，是保障企业资产安全稳定良性运转的重要举措。

第二，加强应急管理工作，有利于防范和有效处置资产管理活动中对企业和社会有严重影响的各类安全生产事故和社会稳定事件，减少事故灾害和突发事件造成的影响和损失。提高预防和处置突发事件的能力，是坚持以人为本、造福社群的重要体现；是全面履行资产管理职能，进一步提高资产管理各部门管理应变能力的重要体现。

第三，应急管理主要作用是以资产管理中风险管理为主线，以完善和落实应急预案为基础，以提高预防和处置突发事件能力为重点，实时突发事件的分层分级管理，最大程度减少事件对公司形象和利益造成的损失，保障人员的生命财产安全，维持公司正常生产经营秩序，实现可持续发展。

三、风险管理在资产管理中的应用

资产风险管理信息用于帮助鉴别资源、培训和技能认证需求的充足性，可以作为资产管理策略、资产管理目标、资产管理计划制定的参考信息。

（一）风险管理的方法

采用分层级、分类型的方法开展资产风险管理工作。分层管理原则指：风险管理组织由决策层、管理层和执行层共同组成。分类管理原则指：资产全寿命周期风险管理工作尊重各专业现有的日常风险管理工作，各专业需按照资产全寿命周期风险管理要求，管理本专业所负责的资产风险。

各部门研究本部门负责的资产管理活动，分析存在的风险点，将资产风险管理理念和方法融入现有规章制度和工作流程，并逐步在下述工作环节中逐步开展资产风险信息的应用：

在电网规划设计环节，在规划分析、项目选择、项目论证和决策中，建立风险评估机制，围绕电网发展目标开展风险分析，防范项目决策风险；

在电网工程建设环节，在每一个工程建设项目实施过程中，分析与识别影响项目建设的风险因素，明确工程风险管理职责，编制施工风险管理方案，制定具体的预控措施，并在施工过程中予以分级管控；

在物资管理环节，从采购计划、招标管理、物资验收、供应商管理等多方面，建立完备的内部控制体系；建立科学的市场风险、信用风险计量模型，以有效控制采购成本和物资质量；

在电网运行环节，围绕停电计划管理，优化综合计划的风险协调机制，建立风险成本与停电减损之间风险平衡模型，减少重复停电带来的不良效应；

在电网检修环节，建立输电、变电、配电设备以及调控设备的一体化状态评价与风险评估机制，加强状态评价及风险评估结果的应用，与日常检修计划实现联动；

在退役报废环节，优化资产退役报废的余值评估及审批操作，避免国有资产的流失；

在管理支撑环节，不断完善财务风险、法律法规风险、安全管理风险、人才保障风险、反腐倡廉风险等方面的管控机制建设。

（二）风险管理的流程

风险管理流程如图 8-2 所示。

（三）风险管理的内容

完整科学的风险管理流程包括了收集初始信息、识别风险、评估风险、控制风险、监控风险、信息沟通和记录几个阶段，每个阶段的内容如下：

1.初始信息收集

资产全寿命周期管理活动过程中，企业应广泛、持续不断地收集和资产、资产全寿命周期管理相关的风险初始信息，包括历史数据和未来预测。各业务部门和基层单位按照职责分工收集初始信息，并以专业业务流程为依托，对初始信息进行筛选、提炼和分类。

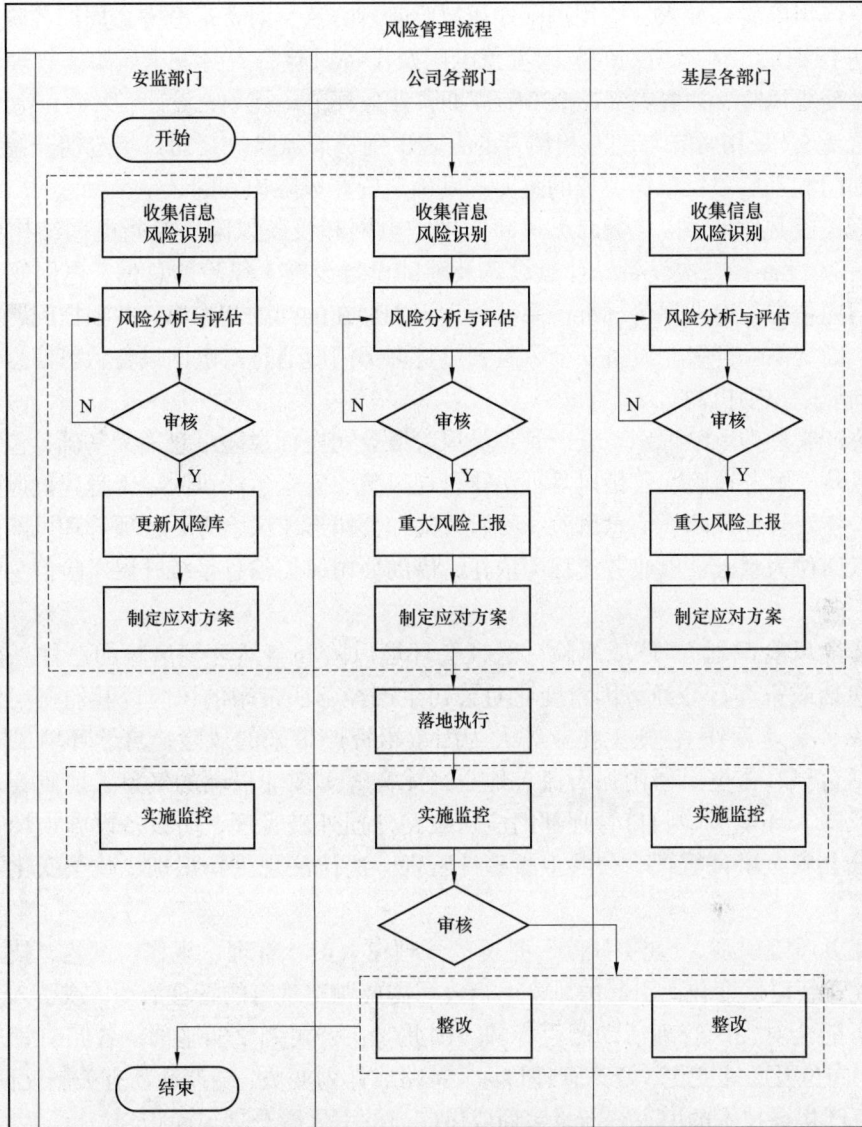

图 8-2　风险管理流程

2.风险识别

风险识别是风险管理的第一步，也是风险管理的基础。是指在风险事故发生之前，人们运用各种方法系统地、连续地认识所面临的各种风险以及分析风险事故发生的潜在原因。只有在正确识别出自身所面临的风险的基础上，人们才能够主动选择适当有效的方法进行的处理。

为了对风险进行识别，应该全面系统地考察、了解各种风险事件存在和可能发生的概率以及损失的严重程度，风险因素及因风险的出现而导致的其他问题。损失发生的概率及其后果的严重程度，直接影响人们对损失危害的衡量，最终决定风险政策措施的选择和管理效果的优劣。因此，必须全面了解各种风险的存在和发生及其将引起的损失后果的详细情况，以便及时而清楚地为决策者提供比较完备的决策信息。

　　按照资产风险管理要求，应用国际通用风险管理方法，对资产全寿命周期各阶段管理活动的风险进行识别。风险识别的范围覆盖电网及设备风险、人身安全风险、管理风险、环境风险以及变更风险，并覆盖资产全寿命周期各业务环节（规划、设计、采购、建设、使用、退役和处置等）。采用常态与动态相结合的方式识别资产风险。公司每年定期开展资产风险识别，各部门和基层单位根据业务的重要程度确定资产风险识别的频率。

　　（1）资产类风险识别。"资产类风险"即"电网和设备风险"是指电网结构风险和设备（包括一次设备、二次设备、计量设备及辅助设备设施）风险的总称。电网安全风险归口管理部门应依据各专业评价标准，系统梳理识别存在的问题和隐患，并根据问题和隐患的严重程度，确定风险等级。设备安全风险归口管理部门应通过对电网设备状态信息管理建立设备安全的风险识别机制。

　　（2）资产管理类风险识别。资产管理类风险以公司全面风险信息库为基础，包含战略风险、投资风险、财务风险、营销风险、法律合规风险、安全生产风险、工程建设风险、人力资源风险、物资管理风险、信息风险、科研风险和公司形象风险等。各项管理风险的归口管理部门应以岗位为基础、以业务流程为依托，借助公司风控信息系统开展风险信息收集识别工作。

　　（3）环境风险识别。"环境风险"是社会环境风险和自然环境风险的总称。社会环境风险主要包括政策等社会经济因素变化对公司生产经营所带来的风险以及偷盗、外部意外事故（火灾、交通意外）、施工作业等人为因素给资产带来的风险；自然环境风险主要指极端（包括台风、雷电、暴雨泥石流、地震、冰灾等）或非极端的气象、地质等现象给资产带来的风险。环境风险归口管理部门应从线路外损外破管理、防设备设施损坏管理、自然灾害、公共安全事件管理、公共卫生事件管理、法律法规更新识别、政策变化等开展风险识别。

　　（4）变更风险识别。"变更风险"是资产管理在人员、管理、规程、工艺、技术等方面发生永久性或暂时性变化而引起的风险。当公司需要调整现有的管理活动，或引入新的管理活动时，可能会对资产管理活动产生影响。因此，在公司调整实施前，各归口管理部门对组织架构、岗位及职能变更、资产管理目标、策略或计划变更、资产活动有关制度标准变更、新资产、资产集或技术的引入、新承包商或供应商的引入等开展风险识别。

　　3. 风险评估

　　风险评估是指辨识和估计风险，并对风险的结果进行评价，为风险管理计划的制定和实施提供依据，风险评估的目的是为了查明项目在哪些方面，哪些地方，什么时候会出现问题，哪些地方潜藏着危险。在查明风险的基础上提出减少风险的各种行动路线和方案。因此，风险评估不仅仅是简单的风险辨识、估计和评价，而是一项复杂的风险管理过程。

　　（1）资产类风险评估。电网安全风险归口管理部门根据电网安全风险等级，建立风险预警和跟踪机制，明确预警内容和要求，跟踪相关单位和部门的响应。风险预警内容应包括风险描述、风险等级、后果分析、整改要求等。电网安全风险评估主要包括安全性评价、隐患排查治理、年度方式分析、安全检查。设备安全风险归口管理部门结合设备状态评估结果，综合考虑安全性、经济性和社会影响等三个方面的风险，确定设备风险程度。风险评估与设备定期评价同步进行。设备状态评价通过持续开展设备状态跟踪监视，综合停电试验、带电检测、在线监测等各种技术手段，准确掌握设备运行状态和健康水平。设备状态评估包括设备定期评价和设备动态评估。

（2）资产管理类风险评估。资产管理类风险评估依据风险发生的可能性、影响程度确定风险等级，将发生可能性与风险影响程度的乘积作为评估的结果。风险按不同等级分为重大风险、中等风险和一般风险。采用常态和动态相结合的管理方式。常态指每年定期开展风险评估工作，根据企业特点和风险控制需求确定，资产风险管理牵头组织部门每年至少组织对公司资产风险信息库中的评估结果进行一次更新；动态指突发事件发生后、季节性气候变化、专项活动及风险控制措施实施之后对新的风险和原有风险的变化重新评估，并将评估结果维护到风险信息库中。

（3）环境风险评估。环境风险评估根据社会环境、自然环境风险来进行评估。应从政策等社会经济因素变化、偷盗、火灾、交通意外、施工作业等人为因素给资产带来的风险；自然环境如地理环境的局限、土质的疏松等工况环境方面，作业地点及其周围带电运行设备，存在触电风险及多专业交叉作业，存在的触电、物体打击、机械伤害风险和设备及工具材料存在风险进行评估。环境风险归口管理部门应通过定期和不定期编制环境保护统计报表方式评价公司环境风险状况。

（4）变更风险评估。当组织架构、管理制度标准、资产管理目标、策略和计划需要变更时，资产风险归口管理部门应对变更风险进行评价，提出风险应对措施，并将变更风险纳入风险信息库管理。

4.风险控制

风险内控办公室组织业务部门根据资产管理风险评估结果，结合风险承受度和风险偏好，确定风险管理策略，制定风险解决方案，明确控制时间和责任人，制定详细的控制措施，针对重大风险可视情况制定相应的专项解决方案。

（1）资产类安全风险管控。电网安全风险归口管理部门按照管理职责和范围，针对电网、设备存在的风险，研究制定预防措施和整改治理方案，电网安全风险管控措施包括安全性评价、隐患排查治理、年度方式分析、安全检查。设备安全风险归口管理部门应依据国家电网公司输变电设备状态检修导则等技术标准和设备状态评价结果，参考风险评估结论，考虑电网发展、技术更新等要求，综合调度、安监部门的意见，确定设备检修维护策略，明确检修类别、检修项目和检修时间等内容。综合考虑检修资金、检修力量、电网运行方式安排等情况，保证检修决策的科学性和可操作性。

（2）资产管理类风险管控。资产管理类风险管控从规划计划、基建工程、技改大修计划、物资采购、退役处置等方面，组织实施整改计划，开展安全管理专项行动。对关键环节风险控制过程中的主要风险点，制定详细可行的预控措施。对暂时不能整改的重大问题和隐患，制定落实有效的预防控制措施和应急预案。对需要上级单位和地方政府提供支持的重大问题和隐患的整改治理，及时提交备案。

（3）环境风险管控：环境风险管控归口管理部门对建设项目和生产运行建立风险管控措施。建设项目环境影响报告书委托具有相应资质的单位编制，报有审批权的环保行政主管部门审批。环评报告经批准后，建设项目性质、规模、地点、生产工艺和防治污染、防止生态破坏的措施发生重大变动，或超过五年未开工建设的，应履行环评报告重新报批或备案程序。涉及水土保持的建设项目，要依据有关法律法规，委托具有相应资质、熟悉相关业务的单位编制水保方案，报有审批权的水行政主管部门审批。

（4）变更风险管控。资产风险各归口管理部门应对组织机构人员、管理流程、规程、工艺设施设备、新技术等变更后的相关工作进行检查，形成检查报告，实现闭环管理。

5. 风险监控

风险监控是指在决策主体的运行过程中，对风险的发展与变化情况进行全程监督，并根据需要进行应对策略的调整。

风险监控的主要依据包括以下几个方面：

（1）风险管理规划。风险管理规划规定了风险监控的方法和技术、指标、时间和工作安排，是风险监控的指导性计划。

（2）风险应对计划。风险应对计划提供了关键风险、风险应对措施等风险监控的具体内容和对象。

（3）环境的变化情况。环境变化包括系统外部环境的变化和系统本身的变更。如果系统出现大的变更，要求进行新的风险分析和风险应对。在风险管理执行过程中，各种日常的反馈信息也是进一步采取风险处置措施的依据。

（4）新识别的风险。新识别出的风险包括原先风险不大的风险成为关键风险和原先不存在或没有识别出来的风险因素或风险事件。对于二级风险识别和分析，尤其是对未曾识别的风险要予以特别重视。

（5）发生了的风险事件和已实施的风险应对计划。风险事件发生要求实施风险控制，已实施的风险应对计划也要求进行风险监视。

公司各类风险归口管理部门对已识别出的风险进行监控管理，对风险情况跟踪监测，及时掌握风险随时间变化的情况；各类风险归口管理部门应以重大风险、重大事件和重大决策、重要业务流程为重点，对风险信息收集、风险评估、风险管理策略、关键控制活动及风险管理解决方案的实施情况进行监督，发现问题并督促整改。各级单位建立分专业风险预警指标体系，完善风险预警机制，设定预警指标阈值，加强风险监控。

风险预警指标应按照相关性、敏感性、可行性、可衡量性原则设定，提高预警指标可量化程度。针对风险预警指标，应合理设置风险预警阈值、预警频率及预警方式。预警阈值：按照风险水平设置区间警戒值，分为正常区域（绿区）、异常区域（黄区）和报警区域（红区）。预警频率：根据风险性质，按天/周/月/季/年实施风险预警。预警方式：主要包括人工预警和系统预警。

6. 风险信息沟通与记录

公司、公司各部门和基层单位三个层级分别建立并维护公司级、部门级和基层单位级资产风险信息库。各类风险归口管理部门在风险识别、风险评价、风险监控的过程中应与公司内部与外部相关方进行充分沟通，并将评估结果和需要执行的管控措施告知相关人员。公司各风险归口管理部门应记录、报告并维护资产风险和资产风险管理活动的信息，并将资产风险信息应用于：资产管理策略、资产管理目标、资产管理计划的制定；明确资源配置、人员培训和技能认证需求的依据；管控资产全寿命周期活动；指导资产管理执行；更新完善企业全面风险管理框架。

（1）资产类安全风险的沟通与应用。电网安全风险归口管理部门应将电网安全风险管理方法应用于安全管理体系的 PDCA 循环模式，与安全性评价、隐患排查治理、年度方式分析、安全检查等工作结合，从工作计划、组织实施、整改治理、监督改进等环节，明确主要工作要求和措施，以对电网、设备和生产环境中存在的隐患、缺陷和问题，实现安全风险的超前分析和流程化控制，形成"管理规范、责任落实、闭环动态、持续改进"的安全风险管理工作机制。推行安全管理标准化，健全安全工作长效机制，针对电网、设备和生产环境中存在的隐患、缺陷和问题，系统辨识安全生产风险，落实整改治理措施，防范安全生产事故。设备安全风险归口管理部门应将设备安全风险管理方法应用于状态检修工作检修决策、检修计划、检修实施及绩效评估全过程。应依据国家电网公司输变电设备状态检修导则等技术标准和设备状态评价结果，参考风险评估结论，考虑电网发展、技术更新等要求，综合调度、安监部门的意见，确定设备检修维护策略，明确检修类别、检修项目和检修时间等内容，作为年度状态检修计划和年度综合停电检修计划的重要编制依据，从而实现对状态检修体系运作的有效性、策略适应性以及目标实现程度进行的评价，查找工作中存在问题和不足，提出改进措施和建议，持续改进和提升状态检修工作水平。

（2）资产管理类风险应用。管理风险归口管理部门应将全面风险评价结果应用于内部控制标准流程编制、管理授权、信息系统建设、内控评价等内部控制体系过程中，通过系统预警、风险评价等监督手段监控内控流程执行情况，及时纠正执行偏差。根据风险评估结果，结合公司经营实际，设计或选择适用的内控流程，将流程步骤与执行责任落实到实际岗位。应按照内控流程手册中的信息系统操作要求，梳理尚未实现系统操作的流程步骤，提出系统固化需求，信通部门应整合业务固化需求并推动实施，从而将风险控制在可承受范围内，实现建立具有组织架构扁平化、业务流程标准化、内控责任岗位化、控制手段信息化、监督评价常态化特征的内部控制体系。

（3）环境风险应用。环境风险归口管理部门应将环境风险管理方法应用于电网和电源（含水电、抽水蓄能、新能源等，下同）的规划、设计、建设与生产运行等过程中，对执行国家及地方环保法律、法规、标准和公司环保规章制度等情况的监督，以加强公司环境保护工作的监督管理，建立公司系统环保监督的常态机制。

（4）变更风险应用。资产风险归口管理部门应将变更风险评价结果应用于资产全寿命周期活动。

【延伸阅读】

根据《资产全寿命周期管理体系规范》（Q/GDW 1683—2015）的要求，资产全寿命周期资产管理应满足如下要求：

a. 应制定、实施并维护风险管理的相关制度和流程，识别和评价与资产、资产集、资产管理活动相关的风险，明确并落实贯穿资产全寿命周期的必要管理和监控措施，同时对相关活动进行记录。建立风险管理体系应满足：

（a）明确对内、外部相关方的要求，符合国家有关法律法规要求、公司规章制度等要求；明确企业资产管理目标要求和企业可承受的风险范围；明确企业的管理经验和能力水平；明确企业内、外部环境的变化趋势，使风险管理体系与上述内容相适应，并确保为风险管理提供所需资源；

（b）制定风险管理方法和流程。风险管理办法应明确风险识别的范围、风险类型、资产重要程度、风险识别方法、风险评价方法、风险容忍度、风险应对策略和风险管理职责、主要业务活动、时间等内容和要求。风险管理流程应包括风险识别、评价、应对和监控等流程,流程应覆盖资产全寿命周期的各个阶段和资产管理活动的各个方面;

（c）评估风险管理效果并持续改进;

（d）在全面风险管理体系下开展资产风险工作。

b.风险识别和评价。应制定风险识别和评价方法,并满足:

（a）风险识别的范围应至少覆盖电网、设备和人身安全风险、管理风险、环境风险以及变更风险,并覆盖资产全寿命周期各业务环节(规划计划、采购建设、运维检修、退役处置等);

（b）风险评价应综合考虑事件发生的可能性和后果的严重性对风险进行定级,并随时间、环境等条件变化对评价结果进行更新。

c.风险应对。基于风险评价结果,制定、实施并维护应对策略、控制措施和解决方案。

d.风险管理活动监控。应对已识别出的风险进行监控管理,对风险情况跟踪监测,及时掌握风险随时间变化的情况;并对风险管理工作进行检验,及时发现不足并改进。

e.风险信息应用。应记录、报告并维护资产风险和资产风险管理活动的信息,并将资产风险信息应用于:

（a）资产管理策略、资产管理目标、资产管理计划的制定;

（b）明确资源配置、人员培训和技能认证需求的依据;

（c）管控资产全寿命周期活动;

（d）指导资产管理执行;

（e）更新完善企业全面风险管理框架。

第二节 应 急 管 理

一、应急管理的内涵

应急管理指为了减少突发事件的发生或降低其可能造成的损失或者负面影响,达到优化决策的目的,而针对可能发生或已经发生的突发事件进行的一系列有计划、有组织的管理。应急管理的内涵包括了预防、准备、响应和恢复四个阶段,四部分有自己单独的目标,并且成为下个阶段内容的一部分。

资产管理中的应急管理指的是为了切实防范和有效处置对公司和社会有严重影响的各类安全生产事故和社会稳定事件采取的事前预防、事中应对、事后处理等方式应对突发事件和紧急情况,保障重要资产管理行为的连续性的管理活动。

二、应急管理的意义

应急管理主要指企业在突发事件的事前预防、事发应对、事中处置和善后管理,对于电力企业资产全寿命周期管理,主要体现以下几方面作用:

（1）在电力企业资产全寿命周期管理中建立必要的应对机制,采取一系列必要措施,以保障职工和公众生命财产安全,促进公司和谐健康发展,是关系企业经济运行、社会稳定和人民群众生命财产安全的大事,是保障企业资产安全稳定良性运转的重要举措。

（2）加强应急管理工作,有利于防范和有效处置资产管理活动中对企业和社会有严重影响的各类安全生产事故和社会稳定事件,减少事故灾害和突发事件造成的影响和损失。提高预防和处置突发事件的能力，是坚持以人为本、造福社群的重要体现；是全面履行资产管理职能，进一步提高资产管理各部门管理应变能力的重要体现。

（3）应急管理主要作用是以资产管理中风险管理为主线，以完善和落实应急预案为基础，以提高预防和处置突发事件能力为重点，实时突发事件的分层分级管理，最大程度减少事件对公司形象和利益造成的损失，保障人员的生命财产安全，维持公司正常生产经营秩序，实现可持续发展。

三、应急管理在资产管理中的应用

（一）应急管理的基本原则

总的来说，应急管理要注重建立完备的机制，以人为中心，同时注重发挥好平台制度和资源，设计好相关部门的职责。具体如下：

1. 以人为本，健全机制

"以人为本，健全机制"是指把保障职工生命安全作为应急工作的出发点和落脚点，最大限度地减少突发事件造成的人员伤亡和危害。通过预案的制定，不断提高应急处置的科学性，改进和完善应急处置的装备、设施和手段，提高应急处置人员的安全防护水平和指挥协调能力，充分发挥各级应急组织的主观能动性。

2. 统一领导，分级管理

鉴于突发事件的不确定性（如：时间、地点、环境、造成损失和危害范围），因此所需要的应急处置方案也不同。要在统一领导的前提下，按照事件所需要的应急资源，实行分级管理、分级响应。在应急预案中需要落实各级应急处置机构的岗位责任制，明确责任人及其指挥权限。

3. 平战结合，资源共享

针对突发事件的不确定性，思想、物资、预案、机制都需时刻做好准备，加强培训演练，做到常备不懈。在一个地区乃至整个国家电网，准备过程中要实时保证应急资源以及经验的共享，各地区根据自身特点制定应急预案。

（二）应急管理的管理流程与管理机构

应急管理流程如图 8-3 所示。

正常情况下，安监部门作为常设机构，开展预警监测、应急物资管理、应急预案管理等工作。当突发事件发生时，预防组织管理机构首先接收预警信息，掌握电网突发事件第一手信息。随后根据风险状况，立即成立处置组织管理机构，启动应急响应，执行应急预案，在最短时间内调动各种人力和资源，赶赴事故现场投入应急工作。抢修结束后，成立恢复组织管理机构，对外改善关系提升形象，对内总结、表彰和惩戒。

围绕电网突发事件预防、处置、恢复三个环节，设计成立预防组织、处置组织和恢复组织管理机构。

1. 预防组织管理机构

预防组织管理机构由预防管理主任、预警专责、预案管理专责、物资管理专责等人员组成，负责电网突发事件的监测、预警、应急预案编制与演练等工作，以提升突发事件的预防与应对能力。

2. 处置组织管理机构

处置组织管理机构由输变电网设施抢修组、物资与后勤保障组、通信保障组、宣传报道

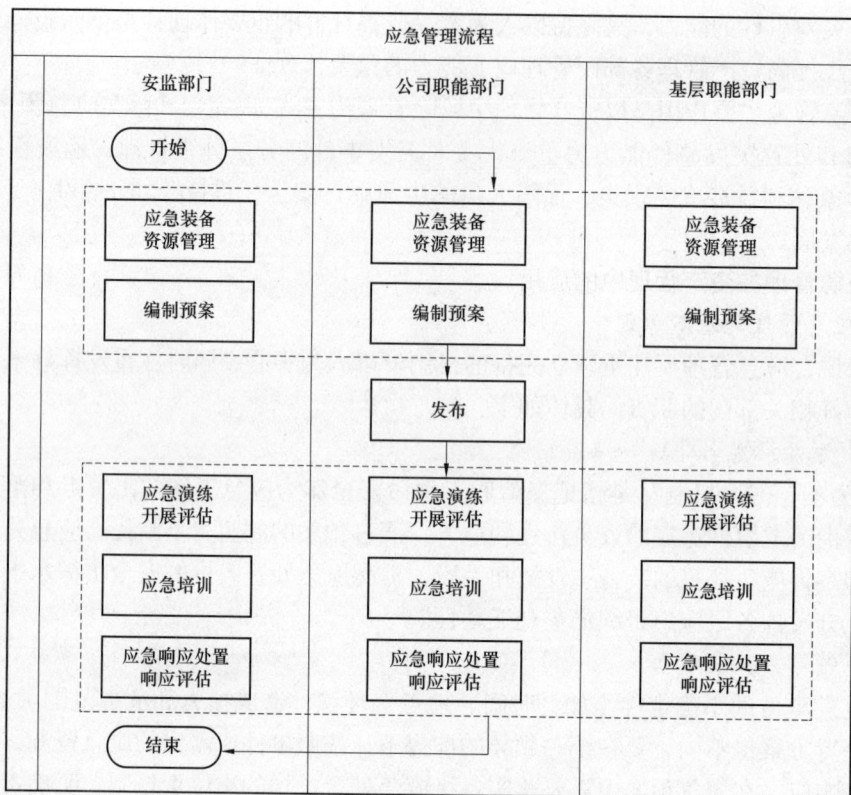

图 8-3　应急管理流程

组等组成，履行电网抢修、合作互动等职责，工作中要求做到及时性、整体联动性、安全性和公开性。

3. 恢复组织管理机构

恢复组织管理机构由公共关系组和表彰筹备组组成。公共关系组负责公众关系的修复和提高，提升企业的社会形象；表彰筹备组负责开展安慰、表彰与惩处等工作。

（三）应急组织管理内容

应急管理是针对可能发生或已经发生的突发事件进行的一系列有计划、有组织的管理。应急管理分为四个大的阶段，分别为应急预案编制、应急培训、应急演练和应急响应与处置。应急管理阶段见图 8-4。

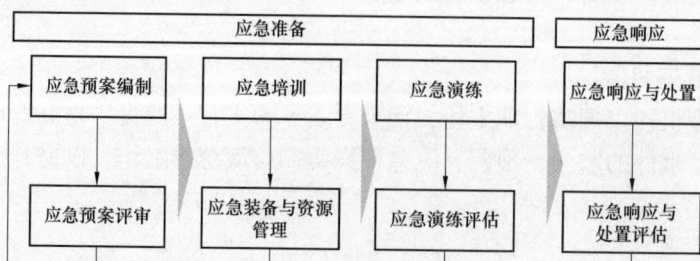

图 8-4　应急管理阶段

1.应急培训

为确保应急策划的及时、有效执行，并不断检验和完善应急预案，根据应急管理要求，建立应急培训机制，明确制度标准管理的责任部门、要求、方法、内容及信息；应急培训为公司培训规划和职工年度培训计划的一部分，针对多种应急情况，设计并构建应急培训流程，包括职责、主要业务活动、时间要求等；对应急管理人员、应急救援基干队伍进行培训，明确培训对象，并定期开展应急培训；配备应急物资和各类应急装备。培训结束后，由培训实施部门评估应急培训的效果，指出培训存在的不足项，针对不足项及时制定改进措施与计划，并确保措施实施，为下次的应急培训提供重要反馈参考意见，以提升培训效果。使各级人员熟悉和掌握相关应急预案、现场处置方案、应急启动条件、应急执行程序，提高应急处置能力。

设计应急知识：一是历史抢险资料整理。搜集、整理历次抢险的资料，建立一整套资料数据库，详细分析、整理、总结每次抢修的经验和教训，包括受损线路或变电设备概况及参数、线路或变电设备受损情况、自然灾害形成原因及产生后果、抢修前期准备、抢修施工经过、后期处置等。二是应急管理教材编制与培训。对于电网施工企业，应编写一整套包括管理层和员工层的应急管理培训教材。管理层教材主要从国内外应急管理现状谈起，还包括国内外电力突发事件处置、国家电网应急管理体系建设、应急处置案例分析等内容；员工层主要讲解多种危急情况下的自我保护、救援，以及电网突发事件的人员集结等内容。电网施工企业可根据教材，定期开展应急知识培训，强化应急意识，提高应急能力。

制定培训计划之前，首先要对应急救援系统各层次和岗位人员进行工作和任务分析，然后制定培训计划，并根据计划进行课程设计。应急培训课程应根据专项培训目标而制定，所有授课内容应以培训目标作为主要决策基础。通过训练要达到的目标是：

（1）提高队伍的快速反应能力；

（2）提高指挥员的组织指挥能力和指挥机关人员的组织协调能力；

（3）使训练队伍的技能与素质得到巩固，协同趋于密切；

（4）提高各种后勤保障能力，培养参演人员的良好作风及其心理素质；

（5）检验队伍的训练成果，促进训练工作和训练水平的落实与提高；

（6）检测队伍的警戒水平，促进备勤工作的落实；

（7）验证队伍的编组、装备、训练内容、方法和培训形式的可行性；

（8）熟悉、修正、完善和优化预案，并在此基础上探讨新的对策措施。

2.应急专家队伍建设

电网施工企业应急专家队伍建设在应急管理中起着至关重要的作用，特别是遇到电网大规模受损事故时更加明显。例如，根据抗冰的经验，500kV线路受暴雪侵袭，倒塔、断线形式多样，数量众多，如果贸然组织抢修，很可能造成邻近铁塔因导线受力不均而再次发生大面积倒塔事故，造成严重的次生灾害甚至人员伤亡。如果每基铁塔分配一至两名有丰富现场经验的专家级技术人员，既可以大幅提高抢修效率，又能保证施工安全。各电网企业可选拔部分优秀专业人才，采取轮训或集中学习模式，共同讨论和研究各种突发事件的处理方案，从而建立自己的应急专家库，确保可以迅速组织专家到现场确定抢修方案。

3.应急预案与演练

制定突发事件的应急处置预案，要根据事故与事件的性质、发生原因、规模大小以及可能造成的危害后果等因素，来决定采取相应的处置办法和措施。在制定应急处置预案时，应当体现出以下几方面的基本要求：

（1）基本情况清楚。在制定应急处置预案之前，必须将自身职责范围内的基本情况搞清楚，比如所在单位和地区存在哪些危险源，人员的数量、结构与分布情况，可能发生的突发事件类型，有哪些重要的区域和部位，可用的应急力量等。这些基本情况是制定应急处置预案最重要的基础。

（2）职责分工明确。鉴于突发事件的种类较多，每起事件具体情况不同，所需要的应急处置力量也不尽相同。突发事件的应急处置过程是各级应急部门和力量联合反应的过程。因此，应急机构之间的分工十分重要。如果职责分工不明确，势必会形成互相推诿、扯皮的局面，影响应急处置目标的实现和处置效率的提升。因此，在应急预案中，首先明确组织协调机构、现场操作部门、管理部门、支持与保障机构的职责；其次明确各应急力量中内部的职责与分工。

（3）指挥决策统一。统一指挥决策是应急处置工作达到既定目标的重要保证。在多个部门参与的应急过程中，应有统一的指挥决策机构，要保证从上到下贯彻指挥员的命令，避免多头指挥带来的混乱局面。

（4）信息渠道畅通。首先，有关突发事件的各种信息要能够及时传递到指挥决策部门和人员手中，以对事件的实际情况做出正确的判断与决策；其次，保证有关的信息能够及时传递给新闻媒介，以便新闻媒介把准确的信息传递给社会公众，对突发事件对民众的影响做出解释。

（5）重视善后恢复。善后恢复是对突发性事件应急处置的最后一个环节，恢复阶段的工作主要是围绕使那些受到突发性事件影响的人和环境秩序、工作秩序尽快恢复到正常的状态。

（6）周密性与灵活性相结合。要做到周密性和灵活性相结合，就要把各种情况想得周全、严密，包括事故与事件发生的周围环境、发生的实际时机及其天气状况，投入人力坚持的时间，使用的器材、通讯装备和给养的后勤供给等，这些预先都要考虑周全，否则就会给处置任务的完成带来一定的困难。由于突发性事件的随机性、突发性强，涉及的因素众多，并且处于动态变化之中，很多情况难以预测，因此，应急处置工作在做到周密的同时，还要给实际任务的执行留有余地，不能把处置的措施、方法和手段规定得过于具体和细致。应对突发性事故与治安事件的处置要制定分级预案和多套工作预案，使现场应急处置的指挥人员具备临场处置的灵活性，以提高处置成功的保险系数。

除以上几个方面的要求之外，应急预案的演练、保证应急的重点、落实应急处置的人力资源等方面的内容，都应当在应急预案中予以考虑和体现。

4. 突发事件预警与应急

（1）预警。根据预测分析结果，对可能发生和可以预警的突发事件进行预警。公司预警分为一级、二级、三级和四级，分别用红色、橙色、黄色和蓝色表示，一级为最高级别。

预警信息的内容包括突发事件名称、预警级别、预警区域或场所、预警期起始时间、影响估计及应对措施、发布单位和时间等。进入预警期后，总部、公司各有关单位应采取以下部分或全部措施：

1）及时收集、报告有关信息，开展应急值班，做好突发事件发生、发展情况的检测和事态跟踪工作；加强与政府相关部门的沟通，及时报告事件信息。

2）组织相关部门和人员随时对突发事件信息进行分析评估，预测发生突发事件可能性的大小、影响范围和严重程度以及可能发生的突发事件的级别。

3）加强对电网运行、重点场所、重点部位、重要设备和重要舆情的检测工作。

4）采取必要措施，加强对关系国计民生的重要客户、高危客户以及人民群众生活基本用电的供电保障工作。核查应急物资和设备，做好物资调拨准备。

5）有关职能部门根据职责分工协调组织应急队伍、应急物资、应急电源、应急通信、交通运输和后勤保障等处置准备工作。

6）做好新闻宣传和舆论引导工作。

7）应急领导小组成员迅速到位，及时掌握相关事件信息，研究部署处置工作。

8）应急队伍和相关人员进入待命状态。

9）做好成立专项处置领导机构，现场指挥机构等临时机构的准备工作。

（2）应急。公司严格按照各项应急预案的要求启动应急响应，迅速成立针对性应急小组，实施具体的内外部应对措施。根据响应级别，应急响应和处置相关责任人应各负其责，行使权力及履行义务。每项应急响应及处置工作的牵头部门组织各参与部门开展应急处置评价工作，评价主要从人员表现及应急处置工作效果两个维度开展。同时公司邀请参与应急处置工作的外部相关方参与应急处置评价，并根据评价结果对应急管理进行持续改进，包括修订预案等。

结合管理实际，公司各层级应急响应措施一般分为两级。发生重大及以上突发事件，公司应急领导小组直接领导，或研究成立临时机构、授权事发单位负责事件处置；较大及以下突发事件，由事发单位负责处置，公司事件处置牵头负责部门跟踪事态发展，做好相关协调工作。

事发单位不能消除或有效控制突发事件引起的严重危害，应在采取处置措施的同时，启动应急救援协调联动机制，及时报告上级单位协调支援，根据需要，请求地方政府启动社会应急机制，组织开展应急救援与处置工作。

事发单位应积极开展突发事件舆情分析和引导工作，按照有关要求，及时披露突发事件事态发展、应急处置和救援工作的信息，维护公司品牌形象。

根据事态发展变化，公司及相关单位应调整突发事件响应级别。突发事件得到有效控制，危害消除后，公司及相关单位应解除应急指令，宣布结束应急状态。

5. 事后恢复与重建

应急处置工作结束后，公司各单位对突发事件的起因、性质、影响、经验教训和恢复重建等问题进行调查评估，开展事件处置过程的分析和评估，提出防范和改进措施，并监督落实。评审应急预案的适宜性，必要时修改应急预案，并保留评审记录。事后恢复与重建工作结束后，事发单位应当及时做好物资、资金的划拨和结算工作。

【延伸阅读】

根据《资产全寿命周期管理体系规范》（Q/GDW 1683—2015）的要求，资产全寿命周期资产管理应满足如下要求：

a. 应急准备。应制定、实施并维护应急预案、方法和具体流程，以应对突发事件和紧急情况，保持重要资产管理行为的连续性，并满足：

（a）明确内、外部相关方的要求，符合国家有关法律法规、公司规章制度等要求；明确企业资产管理目标要求和企业面临的资产风险；明确企业内、外部环境的变化趋势，使应急管理体系与上述内容相适应，并确保为应急管理提供所需的资源；

（b）对识别出的风险及可能遇到的突发状况进行应急管理工作，并制定如下针对性的预案：

a）总体应急预案；

b）专项应急预案；

c）现场应急处置方案。

b. 应急培训。应根据应急预案，开展应急培训工作，并满足：

（a）建立应急培训流程，包括职责、主要业务活动、时间要求等；

（b）明确培训对象，并定期开展应急培训。

c. 应急演练。应根据应急预案，开展应急演练工作，并满足：

（a）建立应急演练流程，包括职责、主要业务活动、时间要求等；

（b）根据应急预案，定期开展演练。

d. 应急评价。应对应急培训和演练的结果进行评价，并满足：

（a）记录应急培训和演练、应急响应等活动开展情况；

（b）定期对应急管理的有效性进行评价，邀请相关方参与评价，并根据评价结果对应急管理进行持续改进，包括修订预案等。

第九章

协同与沟通

第一节 协 同

一、协同的内涵

协同指协调两个或者两个以上的不同资源或者个体，协同一致地完成某一目标的过程或能力。协同理论的核心思想就是协同导致有序，有序是协同的产物。系统内子系统间的有机联系、协作和配合是形成整体协同运动的关键条件。如果系统中各要素彼此独立、互不相干，就不会形成任何有序结构。

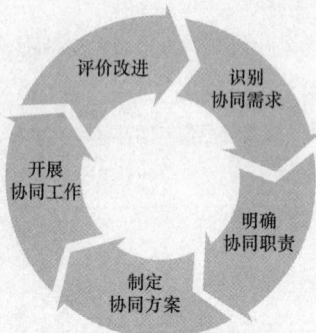

图9-1 协同的内容

在资产管理活动中，协同侧重于识别资产管理业务协同需求，明确协同职责及要求，建立或完善跨流程、跨业务、跨专业、跨部门及跨单位的协同工作机制，指导协同工作的开展及持续改进，确保流程的顺畅运转、业务的融合贯通。资产管理协同重点关注资产管理目标、策略、计划与企业发展战略一致的协同，内容包括协同需求的识别、协同的内容及职责、协同原则的确定等，确保各项协同需求融入相应的业务中，按照职能分层级开展协同工作并持续改进，确保流程的顺畅运转、业务的融合贯通。协同的内容见图9-1。

二、协同的意义

随着企业信息化从部门级应用向企业级应用再到供应链应用的发展，协同工作被提到了非常重要的位置。围绕横向协同、纵向贯通两条主线，建立以"强调统一"为核心，横向到边、纵向到底的协同工作机制，有助于电力企业资产全寿命周期管理实现以下几个方面目标：

（1）系统内部各子系统或组分的协同作用决定了系统能否发挥协同效应和整体功能的充分发挥。反之，系统内部相互掣肘、离散、冲突或摩擦，就会造成整个管理系统内耗增加，系统内各子系统难以发挥其应有的功能，致使整个系统陷于一种混乱无序的状态。资产管理工作需要与其他相关部门保持密切联系，如与采购部门的资产交接，与运维检修部门定期维护事项等，因此，部门及业务之间的横向协同，保障了资产管理执行效率的提升。

（2）建立横向到边、纵向到底的协同工作机制；在决策环节，通过协同沟通，确保资产管理目标、策略、计划须与企业发展战略相一致；在执行环节，协同机制能够覆盖所有流程、业务、专业、部门及外部利益相关方，并采取系列措施将彼此紧密联系起来。

（3）建立资源协同、作业协同的管理机制，建立动态监督评价机制，有助于资产管理活动的执行协同落地，实现业务流、价值流、信息流程的统一。将引导各业务由注重纵向实施转向横向协同并重，保障资产管理整体性、一致性、协同性的持续提升，从而推动电力公司管理效率效益的持续提升。

三、协同在资产管理中的应用

以资产管理业务标准制度为依据，明确各业务牵头部门职责及相关部门在协同中的工作内容、职责、标准，并进行监督和考核，确保业务（流程）前端协调后端、后端支撑前端的系统性、整体性的全过程协同。

（一）协同的管理要求

为了提高组织整体性和业务工作效率，全寿命周期管理要求增强各个要素间的协同，具体包括以下几个方面：

1. 目标、策略和计划的协同

目标、策略和计划的协同必须与公司战略保持协同一致，具体包括：资产管理目标、策略必须源自公司战略，满足法律法规政策、外部监管、上级公司等强制性要求，指导公司资产管理计划的编制和寿命周期活动的开展。

（1）资产管理目标、策略承接公司战略，是公司战略在资产管理业务活动中的具体要求和管理方法。同时资产管理目标、策略及其执行情况影响公司战略的制定，是公司战略制定的具体依据之一。

（2）资产管理计划与公司战略和资产管理目标、策略相一致，为实施资产管理策略并实现资产管理目标而编制的，明确资产、资产集的建立、购置、使用、维护、退役、处置等活动的资源、职责、时间和目标的文件，并包括持续提升计划，以实现公司战略。

2. 业务协同

业务执行协同要求以资产管理二级流程为切入点，着重于资产管理业务活动的前后衔接，横向融合；安监部门每年牵头，将总部提供的二级流程作为参考依据，各业务部门结合实际业务情况，将流程展开梳理，梳理内容包括所涉及职责、制度、标准，明确各业务协同点、部门，优化或完善协同工作要求。同时根据资产管理目标，明确协同管理的重点业务，每年滚动修订。

3. 资产管理要求协同

（1）风险管理。风险内控管理办公室通过与各业务部门、基层单位的协同，进行风险评估，制订风险应对措施，进行风险库动态管理。

（2）资产状态和绩效。运维检修部门、运营监测部门将资产状态和资产管理绩效的监测结果传达到相应业务管理部门，协同完成资产管理职责要求。

（3）培训与能力。公司各部门、基层单位相关人员应熟练掌握协同管理工作要求，熟知相关专业制度办法规定等。

（4）资产管理体系持续改进。企业协会协同各业务部门，进行典型经验推广、创新成果发布等资产管理活动纠正和预防成功经验或实践，促进资产管理体系持续改进。

（5）资产管理评审。资产管理办公室每年组织评审资产管理体系运行成效，各部门根据评审结果修订完善。

（二）协同管理流程

协同管理流程如图 9-2 所示。

（三）协同的工作内容

国家电网公司"五位一体"协同工作体系是基于"制度、流程、职责、标准、考核评价"五位一体协同原则，建立并完善跨流程、跨业务、跨专业、跨部门及跨单位的协同工作机制，并融入各项资产管理标准及制度内，指导协同工作的开展及持续改进，确保流程的顺畅运转、业务的融合贯通。具体包括建立资产管理目标、策略、计划与企业发展战略一致的工作机制。融入公司既有的管理体系，与公司安全生产管理体系、全面风险管理体系、标准制度管理体系、保密工作管理体系等保持联动一致。建立包括协同需求识别、协同方案制订和执行、协同效果评价及改进等贯通闭环的协同流程。

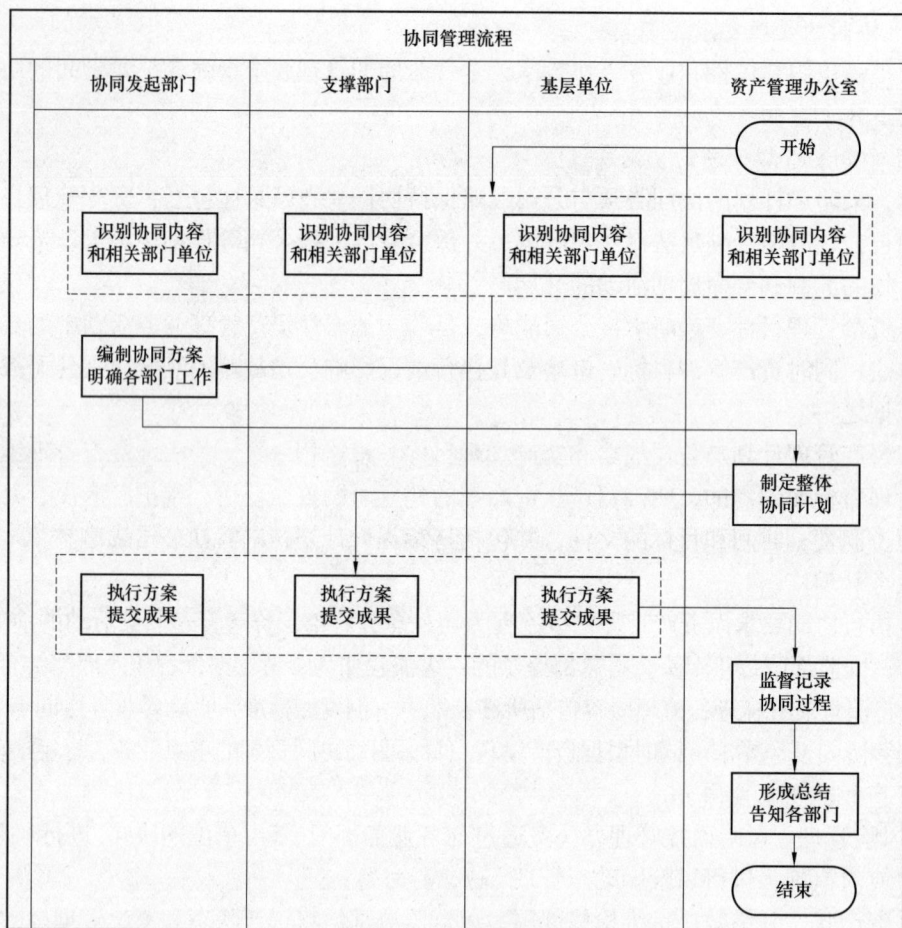

图 9-2 协同管理流程

1. 协同需求识别

各部门识别内部协同需求，识别协同内容和前后端支撑岗位；

资产管理办公室根据需协同业务的制度标准，识别资产管理体系整体协同内容和需支撑的部门和单位；

业务归口管理部门根据需协同业务的制度标准，识别资产管理业务整体协同内容和需支撑的部门和单位。

2. 协同方案制订

各资产管理业务环节的业务前端部门在与后端业务部门沟通协商一致的前提下，编制与后端业务部门间协同方案，制定具体执行计划，明确提出需要相关部门支撑完成的工作以及具体的工作要求；

资产管理办公室／业务归口管理部门汇总业务全过程所有协同部门、单位，制订整体协同方案、执行计划，明确协同目标和要求。

3. 协同方案执行

由各资产管理业务的归口管理部门主导，相关部门、单位配合，按照"5W1H"要求落实各自负责的工作，并提交工作成果。

资产管理办公室 / 业务归口管理部门监督和记录沟通协商过程。

4. 协同效果评价

各业务部门每年要评价协同活动的实施情况，发现存在的问题和不足，提出改进需求和完善建议。资产管理办公室负责协同管理的监督、检查、总结和完善协同管理活动开展情况，各业务环节部门要对前后端业务部门的协同活动进行评价，根据存在的问题和不足，形成协同效果评价报告，提出改进需求和完善建议，作为管理评审工作重点内容之一。

资产管理办公室根据管理评审的意见及协同效果实施情况，每年按需组织相关业务部门制订协同工作改进措施，并督促其落实实施，不断提高协同工作质量。

第二节 沟 通

一、沟通的内涵

（一）沟通的定义

沟通是人与人之间、人与群体之间思想与感情的传递和反馈的过程，以求思想达成一致和感情的通畅。沟通的基本要素包括信息的发送者（信源）、信息的内容、信息的传递渠道和信息的接收者。

资产全寿命周期管理中的沟通确保资产管理信息在企业内外部提供、接收和理解，有效的沟通是自上而下、自下而上和横向协同的，包括部门与部门、基层各单位之间的沟通，企业与外部利益相关方之间的沟通。

（二）沟通的分类

沟通方式也可称为沟通方法或沟通类型，指用什么样的方法进行交流与沟通。为加强对沟通的理解和应用，可以按不同的标准对沟通的方式进行分类。

1. 按沟通渠道分类

按沟通渠道的不同可以将沟通分为口头沟通、书面沟通、非语言沟通和电子媒介沟通等。不同渠道的信息传输能力是不同的，正如管道的物理特性决定了其能够输送的液体类型和数量，沟通渠道的物理特性也会决定传递信息的种类和数量。根据沟通内容的特点选择适当的沟通渠道，可提升沟通的有效性。

（1）口头沟通。口头沟通包括开会、正式面谈、聊天、讨论、演讲、辩论、电话等形式。面对面交流是最丰富的媒介，沟通双方可以直接体验、实现多信息交流和及时反馈，有助于对多种信号的接收及对沟通情境深层次、情绪化的理解。电话交流的丰富度仅次于面谈，尽管缺少眼神交流和身体语言暗示，但人的声音仍能传达大量的情感信息。口头沟通的优点是用途广泛，信息传递迅速，可在最短的时间里直接得到对方的反馈，并有再直接阐述自己观点的机会。其缺陷是传递信息缺乏正式的渠道，易失真且核实困难。当信息经过多人传递时，由于每个人都以自己的方式来解释信息，到最后信息内容可能发生很大曲解。

（2）书面沟通。书面沟通包括报告、备忘录、信件、组织内发行的期刊、布告栏及其他任何传递书面文字或符号的手段。它的优点是严肃、准确，具有权威性，不易被歪曲、可反复阅读以增强理解；主要缺陷是耗费时间较多，同样时间的交流，口头比书面所传达的信息要多得多，同时缺少及时反馈。常规的、例行公事的沟通可选择书面的方式。常规信息包含的大多是数据或统计资料，或是简单地把管理者已经达成共识或理解清楚的意思用文字表达出来，可满足受众广泛、正式的或者需要永久保存记录的沟通要求。

（3）电子媒介沟通。电子媒介沟通包括传真机、电报、闭路电视、计算机和网络技术等。随着网络技术的发展，电子邮件和即时通信越来越多地被应用于沟通中。很多组织也在通过互联网召开交互式会议，有时还增加视频功能，使沟通信息更为丰富。此类沟通的优点是传递信息快、信息容量大、一份信息可以同时传递给多人；缺点是缺少情感和丰富体态语言的表达。

（4）非语言沟通。非语言沟通形式主要有体态语言、副语言和物体的操纵及环境的布置等。在沟通过程中，人们的行为、外表、动作和态度都具有象征意义，向对方传递自己的重视及期待。体态语言主要指动态无声的手势、面部表情、目光或者是静态无声的身体姿势、空间距离及衣着打扮等。体态语言能够深刻地反映人的本意，我们可以从人的面部表情和眼神了解人的情绪状态，也可以从人的身体距离、姿势、手势等了解人的紧张状态。

2.按组织沟通的方向分类

根据沟通中信息的传播方向可以分为下行沟通、上行沟通、平行沟通和斜向沟通。

（1）下行沟通。下行沟通指组织或群体中，从高层次向低层次进行的沟通活动，通常用于通知、命令、协调和评估下属。管理者通过下行沟通，可以与员工讨论组织的战略和发展，将目标和任务分配给员工，为其工作提供指南；可以向员工下达工作指令和基本原理，使员工明确如何完成某一特定的工作及该工作与组织其他活动的关系。最常用的下行沟通方式包括政策与流程手册、时事通信、公告牌、电子邮件、演讲和会议等。下行沟通往往带有命令性和权威性，有利于增强组织成员的合作意识，有助于管理者实施决策和控制。但沟通的过程中信息离散，如果从源头到最终接收者经过的层次较多，也容易被曲解和贻误。

（2）上行沟通。上行沟通是组织或群体中，从低层次向高层次进行的沟通活动，通常表现为下属人员向上级的工作汇报、合理化建议或他们对工作、同事及整个组织的看法。很多组织采取积极措施构建上行沟通渠道，鼓励上行沟通。通过上行沟通，员工可以报告组织经营中存在的严重问题和例外情况，使管理者了解员工遇到的困难。常见的上行沟通方法有意见箱、建议制度及由组织举办的征求意见座谈会或态度调查等。采取上行沟通的方式，管理者可以广泛地听取下级的意见，发现问题及时更正，并且通过给员工参与决策的机会来提高他们的满意度和积极性。

（3）平行沟通。平行沟通是组织结构中处于同一层次上的成员或群体之间的沟通。通常表现为部门内部或部门之间的信息传递和在同级员工中寻求理解支持或协作，常见的方式有委员会和举行会议等。平行沟通往往带有协商性，可以节省时间和促进协调，增进组织成员相互之间的了解，克服本位主义。但是如果员工不向管理者通报他们做出的决策或采取的行动，会造成冲突。

（4）斜向沟通。斜向沟通指非属于同一组织层次上的个人或群体之间的沟通，时常发生在职能部门和直线部门之间。斜向沟通可以加快信息的传递，增进理解，协调各方面的关系确保组织目标的实现。但如果员工不将决策或行为通报给其上级，也可能造成问题。

3.按沟通的组织系统分类

按照组织管理系统和沟通体制的规范程度，可以分为正式沟通和非正式沟通。这两种沟通几乎同时存在于组织系统之内，但它们有各自的特点和作用。

（1）正式沟通。以正规的组织程序，按权力等级链进行的沟通，或完成某项工作任务所必需的信息交流。正式沟通是组织内部明确的规章制度所规定的沟通方式，与组织结构紧密相连，主要包括组织正式颁布的规章制度、命令、通知、文件、召开的会议及组织内部员工之间因工作需要而进行的正式接触。任何发生于组织中既定的工作安排场合的沟通都可成为正式沟通，例如，当管理者命令员工完成某项任务时，他是在进行正式沟通，而员工将某一问题提交和提交给他的主管时，也是正式沟通。

正式沟通是组织管理中的主要沟通方式，大量的沟通工作依赖于正式沟通。正式沟通带有强制性，约束力强，比较规范，易于保密，可使信息沟通保持权威性，沟通效果好，一般的信息都要通过正式渠道下达及反馈。不足之处是传播线路固定、呆板、沟通速度慢，中间环节多，层层传递后信息易损耗和曲解。

（2）非正式沟通。包括非正式组织内部的沟通和正式组织中不按照正式的组织程序规定而进行的沟通两种。常见的非正式沟通有"小道消息"，"铁哥们儿网络"等，用来传递和分享组织正式沟通之外的"非官方"信息。这主要是由组织成员的感情和动机上的需求而形成的，涉及组织内的各种社会关系，这种关系超越了部门、单位及层次。

非正式沟通几乎存在于所有的正式组织之中，一个组织的正式沟通渠道越是有限，小道消息越可能盛行。非正式沟通不受管理层控制，且大多数在无意中进行，它可以发生于任何地方、任何时间，其内容也不受限定。这种信息传播通常是以口头方式进行，不留证据、不负责任，因此，信息传播速度快且易迅速扩散，而且由于人们所感兴趣的信息常常带有感情的色彩，所以易受到重视。但是由于涉及的沟通主体较多，而且不受约束，常会造成说风是雨、以讹传讹等不良后果，导致传播的信息失真、不完整等问题。

非正式沟通是自然发生又必不可少的，它一方面满足了员工的心理需求，另一方面也补充了正式沟通系统的不足，可以传递正式沟通所不愿传送的消息；它可将上级的正式命令变成基层人员较易了解的语言；也可以防止某些管理者滥用正式沟通，有效防止正式沟通中的信息"过滤"现象。

二、沟通的意义

沟通是维系组织存在，保持和加强组织纽带，创造和维护组织文化，提高组织效率、效益，支持、促进组织不断进步发展的主要途径。沟通的主要意义有以下两点：

1. 传递和获得信息

信息的采集、传送、整理、交换，无一不是沟通的过程。通过沟通，交换有意义、有价值的各种信息，生活中的大小事务才得以开展。

掌握低成本的沟通技巧、了解如何有效地传递信息能提高人的办事效率，而积极地获得信息更会提高人的竞争优势。好的沟通者可以一直保持注意力，随时抓住内容重点，找出所需要的重要信息。他们能更透彻了解信息的内容，拥有最佳的工作效率，并节省时间与精力，获得更高的生产力。

2. 促进工作协调

沟通是企业在资产全寿命周期管理活动中，将资产全寿命周期管理的利益相关方信息传递和反馈的过程，也是实现资产全寿命周期管理目标的一种手段。沟通能够体现企业精神，践行企业文化，有助于优化企业决策并促进员工协调、高效的工作。沟通是多方向的，可以自上而下、自下而上或者横向沟通。

三、沟通在资产管理中的应用

（一）沟通的过程

沟通过程的主要目的是，在公司正常运转和制定决策的过程中，确保员工、供应商和其他利益相关方的充分参与。沟通的过程应当包括：识别需求阶段、计划阶段、实施阶段、总结反馈阶段。

1. 识别需求阶段

资产管理活动执行人在进行资产管理活动的过程中，根据法律和强制性的要求，内外部因素，国家、行业、公司、合同相关的要求，以及相关业务人员认为有必要进行沟通的要求，识别需要与哪些利益相关方执行沟通，充分考虑这些利益方的需求，选择恰当的沟通渠道和沟通频率。

这些资产管理活动包括具体的活动，文档信息的制定、修改、发布，资产管理中的故障和事故等，沟通的内容包括资产管理组织结构信息，资产信息系统中的内容，知识管理系统中的内容，资产管理文档，风险库，合同文档等。

2. 计划阶段

对于公司正式的沟通以及与重要利益相关方之间的沟通，例如资产管理策略的变更等，宜由相应的活动执行部门制定沟通计划。

计划应包含需要传递的信息、需要参与的人员、沟通的方式和媒介以及对下一步工作的初步安排等内容，若需要沟通或审核，则准备提案或解决方案，对照检查并确保所有相关的利益方都已纳入，相关参与者是否均适合访问这些信息，不违背公司保密规定。

3. 实施阶段

根据沟通需求，与利益相关方进行沟通。资产管理活动的相关负责人在沟通过程中做好监督和记录的工作，包括利益相关方的反应、公司内外部的评论和意见、后续的工作和互动要求等内容。

4. 总结反馈阶段

沟通信息的处理和反馈由主办部门负责发起，信息的接收者根据要求进行反馈，保证沟通信息的有效传达、处理和反馈。根据沟通结果，资产管理活动执行部门判断下一步的沟通需求，并督促执行；将各方参与沟通的内容及沟通结果记录传达到相关利益方；同时，适当的相关信息可以发布在公司内网中进行知识共享。

（二）沟通的保障机制

1. 建立内外部沟通机制

明确内外部沟通的渠道、频率、沟通管理的责任部门、要求、方法、内容、计划及信息。明确沟通范围及内容、沟通时效、沟通对象；确保资产管理相关信息能够在管理者、员工以及其他利益相关方之间有效传递和反馈；建立双向交互的沟通方式；在与员工、客户和其他利益相关方沟通重要资产管理信息时，对过程及结果信息进行记录、归档并根据结果改进沟通方式。

2. 识别利益相关方

识别利益相关方主要包括：公司员工、国家电网公司、政府（含监管机构）、行风监督员、媒体、客户、物资供应商、服务承包商、发电公司及电网设备运行检修或电力工程所影响的自然人、法人或组织。公司识别重要相关方，明确负责收集其相关期望以及沟通协商的部门，并列入管理标准。

3. 建立沟通效果评价反馈机制

沟通信息的反馈主要指将沟通、参与和协商的结果回复信息提供者，包括书面反馈和口头反馈。沟通信息的反馈由办公室归口管理，各业务部门根据职责分工负责。

内部会议与公文记录由各部门及时总结，并按照要求归档。报纸、杂志、网络记录由外联部门负责归档，其他与外部利益相关方沟通记录由各相关部门及时总结，并负责归档。

办公室负责沟通实施过程中的监督和检查，每年根据沟通完成情况以及沟通效果进行考核，总结和完善沟通工作，发现存在的问题和不足，提出改进意见，确保沟通达到效果。各部门在沟通结束后，根据存在的问题和不足，按照改进意见纠正和完善，使沟通内容更具有针对性和有效性。各部门在次年 1 月报送沟通工作年度总结。

开展沟通实施过程中的监督和检查，要求各部门按照沟通计划完成沟通工作，根据沟通完成情况以及沟通效果进行考核，总结和完善沟通工作，针对发现存在的问题和不足，提出改进意见，确保沟通达到效果；各部门在沟通结束后，根据存在的问题和不足，按照改进意见纠正和完善，使沟通内容更具有针对性和有效性。

4. 沟通管理培训管理工作

开展相关培训，学习宣传、督促提高员工沟通管理技巧和能力，使相关人员熟练掌握本部门所辖专业相关知识，熟知相关专业制度办法规定，提高沟通的技巧与方法，保障沟通的有效性。

（三）沟通的主要内容

1. 资产管理策略、目标和计划

资产全寿命周期管理办公室是资产管理策略、目标的归口部门，发展策划部门是资产管理计划的归口部门，负责组织相关沟通工作。通过目标、策略、计划制定讨论会、审查会等各类会议协商的方式进行策略、目标、计划的制定，并通过统一流程进行发布。

2. 管理制度、流程的制定

法律部门是公司资产管理相关制度的归口部门，企业协会是公司资产管理相关标准的归口部门，负责组织相关沟通工作。通过与各业务部门、基层单位人员的充分沟通，滚动修编公司管理规章制度、技术标准和流程，并由企业协会通过统一程序进行发布。

3. 风险评估和风险库记录

财务部门是资产管理风险管理的牵头部门，负责牵头组织相关沟通工作。各类风险归口管理部门在风险识别、风险评价、风险监控的过程中应与相关人员充分沟通，并将评估结果和需要执行的管控措施告知相关人员。

4. 事故（事件）及不符合项调查

安全监察质量部是事故（事件）及不符合项调查的归口部门，负责组织相关沟通工作。事故调查过程应由相关部门参与执行，并共同商讨原因及整改方案。调查完成后，安监部门形成有关调查报告书，逐级提交至国家电网公司和政府相关部门，并按要求通报至各单位进行学习。

5. 资产状况和绩效

运维检修部门是资产管理状态监测的归口管理部门，运营监测部门是公司资产管理绩效监测的归口管理部门，负责牵头相关沟通工作。

6.应急管理

安全监察质量部是公司应急管理的归口部门，负责日常应急管理、应急体系建设与运维、突发事件预警与应对处置的协调或组织指挥、与政府相关部门的沟通汇报等工作。

7.资产管理执行过程

资产管理计划执行过程中，各部门应根据具体业务流程要求做好日常沟通协商并保留记录，包括各部门或单位内部、部门与部门间、部门与单位间、单位与单位间、与外部利益相关方间的沟通协商。沟通协商的方式包括了文件的传递、各类会议、审批流转、会签等各种类型。

8.资产管理体系持续改进

企业协会和信息管理部门是公司资产管理体系持续改进的归口管理部门，负责组织相关沟通工作。通过典型经验推广、参加国家电网公司和外部机构创新成果发布等方式将项目成功经验或实践在公司内外进行沟通宣传。

【延伸阅读】

根据《资产全寿命周期管理体系规范》（Q/GDW 1683—2015）的要求，资产全寿命周期资产管理应满足如下要求：

a.应建立内外部沟通程序，明确识别资产及资产管理体系进行内外部沟通的需求。沟通管理应满足：

（a）明确沟通范围及内容、沟通时效、沟通对象以及明确、清晰及有效的沟通渠道；

（b）确保资产管理相关信息能够在管理者、员工以及其他利益相关方之间有效传递和反馈；

（c）建立双向交互的沟通方式；

（d）在与员工、客户和其他利益相关方沟通重要资产管理信息时，应对过程及结果信息进行记录、归档并根据结果改进沟通方式。

b.应对以下资产管理重要活动进行充分有效的沟通，包括：

（a）资产管理总体目标、策略和计划的决策活动；

（b）管理规范、工程技术标准、制度及流程；

（c）风险评估与应对；

（d）事件调查和发布；

（e）资产状况和绩效；

（f）应急管理；

（g）资产管理执行过程；

（h）资产管理体系的持续改进。

c.内部沟通。通过管理层与员工间的沟通，使员工积极参与到资产管理活动中，并支持资产管理总体目标、策略和计划的实现。内部沟通应满足：

（a）企业在资产管理活动中，通过多种沟通渠道和方式，与内部利益相关方进行充分必要的沟通；

（b）内部沟通渠道包括会议、公文、邮件、公司报纸、杂志、网络等内部媒体的报道和讨论及其他方式。

d. 外部沟通。应与对资产管理活动产生影响的外部利益相关方建立有效沟通机制，通过充分有效的沟通，获取其对资产管理活动的认同及支持，帮助企业提升资产管理水平。外部沟通应满足：

（a）在进行资产管理活动的过程中选择恰当的沟通渠道和沟通频率，与外部利益相关方进行充分沟通；

（b）外部沟通的主要渠道包括管理层拜访、走访活动、新闻发布会、听证会等会议，公司门户网站、服务网站及报刊、电视电台等社会媒体，公告、通知等书函等。

第十章

信　息

第一节 体 系 文 档

一、体系文档的内涵

体系文档指的是资产全寿命周期管理体系中涉及的文件及表单等。体系文档应包括内部文档和外部文档，内部文档包括但不限于：资产管理手册、工作手册、制度标准体系文件（涵盖规章制度、技术标准、管理标准、岗位职责文件）、记录表单。外部文档包括但不限于：国际、国家、行业、地方标准；国家、地方的法律、法规、行政规章；上级文件；客户或供方提供的图样、技术资料、合同、协议、业务往来文件、安全或质量保证文件等。体系文档内容见图 10-1。

二、体系文档的意义

体系文档包含了工作流程中涉及的文件及表单等，记录了业务开展的过程，做到"有迹可循"，对于后续的管理活动有着借鉴作用。此外，体系文档在业务中不断修改和更新，反映了日常工作的变化发展，对于工作持续改进具有指导作用。

图 10-1 体系文档内容

在资产全寿命周期管理活动中，体系文档包括了工作手册（纲领性文件以及职责分工手册）、策略规划文件、法律法规、标准体系等，明确了各部门的职责、工作要求、方法及具体信息，指导管理活动的开展过程。

三、体系文档在资产管理的应用

（一）体系文档的编制要求

文档体系是建立资产管理手册、程序文件、标准制度体系的三层框架。主要体系文档包括：资产管理手册、程序文件、规章制度、管理标准、技术标准、岗位职责文件与法律法规及其他要求。所有文件与外部的法律法规和公司相关要求一致。将有关管理过程固化、落实在文档上，并对发布的资产管理文件进行宣贯，并支持员工及时、全面理解资产管理体系的相关要求。

建立资产体系文档的管理机制，同时相关部门负责对文件的编制、审查、批准、贮存、保管、归档、作废。明确文件发布前要得到批准，并对文档进行及时更新和维护，并针对重要内容予以宣贯。文档管理机制要求必要时对文件进行评审和更新，并再次批准；确保文件保持清晰，并易于识别；确保策划和运行资产管理体系所需的外来文件得到识别，并控制其分发；避免文件被不正当地使用，避免泄密；得到充分地保护；按照相应的密级进行管理；明确对文件进行版本控制，防止作废文件的非预期使用；如需保留作废文件，应对这些文件进行适当标识；明确文件存储方式，妥善进行归档。

资产管理办公室组织起草资产管理手册、资产管理总体目标、资产管理策略等体系文档，经资产管理委员会审查后，报资产管理委员会批准，由资产管理办公室委托办公室以公司名

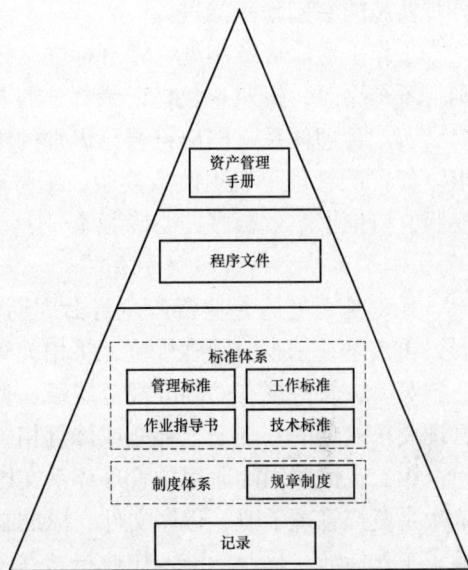

义通过 OA 系统发布实施。

规章制度的编写应覆盖公司主要职责、业务和流程，实行一元化管理，各部门规章制度编制、审批、发布、修订、作废管理活动参照公司制度要求执行。

技术标准的编写应以安全生产、提高效益、优质服务为主线，采取统筹规划、围绕重点、分步实施的原则稳步推进。

工作手册、规章制度、管理标准、技术标准衍生的记录编写应实事求是、内容齐全，原则上不得涂改，按照本教材记录部分的要求。

资产管理体系文档应符合已识别的法律、法规、监管条例和公司资产管理规章制度的要求。如资产管理手册更改或换版，编号应遵循以下原则：手册起始版本号为 V0，如更改或换版，应依据生效顺序，明确版本号。

（二）体系文档的编制方法

无论是否实施企业资产全寿命周期管理，公司内各项业务和管理活动每时每刻都在开展，重点是基于当前制度规范，将相关管理要求和理念落实。主要有以下两种方式：

第一，保持现有的制度规范层级、类型不变，在梳理现有的制度规范与资产全寿命周期管理要求差距的基础上，补充或修订相关制度规范；

第二，按照国际通用的管理体系文档化的思路，建立金字塔形状的文档体系，自上而下依次是资产管理手册、程序文件、标准制度体系这三层框架。其中标准制度体系包括管理制度、工作标准、作业标准、作业指导书、技术标准和标准制度。

对比两种方式，第一种形式上较为简单，但是需要系统梳理资产全寿命周期管理相关的所有制度文件，并且在此基础上进行补充和修订。同时，资产全寿命周期管理的整体框架、职责分工以及全过程业务管理分散在不同专业的制度规范中，不利于对资产全寿命周期管理体系整体管控，也容易在协同管理上留下漏洞。第二种方式需要建立一套完整的管理体系文档，包括资产管理手册、程序文件、标准制度体系，也需要对不符合资产全寿命周期管理要求的制度规范进行修编。该方式是企业建立管理体系的国际惯例，应用范围较为广泛。

（三）体系文档的管理流程

体系文档管理流程见图 10-2。

（四）体系文档的管理内容

体系文档的制定包括了发布、更改、归档、作废等四个部分，每个部分具体内容如下：

1. 体系文档的发布

文件归口部门进行文件发放，各使用部门可通过办公系统浏览最新文件。严格按照有关规定控制国家秘密和公司秘密知悉范围。

体系文档中的工作手册以管理办法形式发布，经过审批、编码后生效。序号为当月经办公系统发布的资产管理体系文档所属顺序。如工作手册更改或换版，编号应遵循上述原则。程序起始版本号为 V0，如更改或换版，应依据生效顺序，明确版本号。

2. 体系文档的修改

当公司内部资产管理体系改进，资产管理组织机构变更时；适用法律法规、技术标准和其他要求的变更时；经文件评审，认为文档需进行更改时；其他影响适应性、充分性和有效性的，以及错误的状况出现时，需对文档进行更改；修改后的文档应在完成审查、批准等程序后发放；公司各部门、各单位每年在资产管理办公室主持下，在管理评审之前，对本部门

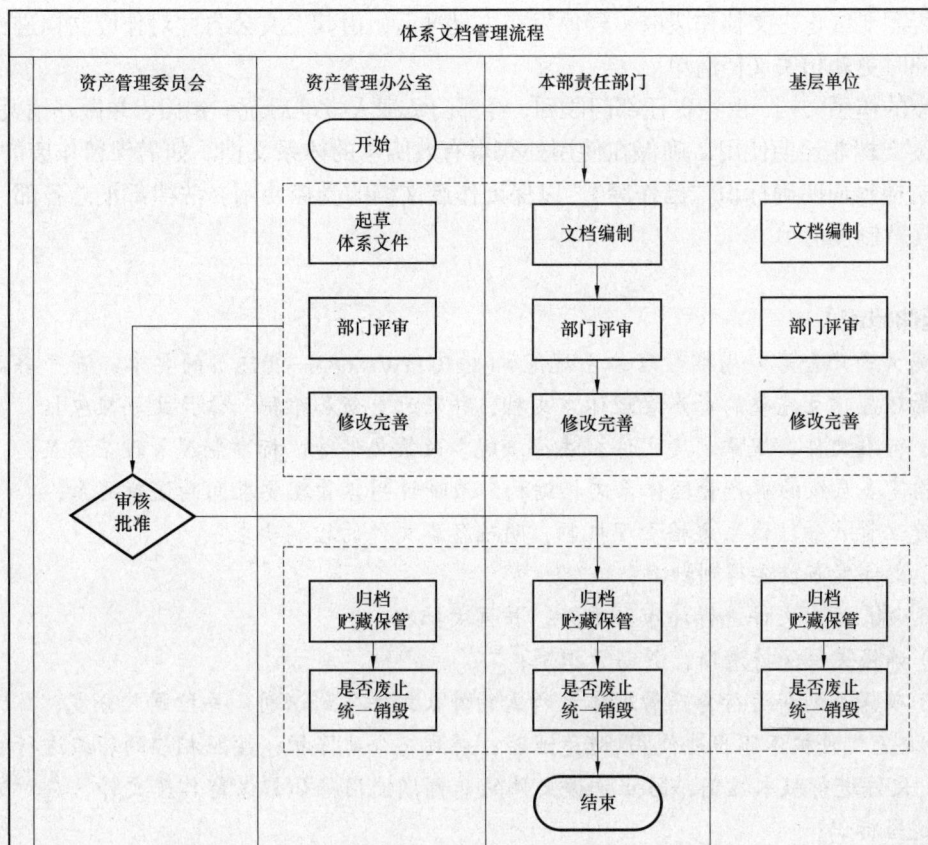

图 10-2　体系文档管理流程

负责建立和保持的在用体系文档进行一次全面评审，调整不适用文档。

文件更改部门将修改后的文件重新经过公司办公系统进行审查、批准、发布及发放。重新发布时，应对更改内容予以说明，新文件重新给予编号，被更改的文件予以作废。

文件归口管理部门在信息系统中发布新文件，对被修改的文件进行状态标识设置，原文件视为无效文件，另存；同时，更新相关文件清单文件。

公司各部门、各单位每年在文件归口管理部门主持下，一般可在管理评审之前，对本部门负责建立和保持的在用体系文档进行一次全面评审，调整不适用文件，并实施更改控制。

3. 体系文档的归档

信息管理部门应将资产管理相关技术标准归档入国家电网公司标准化管理信息系统。

办公室将资产管理内部文件和外来文件进行归档，公司各部门、各单位应将资产管理相关文件归档入各级档案信息管理平台。

文件的贮存与保管宜遵循以下原则：电子版的文档，应采取适当的防病毒、防泄密、防丢失（备份）措施；纸质的文档贮存与保管应采用统一的档案分类方案、归档范围和保管期限表。

4. 体系文档的作废

各部门根据体系文档是否有版本更新或国家电网公司通用制度替代，判断当前版本体系文档是否需要废止。文档作废时，经原发布方批准后，由其发文公告并对作废文档进行失效标识，同时更新相关文档清单。

作废的体系文档，由各责任部门收回，经部门负责人批准后统一销毁，并做好销毁记录，防止作废文档非预期使用，确保在使用处获得有效版本的体系文档。如需保留作废的文档，需要在文档封面明确标识"已作废"，以保证作废文档的受控使用。法律部汇总各部门现行有效的规章制度清单。

【延伸阅读】

根据《资产全寿命周期管理体系规范》（Q/GDW 1683—2015）的要求，资产全寿命周期资产管理应建立完整的资产管理体系文档，并及时更新和维护。体系文档应包括：资产管理手册、标准文件、规章制度文件、法律法规、政策文件等。标准制度管理应满足：

a. 构建多层级的资产管理体系文档结构，清晰说明各管理要求间的逻辑关系；

b. 建立资产管理体系文档管理机制，明确各类文件的控制要求：

（a）文件发布前要得到批准；

（b）必要时对文件进行评审和更新，并再次批准；

（c）确保文件保持清晰，并易于识别；

（d）确保策划和运行资产管理体系所需的外来文件得到识别，并控制其分发；

（e）避免文件被不正当地使用，避免泄密；得到充分地保护；按照相应的密级进行管理；

（f）文件进行版本控制，防止作废文件的非预期使用；如需保留作废文件，应对这些文件进行适当标识；

（g）明确文件存储方式，妥善进行归档。

c. 应对发布的资产管理文档进行宣贯，并支持员工及时、全面理解资产管理体系的相关要求；

d. 所有文件应与外部的法律法规和公司的相关要求保持一致；

e. 按照体系的要求，固化的管理过程需要以文档形式提供。

第二节 记 录

一、记录的内涵

记录是科学研究的基本方法之一，是指将观察到的事实、实践过程、产生的问题想法，以文字、图画等形式保存下来的一种方式。记录的内容体现着计划要求、管理过程痕迹和成果，信息的载体，为纠正、预防措施和持续改进提供机会。

资产管理中的"记录"指资产管理过程活动中生成的过程性和结果性文档，通常是不能被修改的信息。记录可用来为校准、审核、事故调查、与利益相关者协商的结果、纠正和预防措施等提供依据。

二、记录的意义

记录是对管理活动过程的客观保存，通过记录可以完整地了解业务运行的具体环节及情况，为后续的借鉴及针对性解决问题提供了参考。

在资产全寿命周期管理中，记录是在企业实施资产管理的过程中形成的，它既是资产全寿命周期管理体系运行状况的证明，也为事件追溯、体系评价和管理改进提供依据。

三、记录在资产管理中的应用

（一）记录的制定要求

1.记录内容要求

记录包括支撑资产管理活动的各种文件、表单、图纸、合同等。包括但不限于：

（1）工作报告、工作总结、会议纪要、通知、决定等文件。

（2）设备台账、设备清单等资产统计表单。

（3）布置图、施工图等工程图纸。

（4）分包、外委、采购、受托合同、业扩订单等。

（5）其他资产管理活动的过程记录。

2.记录方式要求

资产管理记录主要载体为电子载体和纸质载体两种形式，针对资产管理过程活动中生成的过程性和结果性文档，建立了资产管理过程记录管理机制，对资产管理记录的标识、贮存、保护、检索、保存期限和处置等方面遵循如下规定：

（1）各种规范性记录明确记录的形式、内容，确保记录能够反映资产管理活动过程。

（2）明确记录的建立、填写、保存、查阅、销毁等要求，确保记录填写清晰，内容完整、准确和系统，有填写和审批签署以及日期，具备对相关活动的可追溯性。

（3）具有追溯要求的记录，不能擅自修改，需修改时，原字迹应清晰可见，不应涂改，尽量注明修改原因，并按原记录规定逐级签署以便备查。

（4）记录是提供公司内部审核、管理评审、第三方审查以及追溯过程时查阅使用，不对外提供，如需对外提供，应经过批准。

（5）记录归档应按要求进行归档，并按文件分类建立目录以便检索。

（6）所有记录的保存方式应便于查阅、存取和检索，保管设施应提供适宜环境以防止损坏、变质和丢失。记录保存期限按其使用的实际价值确定。

（7）涉密记录由具体承办人拟定密级、保密期限和执行范围等。

（8）明确销毁保存到期的记录，与管理体系运行有关的记录超过期限销毁应经管理者代表批准。

纸质及电子记录标识应包括记录的名称、时间、单位等，并具有清晰性、可识别性和可溯源性的特点。记录填写时应实事求是、内容齐全。对已生效的记录进行变更时，必须经过相应的审批流程同意后才可以进行。记录的贮存、保管应满足适宜的环境条件要求，重要电子记录应备份并有加密措施。

（二）记录管理流程

记录管理流程见图10-3。

（三）记录管理内容

1.记录的建立

（1）记录清单建立，由公司依据标准表编制《资产管理相关记录清单》、《归档文件目录》，并汇总使用和保管的全部记录（包括表格和非表格形式的记录），保持记录表格的模板样本，经负责人审批后留存。

（2）记录表格的编制和批准，根据实际需求编制记录。

（3）记录表格的更改：

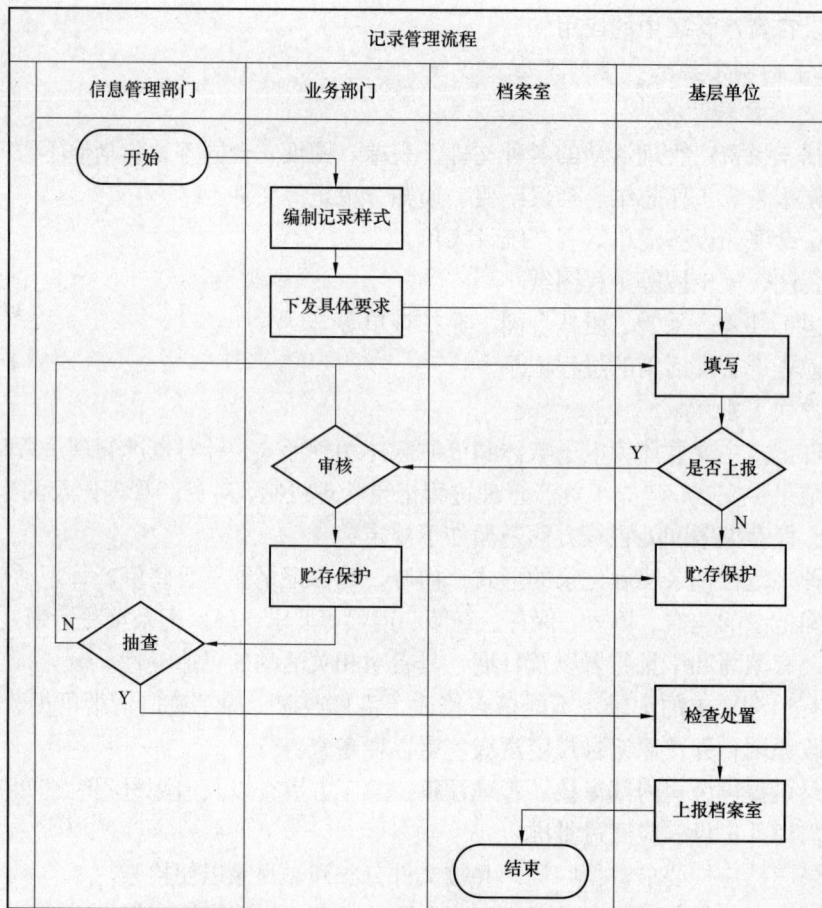

图 10-3　记录管理流程

1）附于相关文件的记录表格及信息系统表格与文件作同步更新批准，未在相关文件里的记录表格形式需要修改或根据结果改进记录方式时，由需求部门的主管人员提出申请，由部门负责人审批后更新使用。

2）记录表格更新后，同时应对"资产管理相关记录清单"进行更新、备案，原印制的表格应从使用现场撤除，表格的电子文件模板应同步更新。

2.记录的填写

（1）记录内容必须及时、真实、准确、全面，字迹工整、清晰，记录填写人要签名并且注明日期。

（2）记录不得随意更改，需要改时采取划改的方式，并在更改处签名并注明日期。

（3）纸质记录应填写规范。电子媒体记录要求输入及时、准确。

3.记录的标识

（1）记录以其编号作为标识。

（2）资产管理体系标准的记录编号方法为："程序文件名字母缩写"＋"–"＋"具体顺序号（3位数）"。如：记录程序文件的1号记录，编号为"JL–001"。

（3）非表格形式的记录编号用记录的名称和记录的日期。

（4）记录形式涵盖表单、报告、会议纪要、图纸、合同、执照、指导意见和经验总结。记录载体可以分为纸质载体和电子载体两种形式。纸质及电子记录标识应包括记录的名称、时间、单位等，并具有清晰性、可识别性和可溯源性的特点。纸质要求统一使用打印字体，并标注版本号及打印日期；电子记录要求统一为通用文档格式，如 WORD、EXCEL 格式等，并写明名称及版本号。所有记录要求能够保留 2 年以上。

4.记录的保管和储存

记录的贮存、保管由各级档案管理部门完成，应满足适宜的环境条件要求，按保存形式可分为纸制记录和电子文档记录。重要电子记录应备份并有加密措施。其中纸质介质需存放在恒温、恒湿的文件储藏室中，要求保留 2 年以上；电子介质要求存放在硬盘、光盘等长期存储介质上，保留 2 年以上。重要电子记录加密应采取复杂访问密码加密、防篡改只读加密等方式，对经常需要访问的重要电子记录应每 3 个月更换一次密码，密码需满足复杂性要求。

纸质记录分别由单位、部门、班组三级保存，依据管理职责建立资产管理体系的记录清单；电子记录经整理、填写相关使用说明后，整体移交档案部门封存保管。记录产生部门每年将各自的电子记录以实物存储介质的形式上交档案管理部门。资产管理体系运行记录（电子与纸质）一般保存 2 年。与供方、顾客直接发生关系的记录按合同期限保存。具体的管理内容又分为以下几点：

（1）各类记录设置保存期限，在"资产管理相关记录清单"中统一维护。保存期限设定依据为法律要求、公司管理要求和知识保存要求。

（2）涉密记录，由具体承办人对照保密事项范围拟定密级、保密期限和知悉范围，国家秘密报定密责任人审核批准，企业秘密报单位分管领导审核批准。

（3）根据相关文件中规定的保管要求及保存期限对相关记录进行汇总保存。建立检索目录、检索清单或采用其他方法，以便于迅速有效地查阅和追溯。

（4）需纳入档案管理的记录，需按照公司具体要求执行。

（5）书面记录的保存场所应有防火、防潮、防渗水、防强光、防虫蛀和鼠害的措施。电子媒体保存有防磁、防潮、防病毒和防止损坏的措施，并作备份。备份光盘、磁盘应在媒体上做标识且编目，每年进行一次整理或复制。

5.记录的借阅

（1）一般记录，经保管部门同意，可供内部查阅。

（2）部门的存档记录，由借阅人提出口头申请，经保管部门同意，并填写"资产管理相关记录借阅登记表"；档案室存档的记录，填写"借（查）阅档案登记表"，签字后方可借阅，并按时归还。

（3）当合同有规定时，记录可供顾客或其代表借阅，由保管部门负责人批准，并在"资产管理相关记录借阅登记表"上签字后借阅。

（4）当其他相关方要求查阅有关记录时，经保管部门负责人同意后可提供查阅，如需借阅，应经公司或本单位分管领导同意，并在"资产管理相关记录借阅登记表"上签字后借阅。

（5）借阅涉密载体按照需要履行审批手续。

（6）借阅的记录不得更改、遗失、损坏和拆页。

6. 记录的变更

对已生效的记录进行变更时，必须经过相应的审批流程同意后才可以进行。对已生效的纸质记录进行增加、修改等更改，必须经过记录填写相应的程序进行审核、批准，相关人员并在更改处签名确认。对于电子记录，需通过系统相关审批流程审批同意，获得相应权限授权后，再进行内容变更。变更时需确保版本唯一性，并在变更完成后及时提交最新版本。

7. 记录的归档

记录的归档按照档案管理规定进行分类编目管理，非归档的记录根据需要分类编目管理。分类编目可按照部门、专业、对象等进行分类，也可根据编写时间、实现功能等进行分类，分类由各级档案管理部门完成。

8. 记录的销毁

办公室归档记录超过保管期限后，由档案管理人员进行重新鉴定，符合销毁条件的编制"销毁清册"，按照规定的档案销毁流程进行处理。档案销毁时至少应有两人在场，并将"鉴定清册"、"销毁清册"、"销毁报告"等归档。为节约纸张，应在非保密资料上做作废标识，空白面应再利用。

达到保存期限或失去保存价值时，由保管人填写记录销毁申请表，归档记录由负责人审批后销毁，非归档记录由保存部门（单位）经负责人审批后销毁。纸质记录的销毁申请经流程审批同意后，由办公室档案管理专人负责统一物理销毁，销毁至少由二人执行，且应在销毁清单上签名。电子记录的销毁申请经系统流程审批同意后，由信通部门提供技术支持，协助办公室档案管理专人统一物理销毁。

【延伸阅读】

根据《资产全寿命周期管理体系规范》（Q/GDW 1683—2015）的要求，资产全寿命周期资产管理应依据资产管理相关的标准制度，对资产管理活动过程进行记录、维护。确保过程记录能够支撑资产管理活动的开展，及资产管理体系的评价及完善。过程记录应满足：

a. 资产管理相关的标准制度应明确记录管理职责，制定记录的建立、填写、标识、保管、存储、借阅、处理等管理办法；

b. 应识别、收集、整理各种过程记录，包含表单、报告、会议纪要、图纸、合同、执照、指导意见、经验总结等；

c. 应保证记录的准确性、完整性、可识别性及可追溯性。

第三节 信 息 系 统

一、信息系统的内涵

信息系统是由计算机硬件、网络和通信设备、计算机软件、信息资源、信息用户和规章制度组成的以处理信息流为目的的人机一体化系统。

在资产全寿命周期管理中，信息系统包括了资产台账管理系统、数据采集与监测控制系统、工程建设管理系统、采购管理系统、地理信息管理系统、决策支持系统等支撑资产管理业务活动的信息系统。

二、信息系统的意义

信息系统能够对资产全寿命周期管理工作起到极大的促进作用。当有形的资产变成无形的符号，就改变了资产全寿命周期管理的运行方式，大大减轻了资产全寿命周期管理者的工作负担，并提升了资产全寿命周期管理的工作效率。

第一，实现对资产全寿命周期管理基础业务的支撑。主要包括搭建规划信息平台、一体化资产全寿命周期管理信息平台、统一供应商管理系统、备品备件统一管理信息系统等，为开展资产全寿命周期管理提供基础数据信息支持。

第二，实现对资产全寿命周期管理评估、决策类业务的支撑。运用信息化手段实现对数据及关键业务管控、指标体系定义及指标量化计算、数据分析与预测、资产评估分析、辅助决策与评估考核。

第三，实现各业务的横向集成。打通不同业务之间的信息壁垒，提高信息收集、传递和反馈的效率。根据资产全寿命周期管理要求，完成各业务系统间有待交互的关键数据的信息集成。

第四，提升信息质量管理。制定统一的数据标准，在全面梳理各流程对信息共享需求的基础上，建立规范的信息共享机制，保证数据的透明、可用，从而打通部门之间的信息壁垒。

建立资产管理信息系统，完善相对应的管理机制以及覆盖资产全寿命周期相关信息系统的信息化管理制度，规范系统内资产信息的创建、产生、采集与处理、传递、使用、保存、归档，并对对外沟通、安全和保密进行控制，实现资产信息的全寿命周期管理。公司按照数据生命周期要求，按照相应的角色、职责、权限对数据的来源、使用、维护、存档、删除各环节，以及对外沟通、安全和保密进行控制。

三、信息系统在资产管理中的应用

（一）信息系统的管理流程

资产管理信息管理流程图如图 10-4 所示。

（二）信息系统的管理内容

建立资产管理信息系统，完善相对应的管理机制以及覆盖资产全寿命周期相关信息系统的信息化管理制度，规范系统内资产信息的创建、产生、采集与处理、传递、使用、保存、归档，并对对外沟通、安全和保密进行控制，实现资产信息的全寿命周期管理，信息系统的具体内容包括了信息化管理、资产信息系统管理、数据质量管理、数据生命周期管理以及新技术的运用几个方面。

1.信息化管理

资产信息系统项目建设包括需求分析、计划制定、项目评审、开发实施、上线试运行、项目验收等各个阶段，与其他信息化系统建设项目一致。

信息系统上下线管理包括系统建设、运行维护各阶段的平稳过渡和有序衔接，确保系统安全稳定可靠运行。系统上线应包括文档准备、3 个月试运行、试运行验收等过程；系统下线应包括下线审批、数据备份、下线确认等过程。

信息系统运行维护包括对公司信息系统运行及检修的日常管理，包括系统日常巡视，重要系统每日巡视 4 次，普通系统每日巡视 1 次；存储备份管理，所有系统每日备份 1 次，重要系统按需求每日备份多次；故障检修需先排定月度检修计划，按照检修计划开具两票

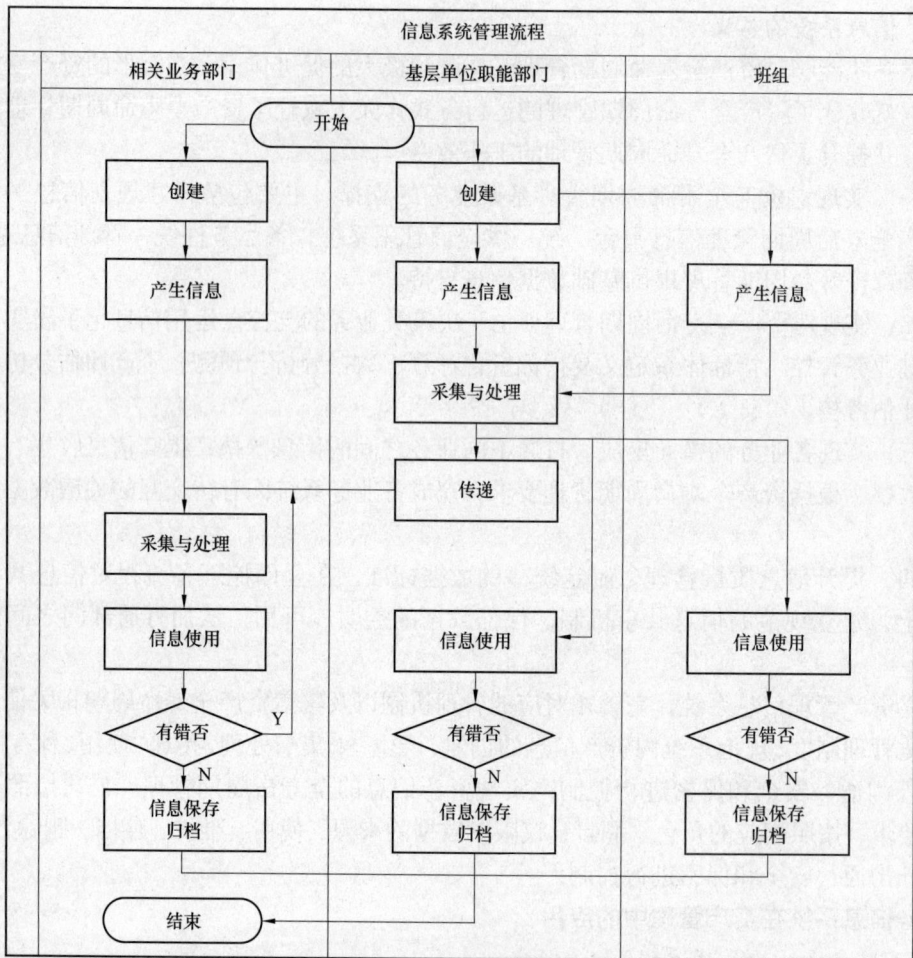

图 10-4　信息系统管理流程

进行检修。

信息系统数据质量管理包括以下内容：信息管理部门组织协调各业务部门以保证各信息系统内关键数据的完备、准确、及时，跨系统关联数据保持动态一致；信息管理部门每月发布信息系统数据综合治理水平评价报告，确保信息系统数据质量的有效提升。

信息系统实用化评价工作由公司信息化及信息安全工作领导小组指导，信息管理部门具体协调，公司各业务部门分头负责专业系统的实用化评价，信通公司提供技术支持。

2.资产信息系统管理

新建资产信息系统建设参照有关要求执行，分析企业信息化的业务架构、功能架构、数据架构、技术架构和安全架构，实现系统间数据共享，指标统一，避免重复录入及维护。

资产信息系统开发前期，各业务部门应保障信息系统能支持各类资产信息的识别、收集、保存、转换和传递，同时各业务部门应在需求分析的基础上，深化应用功能、规范业务流程，确保信息完整覆盖各个业务环节并保持一致。

基于在运资产管理系统，信息管理部门牵头对公司资产管理信息系统现状、信息化水平进行摸底评估，确保在运系统已基本能够支撑资产全寿命周期管理各环节活动。

3. 数据质量管理

资产管理数据满足准确、完整、有效、一致、唯一、可访问等质量要求，任何管理类信息和资产数据均需体现并不限于以下质量要求：准确性：所有信息是被验证过，并保证其是精确和最新的；完整性：所有信息属性相关的信息都被记录且有历史记录；有效性：信息属性应遵循已经设立的用于规范记录信息属性的业务规则；一致性：一个实体信息在所有存储位置都是一致的（包括定义、业务规则、格式和值）；唯一性：所有信息无重复，并且能够提供唯一版本；可访问性：使用者能够方便访问或获取其权限范围内的信息，并保证该信息即时、可用。

在资产管理活动中，要根据公司资产管理要求和本专业资产管理信息系统特点，联合信息部门，设计、建立完备可行的资产管理数据治理机制，对资产关键数据及其质量要求，相应责任部门应做出明确规定。

信息管理部门负责组织协调各业务部门保障资产管理信息系统内关键数据的完备、准确、及时，保障跨部门、跨专业、跨系统关联数据保持动态一致。此外，信息管理部门需要每月对数据质量进行跟踪，并在月报中对数据质量情况进行公示。

基于数据治理通用要求，各业务部门明确本专业信息系统数据质量评价标准，并依据评价标准与通用管理办法，开展数据质量评价工作，推进信息系统实用化工作，确保各业务部门系统中的数据完整性、真实性、及时性，形成月报中的整改项进行完善整改，并形成相应反馈报告。

4. 数据生命周期管理

涉及数据管理的相关业务部门、基层单位应设立专人负责关键数据创建、产生、采集与处理、传递、使用、保存、归档等工作，并建立信息数据处理管理流程，保证资产管理相关信息的及时性、完整性、准确性、安全性、保密性。

在资产管理信息的修改环节中，纸质媒介的信息更改时应采用杠改，并在杠改处加盖印章或签名；需要相关各方签名的信息，签字应齐全，无论书写或打印的信息，须由本人签名或盖章，信息系统内的数据应按照系统操作手册的要求产生；在信息的来源环节中，应正确、准确并及时记录信息及其属性信息、历史信息、关联信息；在资产管理信息使用环节中，应保证任何人员能够获取并使用与其业务及职责相适应的信息，信息在使用前得到授权人的批准，在使用过程中确保信息在多处一致。

资产管理信息传递前应由主管人员审核确认，传递后应动态维护，保持信息内容的一致性；信息内容更改时要按照系统操作要求办理，信通公司负责支持、保障。

资产管理信息在外部沟通信息环节中，根据约定计划及规定情况，向指定合作方分发信息及回收信息，对相应信息进行风险识别和统一管理。做到原件邮寄、传真和扫描件确认，甄别印章信息一致性。

在数据保存环节中，数据应做到完整、备份，必要时进行版本控制。废止信息应从信息使用处撤离，避免混淆，废止信息应加注该信息废止的信息，要求在信息废止审核通过后 24 小时内从系统中移除。数据备份频度根据系统重要性从每小时到每天备份不等，备份数据要求保留 2 年以上，版本要求唯一。

5. "云大物移"新技术运用

信息系统的建设运行需要时刻关注新技术的更新和应用。当前，云计算、大数据、物联网、移动应用等新技术快速兴起发展，正在塑造新的信息化应用模式。资产全寿命周期管理的信息系统建设中，可以进一步加强新技术的应用创新，解决信息化存在的问题，推动业务创新和信息化应用持续走向深入。

【延伸阅读】

根据《资产全寿命周期管理体系规范》（Q/GDW 1683—2015）的要求，资产全寿命周期资产管理应设计、实施和维护资产管理信息系统，并确保信息系统对资产管理需求的有效支撑。资产管理信息系统包含资产台账管理系统、数据采集与监测控制系统、工程建设管理系统、采购管理系统、地理信息系统、决策支持系统等。系统数据包含资产台账、位置信息、状态、资产绩效、明细记录等。资产管理信息系统及系统数据应满足：

a. 以资产管理信息系统为支撑，建立完善实物资产账、卡、物联动工作机制，确保账、卡、物一致；

b. 建立信息系统管理机制，包含信息系统建设、数据质量、实用化评价、运行维护、应急、信息安全及信息系统上下线等管理工作；

c. 合理规划、设计、实施和维护资产管理相关信息系统，支撑业务需求和信息集成，实现数据共享，避免重复录入及维护；

d. 按照数据生命周期要求，按照相应的角色、职责、权限对数据的采集、使用、维护、存档、删除各环节，以及对外沟通、安全和保密进行控制；

e. 系统数据应满足准确、完整、有效、一致、唯一、可访问等质量要求。

参考文献 >>>

[1] 宋涛 . 电网企业固定资产管理研究 [D]. 华北电力大学（北京），2006.

[2] 张勇 . 电企当推行资产全寿命周期管理 [N]. 中国能源报，2010.

[3] 幸晋渝，刘念，郝江涛，薄丽雅，陈卓 . 电力设备状态监测技术的研究现状及发展 [J]. 继电器，2005（33）1.

[4] 徐晓龙，杨扬 . 大型发电机状态监测方法与故障诊断 [J]. 甘肃科技，2010（21）.

[5] 山东烟台供电公司总经理万志军 . 推进管理创新，全面开展资产全寿命周期管理 [N]. 国家电网报，2009.

[6] 刘淑燕 . 固定资产全寿命周期管理 [J]. 中国电力企业管理，2010（20）.

[7] 张勇 . 电网企业资产全寿命周期管理流程优化研究 [A]. 第十一届中国管理科学学术年会论文集 [C]. 2009.